Jean-Luc Robert-Esil
Jacques Paul

Oh, l'Univers !

Petit guide de voyage

DUNOD

Illustration de couverture : « Les Shadoks »
Dessin original de Jacques Rouxel © aaa, Paris, 2001

Illustrations intérieures : Rachid Maraï

ISBN : 978-2-10-052066-4

Table des matières

3 – Pluton et les frontières du système solaire

4 – Notre galaxie, la Voie lactée

5 – Un Univers de galaxies

6 – Les premiers âges de l'Univers

7 – Les trous noirs

8 – Matière et énergie noires

9 – Les dangers du cosmos

10 – Voir l'invisible

Une rubrique « **En savoir plus** » est disponible sur le site de Dunod : www.dunod.com

Avant le départ…

L'Astronomie est universelle, plus encore qu'une science, c'est un besoin, depuis aussi longtemps que l'on ait pu remonter dans le passé des hommes…

Nous allons entreprendre un voyage dans le cosmos qui va nous emmener très loin des paysages familiers, hors des lieux habituels, bien au-delà des frontières connues. Ce livre s'adresse en particulier – mais pas exclusivement – à tous ceux qui restent intimement persuadés que les soucoupes volantes sont un fait scientifique avéré, qu'« ils » sont parmi nous ou que les anneaux de Saturne sont un boulevard circulaire… Nous espérons, grâce à ce guide de voyage, leur donner les moyens de se convaincre eux-mêmes de leurs erreurs. Mais si toutefois certains devaient rencontrer des petits hommes verts ou constater des erreurs de signalisation sur les voies rapides interstellaires, merci de nous contacter immédiatement…

Avant de nous envoler pour les espaces intersidéraux ou intergalactiques, nous commencerons par fourbir nos outils… Dès l'antiquité, certains, à la recherche déjà de la matière la plus élémentaire, avaient eu la prescience de l'atome, les premiers théoriciens en quelque sorte ! Puis, dans un geste plein d'élégance, nous n'aurons plus qu'à lever les yeux, à regarder le ciel au-dessus de nos têtes et une fois la sphéricité de la Terre admise, ne serait-ce que comme hypothèse de travail, nous pourrons envisager plus sereinement certains mouvements de notre planète, comme sa rotation sur elle-même et autour du Soleil. Passer au spectacle des astres qui l'entourent et des objets célestes ne sera plus alors qu'un jeu d'enfant…

Certains diront qu'ils ont la vue basse, qu'ils portent des lunettes, etc. Toutes ces excuses n'ont aucune valeur : Il y a tellement de phénomènes observables qui ne sont pas du domaine du « visible », qu'il peut y en avoir pour tous les goûts ! Entre les bombardements permanents de rayons cosmiques qui provoquent des gerbes atmosphériques dont les particules nous arrosent, les astres qui émettent dans l'infrarouge, dans les rayons X ou dans les rayons gamma, nous n'avons que l'embarras du choix...

Mieux encore, il faut parfois procéder à de sérieuses investigations pour démêler le vrai du faux. Avec des phénomènes comme les lentilles gravitationnelles, véritables mirages de l'espace, ou l'extinction interstellaire, nous serons bien obligés d'admettre que nous ne voyons pas ce que nous croyons voir ! Rassurez-vous, nous ne vous entraînerons pas au fond d'un trou noir, mais nous ne résisterons pas au plaisir de vous raconter ce qui vous arriverait si vous vous en approchiez d'un peu trop près...

Il reste que la principale difficulté, au fur et à mesure que nous nous éloignerons, sera l'estimation des distances parcourues : si l'astronomie a fini par devenir une science très exacte pour définir la position d'un objet sur la voûte céleste, elle reste, pour le moins, très approximative quand il s'agit d'évaluer les distances...

Les échelles de distance

À notre échelle quotidienne, les distances sont évaluées en kilomètres. Cette unité reste encore acceptable pour la distance qui sépare la Terre de la Lune. Au-delà, il a fallu imaginer des unités qui rendent intelligible les espaces évoqués et c'est ainsi qu'on a eu recours au rayon de l'orbite terrestre autour du Soleil comme unité de référence, au moins en ce qui concerne le système solaire : l'unité astronomique (symbole : UA). La Terre n'étant pas à une distance fixe du Soleil, l'unité astronomique été définie comme le demi-grand axe de l'orbite terrestre, c'est-à-dire la moyenne temporelle de la distance Terre-Soleil. En 1976, elle a été fixée comme « la distance au Soleil d'une particule de masse négligeable sur une orbite non perturbée et qui aurait une période orbitale de 365,256 898 jours », soit 149 597 870,691 ± 0,006 km. À titre d'exemple, la distance moyenne de Mercure au Soleil est ainsi de 0,39 UA, celle de Vénus de 0,72 UA, celle de Jupiter de 5,20 UA et celle de Neptune de 30,11 UA. Mais même cette échelle devient vite inadaptée dès que l'on sort du système solaire : imaginez que l'étoile la plus proche, Proxima Centauri, l'une des trois étoiles qui forment le système Alpha du Centaure, se situe à environ 270 000 UA (soit en gros 40 000 000 000 000 km) de nous... Aussi a-t-on décidé d'estimer ces distances interstellaires en années-lumière (symbole : a.l), une année-lumière étant la distance parcourue en une année par la lumière dans le vide, en dehors de tout champ gravitationnel. La vitesse de la lumière dans le vide étant de 299 792,458 kilomètres par seconde, une année-lumière vaut 9 461 milliards de kilomètres. À l'échelle des espaces intergalactiques lointains, plutôt que de parler de milliards d'années-lumière, les astronomes et les astrophysiciens préfèrent s'en remettre au décalage vers le rouge, ce glissement vers les grandes longueurs d'onde de l'ensemble du spectre qu'ils observent dans les objets astronomiques éloignés.

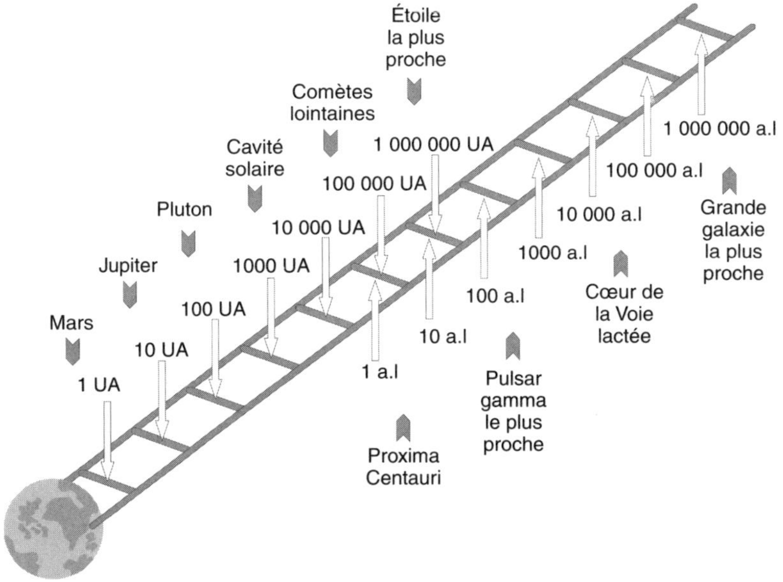

La double échelle des distances en astronomie

En haut, en unités astronomiques ; en bas, en années-lumière. Comme points de repère, quelques objets célestes remarquables, de la planète Mars jusqu'à la plus proche des grandes galaxies spirales.

1

Les préparatifs au départ : le système Soleil-Terre-Lune

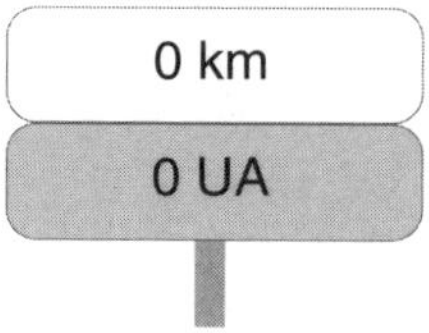

Géo-métrie : mesurer la Terre

On peut supposer que jusque vers le VIIe siècle avant notre ère, l'idée selon laquelle la Terre était plate était la plus répandue, pour ceux du moins qui pouvaient avoir comme préoccupation la notion même de Terre comme une globalité ou un tout. Pour s'en donner une idée, il suffit d'évoquer le concept de calendrier : évident pour nous, il est pourtant relativement récent. Jusqu'à la Renaissance, la notion même de date reste très relative. La raison première en est qu'il n'existait pas de calendrier universel, mais une multitude de référents locaux rapportés au temps court. L'âge d'un individu était ainsi compté par rapport au nombre d'années de règne du roi, quand ce n'était pas par rapport au seigneur local. La grande peur de l'An Mil, pour prendre un exemple, n'est qu'un mythe, la création « littéraire » d'un moine, Raoul Glaber, qui l'inventa plusieurs décennies plus tard. Très peu de gens surent qu'on se trouvait alors mille ans après la naissance supposée du Christ. Ajoutons, pour faire bonne mesure, que d'une part la date considérée était fausse et que d'autre part cette référence au Christ ne concernait que les pays chrétiens, c'est-à-dire une partie seulement de l'humanité de l'époque.

Très tôt dans l'Antiquité égyptienne, sont rapportées des connaissances astronomiques étonnantes compte tenu des conditions d'observation, sans aucun instrument. Le calendrier égyptien était un calendrier solaire, qui comptait 365 jours, le début de l'année étant fixé au jour du lever héliaque de l'étoile Sothis, c'est-à-dire Sirius, autrement dit le jour où l'étoile redevenait visible à l'aube, du côté de l'horizon où se levait le Soleil.

L'astronomie babylonienne remonte, elle, au troisième millénaire avant l'ère chrétienne. Elle connut son apogée six cents ans avant notre ère. On ne peut que s'incliner devant la justesse de certains calculs comme la durée moyenne entre deux phases de la Lune, la valeur de la révolution synodique des planètes, la périodicité des éclipses solaires totales (le cycle du Saros), l'identification des constellations ou la précision de leur calendrier.

L'astronomie précolombienne ne fut pas en reste et développa une connaissance du ciel tout à fait étonnante dès le deuxième millénaire avant notre ère. Les calendriers étaient basés sur un système de cycles, de roues imbriquées les unes dans les autres. Ainsi, chez les Mayas, l'année durait 365 jours, décomposés en 18 mois de 20 jours et un mois de cinq jours. Un destin funeste était réservé à ceux qui avaient le malheur de naître pendant ces cinq jours…

Très tôt, dès la fin du troisième millénaire, les Chinois ont développé une véritable astronomie, dans des temps où astronomie et astrologie n'étaient pas vraiment différenciées. Ils disposaient d'un calendrier soli-lunaire reposant sur le cycle de Meton, cycle de 19 ans au terme duquel Soleil et Lune retrouvent les mêmes positions relatives. Par ailleurs, et c'est peut-être le plus remarquable, les Chinois ont enregistré les phénomènes célestes dans des chroniques qui sont parvenues jusqu'à nous. Ces observations et ces annales avaient un usage très politique et étaient au service du pouvoir en place : c'est ainsi qu'on dit que 2 000 ans avant notre ère deux astronomes royaux auraient été exécutés pour avoir « oublié » une éclipse solaire. Le degré de précision des calculs était parvenu à un niveau impressionnant, puisque les astronomes avaient pu, par exemple, déterminer un cycle de 23 639 040 ans entre deux positions relatives identiques des planètes connues. Les astronomes chinois avaient aussi établi un catalogue de 1 464 étoiles réparties en 284 constellations.

Ainsi en est-il de la représentation que peuvent se faire les hommes de notre planète. On peut raisonnablement supposer que c'est vers le VIIe siècle avant notre ère, avec l'apparition de la philosophie et de la science grecques, les deux étant indissociablement liées, que la question de la topologie planétaire a vraiment pris naissance, en tout cas comme question scientifique, même si ces spéculations ne concernaient qu'un tout petit nombre d'hommes…

Très vite, cette question de la forme a eu pour corollaire celle des dimensions. Il importait de mesurer et pour mesurer, il fallait des « outils ». L'étymologie du mot géométrie en atteste : géo-métrie, la mesure de la Terre.

Comme on l'a vu, certaines civilisations avaient déjà développé des connaissances étonnantes sur les objets célestes et leurs mouvements, compte tenu des moyens d'observation rudimentaires dont ils disposaient. Il est vrai que ces connaissances étaient, via l'astrologie et les techniques prédictives, des moyens de prendre ou de garder le pouvoir. Mais l'essor de la pensée rationnelle en Grèce devait permettre de franchir un pas décisif dans l'approche de cette connaissance et le développement de ces outils.

Pour repérer la position des étoiles et des astres errants sur la sphère céleste, des mesures d'angles suffisaient. Mais il fallut bien qu'un jour on se posât la question de la distance des deux « luminaires », le Soleil et la Lune. Alors, comment faire ? La première étape était la mise au point de techniques permettant d'évaluer les distances. On attribue à Thalès le principe de la mesure. Il permet par exemple d'évaluer la distance d'un navire au rivage.

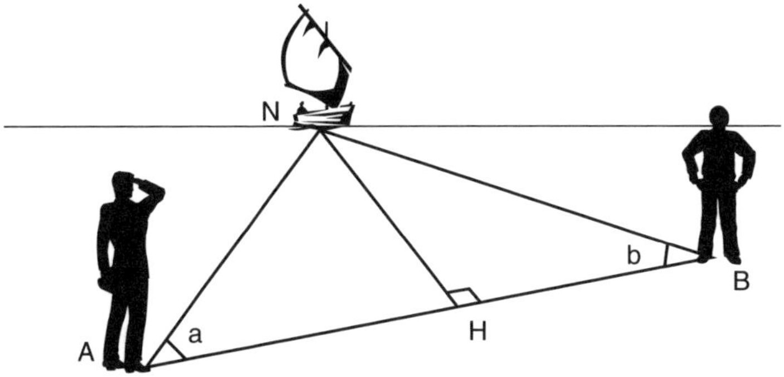

Deux observateurs A et B visent le navire N et mesurent les angles a (NAB) et b (NBA) depuis deux positions sur le rivage. Si la distance AB des deux observateurs est mesurée, la construction du triangle NAB est possible et par suite la mesure de sa hauteur NH, qui est la distance que l'on veut connaître.

Thalès et la hauteur de la grande Pyramide

Après la mesure des distances en surface, passons à celle des hauteurs… Commençons donc par une question simple : sauriez-vous mesurer la hauteur de la Grande Pyramide sans autre instrument que votre corps, le théorème de Thalès et le Soleil ?

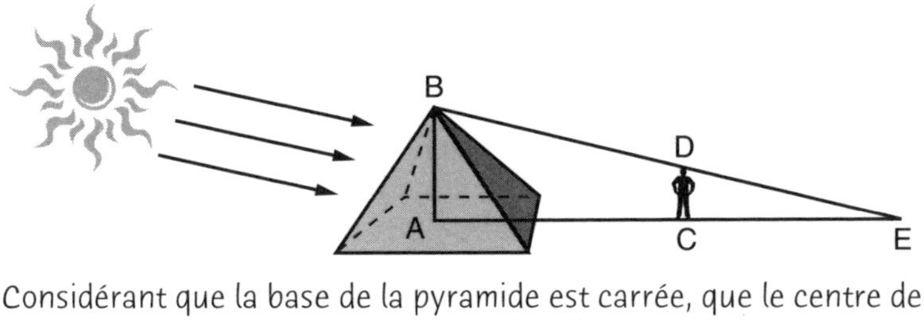

Considérant que la base de la pyramide est carrée, que le centre de sa base est en A et son sommet en B, Thalès s'est placé à côté de la Grande Pyramide de telle sorte que l'extrémité de son ombre sur le sol coïncide avec celle de la pyramide en E. Ses pieds étant alors en C et sa tête en D, il n'avait plus qu'à appliquer le théorème de… Thalès, justement ! Ainsi, AB / CD = AE / CE et par conséquent, AB = (*AE* × CD) / CE. Pour notre héros antique, l'unité de longueur était le Thalès… soit la longueur du segment CD ! Donc, CD = 1 Thalès… Connaissant, en Thalès, les valeurs respectives des segments AE, CD et CE, déterminer AB, toujours en Thalès, n'était plus qu'un jeu d'enfant !

Thalès de Milet

Il serait né vers 630 avant notre ère à Milet en Asie Mineure (l'actuelle Turquie). Mathématicien, ingénieur, philosophe, homme politique mais surtout astronome, il est l'un des sept sages de l'Antiquité. On lui attribue d'avoir prédit avec une grande précision l'éclipse du Soleil du 28 mai de l'an -585. Lors de son premier voyage en Égypte, Thalès applique le théorème qui porte aujourd'hui son nom pour mesurer la hauteur de la grande pyramide de Kheops. « Le rapport que j'entretiens avec mon ombre est le même que celui que la pyramide entretient avec la sienne et à l'instant où mon ombre sera égale à ma taille, l'ombre de la pyramide sera égale à sa hauteur ». Ajoutons que le fameux théorème de Thalès était déjà connu avant lui des Babyloniens, même s'il n'était pas démontré. Platon raconte que Thalès se promenait, contemplant le ciel nocturne. La tête dans les étoiles, il ne voit pas un puits devant lui et y tombe. « Comment peux-tu prétendre savoir ce qui se passe dans le ciel quand tu ne vois pas ce qui est à tes pieds », le railla une vieille femme ! On dit encore aussi que Thalès réussit à s'enrichir grâce aux observations astronomiques. Ayant prévu une très bonne récolte d'olives, il loua à bas prix un grand nombre de pressoirs à huile… qu'il put sous-louer, empochant de substantiels bénéfices. Thalès venait de prouver qu'on peut aussi s'enrichir grâce à la science et à la philosophie…

La civilisation grecque a très tôt développé une bonne maîtrise des mouvements célestes. Le mot planète (qui est entré dans la langue française au XIIe siècle) vient d'ailleurs du grec πλανήτης (planêtês). πλανήτης αστήρης (planêtês astêrês) signifie « astre errant », par opposition aux étoiles qui apparaissent comme des astres fixes sur la voûte céleste.

Ces mouvements planétaires ont été observés depuis des temps immémoriaux dans toutes les civilisations, mais leur explication n'est devenue possible que lorsque les astronomes ont compris que ce mouvement apparent résultait de la course orbitale de la Terre et des autres planètes autour du Soleil. Après Thalès, son élève Anaximandre place la Terre, isolée dans l'espace, au centre du monde, mais il n'a aucun moyen d'évaluer la distance avec les astres.

Pythagore est connu surtout par le fameux théorème qui porte son nom, mais outre la géométrie, ses travaux portèrent sur la philosophie, les mathématiques, la musique et l'astronomie : il fut le premier à affirmer que la Terre est ronde et à appeler le ciel cosmos… Il a aussi identifié Vénus comme étant à la fois l'étoile du soir et l'étoile du matin.

Pythagore

Il serait né dans l'île de Samos vers 570 avant notre ère. L'étymologie de son nom signifie « annoncé par la Pythie ». Après avoir participé victorieusement aux Jeux Olympiques (Pugilat), la légende veut qu'il ait suivi une série d'initiations dans l'île de Lesbos, à Sidon (Phénicie), en Égypte (Memphis et Thèbes), à Babylone, en Crète, puis en Thrace et à Delphes, avant de fonder sa propre école à Crotone, en Grande Grèce. Il y étudiait et enseignait les mathématiques, la musique, ou la philosophie ou encore, dans un autre registre, l'éternité et la transmigration des âmes, la réincarnation, le principe de résurrection. Entre secte et ordre religieux, son école fonctionnait comme une communauté dont les biens mais aussi les résultats scientifiques étaient la propriété globale de l'école. Les Pythagoriciens avaient également une activité politique, soutenant le régime tyrannique de Crotone (on dirait aujourd'hui le despotisme éclairé), ce qui finit par déclencher une émeute populaire au cours de laquelle la communauté fut anéantie. Pythagore a par ailleurs découvert les lois de l'harmonique : il existe une relation entre la longueur d'une corde vibrante et la hauteur du son émis. Soient quatre cordes tendues, la première étant d'une certaine longueur, la longueur de la deuxième, les trois quarts de la première, celle de la troisième, les deux tiers et enfin celle de la dernière, la moitié. Quand on pince successivement ces cordes, on entend le DO, puis la quarte du DO soit le FA, puis la quinte du DO, soit le SOL, enfin le DO à l'octave. Le son est mathématique ! Comme l'affirmait Théon de Smyrne : « Les pythagoriciens affirment que la musique est une combinaison harmonique des contraires, une unification des multiples et un accord des opposés ». Comme nombre de figures majeures de l'antiquité, Pythagore a eu une influence durable sur son époque et au-delà, bien qu'il n'existe aucune trace d'ouvrages de sa main et qu'il ne soit connu que par ses disciples.

Philolaos a vécu dans la première moitié du VIe siècle avant notre ère. Disciple de Pythagore, il fut contraint de fuir lors de la destruction de l'école de Crotone. Son unique ouvrage, qui comprenait ses traités d'astronomie, fut vendu à Platon par un ancien élève de Philolaos ou par des parents après sa mort. Cet ouvrage fut probablement connu d'Aristote.

Philolaos fut le premier Grec à affirmer que la Terre n'était pas au centre de l'Univers, mais qu'elle tournait en un jour autour d'un « feu central », différent du Soleil et placé au centre de l'Univers. Cette théorie fut l'une des premières à pouvoir expliquer le mouvement apparent des étoiles autour de la planète. Le Soleil, la Lune et les cinq planètes visibles étaient supposés tourner aussi autour de ce feu central. La Terre tournant sur elle-même en vingt-quatre heures, le feu central lui était donc toujours invisible. Selon Copernic, Philolaos connaissait donc déjà le mouvement de la Terre autour du Soleil. Il évalua le mois lunaire à 29 jours et demi, l'année lunaire à 354 jours et l'année solaire à 365 jours et demi.

Au Ve siècle avant notre ère, Anaxagore n'a toujours pas de réponse à la question de la distance entre les astres, mais apporte cette idée nouvelle que les planètes et la Lune sont des corps solides analogues à la Terre.

Près d'un siècle plus tard, Eudoxe, élève de Platon, imagine, lui, un système de sphères qui rend compte du mouvement des planètes par des mouvements circulaires et uniformes : la théorie dite des « sphères homocentriques ». Pour Eudoxe le Soleil, la Lune et toutes les planètes connues à cette époque, Mercure, Vénus, Mars, Jupiter et Saturne, tournent autour de la Terre, qui elle, est immobile. C'est un système assez complexe de sphères enchâssées. D'après lui, les étoiles bougent elles aussi, puisque la Terre est immobile. Elles sont fixées sur une sphère tournant d'est en ouest en vingt-quatre heures autour de l'axe des pôles. Il est ainsi le premier à pouvoir modéliser la rétrogradation des planètes, mais avec un problème de taille : son système ne fonctionne que si les planètes sont chacune à une distance fixe de la Terre, alors qu'on savait déjà à ce moment que la différence de luminosité d'un même astre ne pouvait s'expliquer que par la variation de son éloignement. Eudoxe calcula la durée de l'année terrestre : 365,25 jours, résultat très proche de la valeur actuelle. Ses calculs sur la distance de la Terre au Soleil et sur la dimension de notre étoile furent moins heureux : il évalua son diamètre à neuf fois celui de la Lune…

Géo-graphie : les dimensions de la Terre

Au IVe siècle avant notre ère, Héraclide du Pont eut le premier l'idée de faire tourner la Terre sur elle-même pour expliquer le mouvement d'ensemble de la sphère céleste, le mouvement diurne. On commençait donc à imaginer la rotondité de la Terre mais il fallut attendre le IIIe siècle avant notre ère et Ératosthène avoir une mesure de sa circonférence.

Ératosthène avait calculé la circonférence de la Terre d'une manière purement géométrique. Il savait que le jour du solstice d'été, le 21 juin, au midi solaire local, le Soleil occupait la plus haute position dans le ciel. Il savait aussi que ce même jour, il n'y avait aucune ombre dans un certain puits creusé à Syène (aujourd'hui Assouan), une ville située sur le Tropique du Cancer. Il en avait déduit que le Soleil était exactement à la verticale du lieu puisque sa lumière éclairait le fond du puits. Le même jour, à la même heure, Ératosthène observa qu'un obélisque situé à Alexandrie projetait une ombre sur le sol : le Soleil n'était donc pas à la verticale… Avec un peu de trigonométrie, Ératosthène en avait même déduit que l'angle entre les rayons solaires et la verticale était de 7,2 degrés.

Partant du principe que le Soleil était très loin, Ératosthène considéra que les rayons solaires atteignant la Terre étaient tous parallèles et que c'était la sphéricité de la Terre qui créait la différence entre cette inclinaison nulle constatée à Syène et celle qu'il avait mesurée à Alexandrie. L'un des premiers à faire ainsi l'hypothèse d'une Terre sphérique, Ératosthène entreprit alors d'en calculer la circonférence. Encore fallait-il connaître la distance entre Syène et Alexandrie…

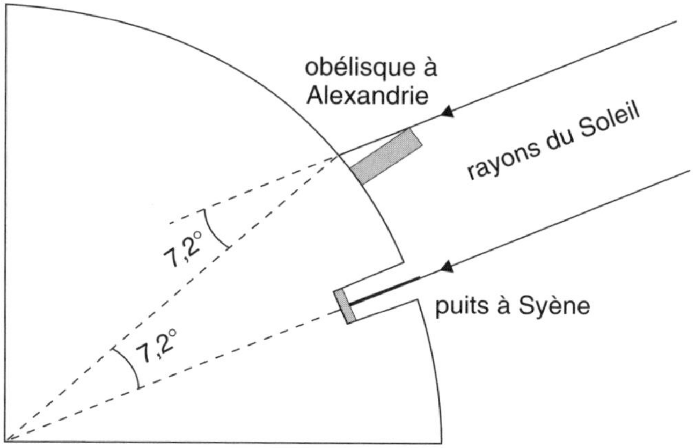

Quart de cercle tracé par Ératosthène avec un arc schématisant le trajet de 5 000 stades de Syène à Alexandrie et que sous-tend un angle au centre de 7,2°. Pour connaître en stades la circonférence du cercle, Ératosthène a calculé combien il fallait d'arcs mesurant 7,2° pour faire un cercle complet, soit 360 divisé par 7,2. Il en conclut donc que la circonférence de la Terre était de 50 fois 5 000 stades, soit 250 000 stades.

Pour l'évaluer, Ératosthène fit appel à un bématiste, cet arpenteur de l'Égypte antique qui avait la charge de mesurer des distances en nombre de pas (bêma). Celui-ci se basa sur le temps en jours de marche de chameau entre les deux villes : Il obtint pour résultat 5 000 stades, longueur utilisée dans les stades d'Olympie ou de Delphes et qui valait environ 157,5 m. La distance entre Syène et Alexandrie était donc environ de 787 km, un résultat très proche de la distance réelle. Une fois qu'il fut informé de cette mesure, Ératosthène n'eut plus qu'à dessiner sur sa tablette de cire quelques figures de géométrie pour conclure que la circonférence de la Terre était de 250 000 stades, soit 39 375 km, estimation étonnante pour l'époque, sachant que les mesures actuelles les plus précises donnent 40 075,02 km (à l'équateur) !

Ératosthène

Mathématicien, historien, géographe, géomètre, Ératosthène devint responsable de la bibliothèque d'Alexandrie en 240 avant notre ère, à la demande du Pharaon Ptolémée III. La légende dit qu'âgé de plus de soixante-dix ans, devenu aveugle, et ne pouvant plus voir les étoiles, ce fou d'astronomie se laissa mourir de faim. En tant qu'astronome, il mit au point des tables d'éclipses et un catalogue astronomique fort de 675 étoiles. Il démontra l'inclinaison de l'écliptique sur l'équateur et détermina la valeur correcte de cette inclinaison. Il inventa aussi la sphère armillaire (modélisation de la sphère céleste faite de cercles métalliques gradués) et construisit le premier observatoire astronomique. Ses travaux ont aussi porté sur la répartition des océans et des continents, les vents, les zones climatiques et les altitudes des montagnes. On lui attribue la paternité du terme « géographie ». C'est cependant l'étude de la circonférence de la Terre qui marque le plus les travaux d'Ératosthène.

Ératosthène traça également une carte de la partie habitée du monde connu à son époque : l'Écoumène. Pour lui, comme pour Aristote au siècle précédent, l'Écoumène était une île au milieu d'un océan unique, sur une Terre sphérique. La cartographie de l'Écoumène par Ptolémée dans son ouvrage « Géographie », quatre siècles plus tard, fut directement inspirée par Ératosthène.

Le tracé de la carte plane du monde, lointaine ancêtre de notre géographie, se faisait selon deux axes orthogonaux : la description métrique (la latitude) et la description périégétique (la longitude). La description métrique, relativement précise, consistait à tracer le méridien de Méroé à Thulé, sur une distance de 30 000 stades (4 760 km). La description périégétique était beaucoup plus aléatoire, reposant surtout sur des témoignages de voyageurs. L'Écoumène représentait seulement un quart de la surface du globe, depuis les colonnes d'Hercule à l'ouest jusqu'à la colonne d'Alexandre à l'est, sur les rives de l'Indus, soit environ 60°.

La description d'Ératosthène divisait la Terre en cinq zones parallèles : la canicule, bande autour de l'équateur, deux calottes polaires et deux zones tempérées, situées entre la canicule et les calottes polaires. Son idée de rotondité de la Terre ne devint politiquement et religieusement correcte qu'au XIIIe siècle, lorsque Thomas d'Aquin, plus de mille six cents ans après Aristote, amena l'Église à se ranger aux idées aristotéliciennes : la Terre était enfin ronde et fixe, mais placée au centre de l'Univers. Ouf !

Comment être dans la Lune ?

Au IIIe siècle avant notre ère, Aristarque de Samos, astronome de l'école d'Alexandrie, fit la première évaluation des distances du Soleil et de la Lune. Il s'agissait des deux seuls objets célestes dont on pouvait voir le diamètre apparent à l'œil nu. Il écrivit un « Traité des dimensions et distances du Soleil et de la Lune », articulé autour de dix-huit propositions géométriques, précédées de six « hypothèses » qui sont autant d'axiomes, comme par exemple :

- La Lune reçoit sa lumière du Soleil ;
- La largeur du cône d'ombre de la Terre traversée par la Lune lors d'une éclipse est de deux lunes ;
- Le diamètre apparent de la Lune est un quinzième d'un signe du zodiaque.

Si les mesures qu'a faites Aristarque des distances de la Lune et du Soleil étaient admirables d'ingéniosité, elles restaient par ailleurs très approximatives.

Ayant observé que la Lune parcourt une distance égale à son diamètre en une heure environ, que les éclipses de Lune durent à peu près deux heures et que la Lune était entièrement dans le cylindre d'ombre de la Terre durant ces deux heures, il en déduisit que le diamètre de ce cylindre était égal à trois diamètres de Lune. Le diamètre de la Terre était donc trois fois plus grand que celui de la Lune.

Aristarque évalua ensuite l'angle sous lequel nous voyons la Lune. Il trouva deux degrés. Malgré des outils mathématiques rudimentaires, il put en déduire la distance Terre-Lune en « diamètre lune », et il trouva donc un peu plus de vingt-huit. Malheureusement, sa mesure souffrait d'une grosse erreur : l'angle sous lequel nous voyons la Lune est seulement d'un demi-degré, ce qui signifie que la Lune est en réalité beaucoup plus loin… Hipparque devait parvenir à un calcul plus précis un siècle plus tard.

Hipparque

C'est à lui que l'astéroïde 4000 Hipparque doit son nom, mais c'est au Professeur Tournesol et à Hergé que cet astronome de l'Antiquité doit sa célébrité : « le cirque Hipparque n'a pas besoin de clowns » dixit le professeur dans *On a marché sur la Lune…* Né vers 190 avant notre ère à Nicée, en Bithynie (au nord-ouest de la Turquie actuelle), on pense qu'il est mort en -120 sur l'île de Rhodes. Hipparque a été l'un des astronomes les plus importants de l'antiquité. Il fut le premier Grec à proposer des modèles précis des mouvements de la Lune et du Soleil, grâce en particulier à l'utilisation des observations et des « données » enregistrées pendant les siècles précédents par les astronomes chaldéens de Babylone. Hipparque utilisa aussi un autre héritage des babyloniens en fondant la trigonométrie sur le partage du cercle en trois cent soixante parties. Il réalisa la première table trigonométrique, ce qui lui permit de résoudre tous les triangles. Avec ces tables et ses connaissances sur la Lune et sur le Soleil, il a été sans doute le premier à proposer un modèle prédictif fiable des éclipses solaires. Il découvrit aussi la précession des équinoxes, réalisa le premier catalogue d'étoiles connu et il passe pour avoir été l'inventeur de l'astrolabe. On lui prête près d'une vingtaine de livres, mais un seul nous est parvenu : son commentaire sur le poème d'Aratos de Soles dont le sujet est l'astronomie populaire. Ce que l'on sait de sa vie et de son œuvre sont donc fortement sujets à caution…

Et le Soleil ?

Pour la distance Terre-Soleil, Aristarque observa la Lune lors d'un de ses quartiers, alors que l'angle Terre-Lune-Soleil est droit. En mesurant l'angle Soleil-Terre-Lune, il trouva un angle presque droit. Ce qui lui permit de calculer que la distance Terre-Soleil était environ dix-neuf fois plus grande que la distance Terre-Lune. Hélas pour lui, son résultat était encore entaché d'une erreur importante, due à l'imprécision de sa mesure de l'angle Soleil-Terre-Lune. La distance Terre-Soleil était en réalité vingt fois plus grande.

Mais ces calculs, même faux, allaient permettre à Aristarque de construire le premier système héliocentrique ! Le Soleil ayant approximativement le même diamètre apparent que la Lune, il en déduisit que son diamètre réel était dix-neuf fois plus grand (en réalité quatre cents fois). C'est à partir de ce résultat qu'Aristarque mit en cause le géocentrisme : les planètes plus petites devaient tourner autour des planètes plus grosses. Il plaça donc le Soleil au centre du monde et imagina les deux mouvements combinés de la Terre tournant sur elle-même et autour du Soleil. Dans cette hypothèse, depuis la Terre il semblait logique que l'on puisse voir les étoiles selon un angle différent en fonction du moment de l'année. Aristarque conclut que cette différence d'angle (la parallaxe) existait bel et bien, mais était inobservable en raison de la trop grande distance qui nous séparait de ces étoiles. Le bougre avait raison ! À tel point que cette parallaxe permet aujourd'hui de calculer la distance des étoiles proches…

Pour en revenir à la mesure de la distance Terre-Soleil, il fallut attendre le XVIIe siècle pour constater des progrès significatifs. Galilée fut le premier à proposer l'utilisation des transits pour mesurer la distance de la Terre au Soleil (l'unité astronomique). Cette méthode repose sur l'observation du passage de la planète Vénus devant le Soleil, observation difficile à réaliser parce que c'est un phénomène rare, compte tenu de ce que les orbites de Vénus et de la Terre ne sont pas exactement dans le même plan. C'est sur la proposition de l'astronome anglais Edmund Halley qu'au XVIIIe siècle l'astronome français Jérôme Lalande mit en pratique cette méthode pour parvenir à une valeur de l'unité astronomique de 153 millions de kilomètres, soit une valeur approchée très honorable puisque la valeur actuelle est de 150 millions de kilomètres !

Les éclipses de Lune et de Soleil

Les éclipses se produisent quand le Soleil, la Lune et la Terre sont alignés. L'éclipse de Lune a lieu quand la Terre est placée entre le Soleil et la Lune, et l'éclipse de Soleil quand la Lune se retrouve entre le Soleil et la Terre. Le Soleil et la Lune ayant des diamètres apparents similaires, lors d'une éclipse de Soleil la Lune peut le masquer complètement.

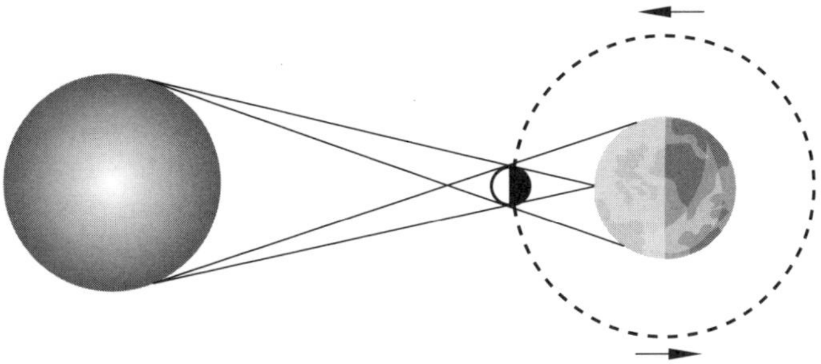

Positions respectives du Soleil, de la Terre et de la Lune permettant les conditions d'une éclipse de Soleil.

Si la Lune orbitait autour de la Terre sur le même plan que la Terre autour du Soleil, il y aurait une éclipse de Soleil à chaque nouvelle Lune. Mais l'inclinaison du plan de l'orbite lunaire par rapport au plan orbital de la Terre est telle qu'une éclipse ne se produit que lorsque la Lune coupe ce dernier, nommé pour cette raison le plan de l'écliptique. Encore faut-il aussi que la Lune soit au même moment alignée sur le Soleil, ce qui se produit de deux à sept fois par an. Les éclipses de Soleil ne sont pas toutes totales. En raison des variations de distance entre la Terre et le Soleil et entre la Terre et la Lune, elles peuvent être parfois annulaires.

Geo-logis : l'âge de la Terre

Jusqu'au XVIIIe siècle, on croyait que la Terre était née d'une boule de feu qui s'était peu à peu solidifiée jusqu'à devenir la planète tempérée que nous habitons. C'est alors qu'entre en scène le naturaliste français Georges-Louis Leclerc, comte de Buffon, qui va chauffer dans ses forges des sphères composées de métal, d'argile et de roche, et évaluer leur temps de refroidissement. Tenant compte de la taille de la Terre par rapport aux sphères de son expérience, Buffon va estimer l'âge de notre planète à 75 000 ans. Ce chiffre révolutionnait les croyances de l'époque, affirmées par l'Église qui attribuait à la Terre un âge de 4 000 ans selon les données de la Bible…

Mais Buffon, pensant que son calcul sous-estimait la réalité, penchait plutôt pour un âge de la Terre de près de trois millions d'années. Il garda pourtant cette estimation pour lui, sachant les risques qu'il aurait pris vis-à-vis de l'Église en le rendant public. Ce qui faisait aussi problème, à l'époque, c'était les fossiles que l'on trouvait dans les régions montagneuses. Il y avait là des traces laissées dans la pierre ou des ossements qui ne cadraient pas avec l'histoire « officielle » de la Terre… Les hypothèses fleurirent : créations divines, vestiges du déluge, « souvenirs » laissés dans les Pyrénées par les pèlerins de Compostelle, traces des jeux du cirque, ou lorsqu'il s'agit d'ossements de grande taille découverts dans les Alpes, restes des éléphants d'Hannibal ! On trouvera même des théories prétendant qu'il s'agissait des vestiges de civilisations disparues…

Ce n'est qu'à la fin du XIXe siècle, avec les progrès de la géologie et le Darwinisme aidant, que l'âge de la Terre sera plus vraisemblablement évalué à plusieurs centaines de millions d'années. Mais cette estimation était encore loin du compte… Les avancées de la physique et de la paléontologie vont permettre, à partir des années 1950, de parvenir à des datations de plus en plus précises des périodes les plus anciennes de notre planète, en particulier grâce aux méthodes de datation utilisant la radioactivité naturelle. C'est ainsi que l'on va passer, non sans réticences, des millions aux milliards pour chiffrer l'âge de la Terre et de tout le système solaire : l'analyse des météorites et des échantillons de roches lunaires rapportées par les missions Apollo va permettre une évaluation supérieure à 4,5 milliards d'années…

L'âge de la Terre fait aujourd'hui l'objet d'un relatif consensus, le débat tournant davantage autour de la datation de certains épisodes de la chronologie de notre histoire. Dans sa trajectoire autour du Soleil, la Terre croise en permanence une multitude de minuscules débris de petits corps célestes, dont certains sont parmi les objets les plus anciens du système solaire. La plupart de ces fragments se désintègrent dans la haute atmosphère et disparaissent avant même d'avoir atteint le sol, ce sont les « étoiles filantes ». Les plus gros parviennent jusqu'au sol, ce sont les météorites. À condition qu'ils restent à taille « humaine », la chute de ces météorites est une opportunité pour nous : dans l'hypothèse où la Terre et les météorites se sont formés en même temps, la datation de certains de ces corps nous a permis de donner un âge précis à notre planète : 4,55 milliards d'années.

L'origine du système solaire

Prenez un nuage de gaz, composé de beaucoup d'hydrogène, d'un peu d'hélium et d'une pincée de tous les autres éléments. Il en existe des myriades au sein de toutes les galaxies. Nous détaillerons par la suite que l'hydrogène et l'hélium ont été légués par le *Big Bang* et que les autres éléments ont été synthétisés par les étoiles massives.

L'interaction gravitationnelle règne au sein de notre nuage, comme partout dans l'espace. Mais soudain, pour des raisons que l'on ne s'explique encore pas trop, un petit morceau de notre nuage s'effondre sur lui-même. Est-ce en raison de l'explosion d'une étoile massive proche (une explosion de supernova) ? Est-ce à la suite du passage d'une onde de densité (un des bras de la Galaxie) ? Plus ce fragment de nuage interstellaire devient dense et plus il attire les particules avoisinantes. Au cœur même de ce globule, la pression et donc la température augmentent en conséquence. À un moment donné, pression et température sont telles que s'amorcent des réactions thermonucléaires entraînant la fusion de l'hydrogène.

Une énergie énorme est libérée, avec pour corollaire une émission de lumière considérable : une étoile s'allume, le Soleil est né. Il faudra cependant attendre encore des dizaines de millions d'années avant que les réactions thermonucléaires de fusion se stabilisent et que le Soleil entame le régime de croisière qui est le sien aujourd'hui et qu'il maintiendra pendant encore des milliards d'années en faisant fusionner les atomes d'hydrogène quatre par quatre pour former des noyaux d'hélium.

À propos, la masse de l'atome d'hélium est un peu plus petite que celle des quatre atomes d'hydrogène. Petite différence de masse certes, mais grand débit d'énergie en vertu de la fameuse loi d'équivalence masse-énergie, $E = mc^2$. Même si les formules ne sont pas votre tasse de thé, celle-ci vous est certainement familière, qui traduit l'équivalence entre la masse notée m et l'énergie notée E qui lui correspond. Aucune formule n'est en effet plus célèbre que cette fameuse équation $E = mc^2$, assurément la plus symbolique de l'œuvre d'Einstein.

Notez enfin qu'avant sa contraction en une belle étoile, le petit morceau de nuage s'était nimbé d'un disque de gaz et de poussières. L'allumage de l'étoile centrale aidant, ce disque s'est fragmenté en des myriades de petits corps qui se sont ici et là agglomérées en plus grosses structures… Le Soleil est donc au centre d'un système (solaire) constitué d'objets en orbite autour de lui et comme lui nés de la contraction d'un fragment de nuage de gaz et de poussières formées des milliards d'années auparavant. D'autres étoiles sœurs du Soleil se sont certainement formées au sein de ce même nuage, mais avec le temps, leurs mouvements propres les ont dispersées loin les unes des autres.

D'où vient la Lune ?

L'origine de la Lune a été l'objet de nombreuses hypothèses :
- la Terre aurait capturé un très gros astéroïde ;
- la Terre primitive se serait scindée par centrifugation ;
- la Terre et son satellite se seraient formés simultanément au sein du disque protoplanétaire ceinturant le jeune Soleil.

Pendant longtemps, ces trois conjectures ont été tour à tour avancées. Le premier scénario, celui de la capture, postulait que la Lune se serait formée dans une région différente du système solaire mais aurait été capturée à un certain moment par le champ de gravitationnel terrestre. Le deuxième scénario était celui de la fission : après sa formation, la Terre était une masse liquide en rotation assez rapide. En raison de la force centrifuge, notre planète aurait éjecté une partie de sa masse qui, par accrétion, aurait donné naissance à la Lune. Enfin, le troisième scénario était celui de la création simultanée : la Terre et la Lune se seraient formées en même temps à partir de la même concentration de gaz et de poussières.

Pourtant, aucune de ces théories ne rencontrait véritablement l'adhésion de la communauté scientifique. Les deux dernières avaient d'ailleurs été assez vite jugées peu probables, compte tenu de l'inclinaison de l'orbite lunaire. De plus, le deuxième scénario implique une vitesse de rotation beaucoup trop grande tandis que le troisième est incapable d'expliquer pourquoi la Lune possède un noyau beaucoup plus petit que la Terre. Quant à la première hypothèse, elle n'est pas satisfaisante car il est très peu vraisemblable que la Terre ait pu capturer un objet aussi massif que la Lune et le contraindre à une orbite stable.

Plus récemment, l'analyse des roches lunaires ramenées par les missions Apollo et Luna ont montré que la proportion des différents noyaux atomiques était très similaire dans les croûtes de la

Terre et de la Lune, ce qui serait très difficile à expliquer si les deux corps avaient été créés de façon séparée. C'est ainsi qu'est apparue en 1975 une nouvelle hypothèse de l'origine de la Lune, certes plus complexe, mais beaucoup plus satisfaisante. Pour les auteurs de cette théorie, aux tous premiers temps de l'histoire du système solaire, une collision se serait produite entre la Terre et un autre objet de la taille de Mars. Cette collision aurait entraîné l'éjection d'une énorme quantité de matière qui se serait rapidement agglomérée pour donner naissance à la Lune.

Cette théorie peut expliquer toutes les différences ou similarités entre la Terre et la Lune, et c'est donc la théorie la mieux acceptée aujourd'hui. À l'époque de l'impact, la plus grande partie du fer de la Terre s'était déjà rassemblée dans son noyau. Or, la matière éjectée provenait principalement du manteau, plus pauvre en fer, ce qui explique que la Lune contient une faible proportion de cet élément. La similarité dans la proportion des différents noyaux atomiques est due au fait que les deux corps ont une origine commune. Enfin, la nature très aléatoire d'un impact explique pourquoi la Terre est la seule planète interne du système solaire à posséder un satellite de si grande taille.

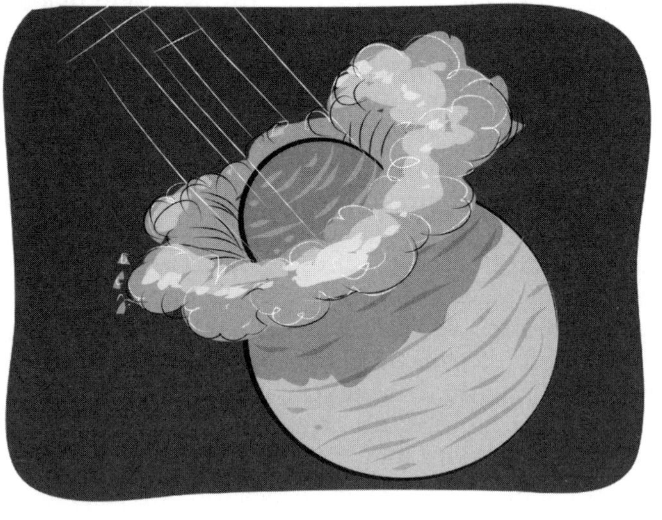

Formation de la Lune à partir d'une gigantesque éclaboussure cosmique.

Cette hypothèse est donc aujourd'hui celle qui rassemble le plus de suffrages au sein de la communauté scientifique. Des simulations numériques menées depuis une dizaine d'années accréditent désormais ce modèle. Cette collision se serait produite quarante millions d'années à peine après la naissance du système solaire.

L'avenir du Soleil... et le nôtre ?

Le Soleil en est aujourd'hui à la moitié de son évolution. Il va continuer de « brûler » son hydrogène comme il le fait depuis plus de quatre milliards d'années. En se basant sur la quantité d'hydrogène que recèle encore son cœur, là où s'enchaînent les réactions thermonucléaires, il lui faudra encore quelques milliards d'années avant d'avoir épuisé son « carburant ». Depuis que le Soleil a atteint son régime de croisière, il n'en a pas moins subi une lente évolution. Vous pensez sans doute que nous faisons allusion à cette diminution de la masse du cœur qui se transforme en énergie… Elle est réelle, certes, mais trop infime pour s'en préoccuper : environ sept pour mille quand tout l'hydrogène sera converti en hélium. En revanche, la diminution rapide de la quantité de particules par unité de volume – quatre noyaux d'hydrogène pour former un seul noyau d'hélium – entraîne au cœur du Soleil des effets beaucoup plus criants.

Le calcul est simple : il y aura quatre fois moins de particules à s'agiter au sein du cœur du Soleil quand tous les noyaux d'hydrogène disponibles auront fusionné ! En attendant, la densité de particules diminue peu à peu et les forces de gravité en profitent pour comprimer de plus en plus le cœur. La température centrale s'élève petit à petit, entraînant à son tour un meilleur rendement des cycles de fusion et donc un accroissement progressif de l'éclat de l'étoile. En vertu d'un tel phénomène, le Soleil brille un peu plus aujourd'hui qu'il y a quatre milliards d'années et demi, une évolution qui se poursuivra pendant les cinq milliards d'années à venir. Gare au réchauffement de la planète !

> **Gare au réchauffement de la planète !**

Pendant cinq milliards d'années encore, la fusion de l'hydrogène au cœur du Soleil garantira ainsi une production régulière d'énergie. C'est ensuite que les choses se compliquent. Dans le cœur, il y aura de moins en moins d'hydrogène, et de plus en plus d'hélium. Faute de matière première, les cycles de réactions thermonucléaires se ralentiront. Le cœur, alors composé presque totalement d'hélium, se contractera avant de s'échauffer à nouveau. Dans le même temps, les réactions thermonucléaires migreront vers la périphérie du cœur. Elles y formeront une coquille active qui se propagera peu à peu vers l'extérieur, à la recherche de nouveaux gisements d'hydrogène.

L'augmentation de la température du cœur consécutif à sa contraction attisera les réactions nucléaires au sein de la coquille active, la pression qu'elle exerce s'amplifiera, l'enveloppe du Soleil se dilatera, son éclat augmentera, sa belle lumière blanche rougira. Le Soleil sera devenu une géante rouge. Nous vous signalons au passage qu'une géante rouge, comparable en tout point à ce que le Soleil sera dans plus de cinq milliards d'années, figure en bonne place parmi les étoiles les plus brillantes du ciel. Il s'agit de Capella, alias Alpha Aurigæ, l'étoile la plus brillante de la constellation du Cocher, située à un peu plus de quarante années-lumière du Soleil.

Cette phase se poursuivra pendant un peu plus d'un milliard d'années. Nos lointains descendants verront alors le Soleil gonfler progressivement, pour atteindre des dizaines de fois son diamètre actuel. Vous imaginez sans peine les cataclysmes qui en résulteront, détruisant à tout jamais le fragile environnement de notre planète. Il faut espérer que le gros de l'humanité aura alors émigré vers d'autres cieux ! Mais s'il subsiste sur Terre un dernier contingent, ces ultimes terriens s'extasieront devant le spectacle fabuleux de cet immense globe rougeâtre, qui s'étendra alors au-delà de l'orbite de Mercure, et dont le disque, vu de la Terre, se développera sur une cinquantaine de degrés.

> Le **kelvin** est une unité de température du système international (symbole K), une température dite absolue. Elle est basée sur une échelle utilisant un seul point fixe, le point triple de l'eau, à savoir le point d'équilibre entre la phase solide (la glace), la phase liquide et la phase gazeuse (la vapeur d'eau). Par définition, la température de ce point triple est T = 273,16 K. La température usuelle, exprimée en degré Celsius (symbole °C), est définie à partir de la température absolue par la relation $T(°C) = T(K) - 273,15$.

Pendant ce temps, à force de se contracter, la température du cœur d'hélium atteindra les cent millions de kelvins. C'est précisément à cette température que s'amorcera un nouveau cycle de réactions nucléaires : la fusion de l'hélium. Ce cycle se déclenchera soudainement, ce sera le flash de l'hélium. Il durera quelques centaines d'années à peine, le temps que les réactions se stabilisent. À nouveau alimenté en énergie par la fusion de l'hélium, le cœur du Soleil se dilatera et son enveloppe se contractera.

Un certain répit sera accordé aux terriens, s'il en reste encore ! Le Soleil sera moins gros et la Terre moins chaude. Une nouvelle phase paisible commencera, comme à l'époque où l'hydrogène fusionnait gentiment au cœur du Soleil, mais elle sera beaucoup plus courte. Très vite à court de combustible, la fusion de l'hélium cessera au plus profond du cœur, avant de se poursuivre quelque temps encore à sa périphérie, au sein d'une nouvelle coquille active qui fera derechef gonfler l'enveloppe du Soleil. Insensible aux soubresauts de son cœur, le Soleil s'étirera à nouveau démesurément, jusqu'à englober l'orbite terrestre.

Ce sera donc la fin du monde ! La course de la Terre sera progressivement freinée au sein des couches externes du Soleil, même si ce milieu sera alors fort peu dense en cette nouvelle phase de gigantisme du globe solaire. En quelques centaines d'années, notre planète descendra en spirale vers le centre du Soleil, où elle sera volatilisée. Il est toutefois possible que la Terre soit finalement épargnée : encore faut-il que le Soleil perde suffisamment de masse pendant la phase géante rouge. La diminution progressive des forces de gravité qui en résultera fera que la Terre s'éloignera peu à peu du Soleil. Dans ces conditions, il se peut que même au maximum de son ultime expansion, le globe solaire ne soit pas en mesure d'atteindre l'orbite de la Terre.

Une **naine blanche** est un astre de quelques milliers de kilomètres de rayon où la pression de Fermi des électrons contrebalance l'effondrement gravitationnel. La masse d'une naine blanche ne peut pas dépasser la limite de Chandrasekhar.

Quoi qu'il en soit, à force de gonfler tant et plus, l'enveloppe du Soleil finira par être expulsée, avant de se répandre dans l'espace environnant pour y constituer une nébuleuse planétaire. Quant au cœur du Soleil, mis à nu lors de cet ultime épisode, et donc privé de toute nouvelle ressource nucléaire, il se ratatinera pour devenir une naine blanche de la taille de la Terre et mettra encore pas mal de milliards d'années pour se refroidir complètement.

Avant que nous ayons à subir les ravages de ce tumultueux retour d'âge du Soleil, bien des choses peuvent advenir à notre petite planète bleue si peu protégée des colères célestes. Qu'adviendrait-il de nous si un sursaut gamma frappait la Terre, où si le vent solaire, qui nous protège de bien des particules nocives, s'atténuait ? Nous aborderons plus loin la question des dangers du cosmos. En attendant, il serait sage d'envisager des solutions pour quitter ce frêle esquif et nous établir sur d'autres planètes du système solaire, voire plus loin encore, dans la Galaxie.

Aller dans l'espace, mais comment ?

Au IIe siècle, Lucien de Samosate était un satiriste quasi contemporain de l'astronome Ptolémée. Il fut sculpteur, avocat puis rhéteur et voyagea dans tout l'Empire romain avant de s'installer à Alexandrie, en Égypte, où il devint « haut fonctionnaire » de l'empereur Marc-Aurèle. C'est à Alexandrie probablement qu'il mourut, dans les premières années du règne de Commode. On lui attribue plus de 80 œuvres et on lui reconnaît la paternité de la forme du dialogue humoristique, entre le dialogue philosophique et la comédie. Il écrivit aussi des exercices de rhétorique comme des éloges ironiques (Éloge de la calvitie, Éloge de la mouche, etc.). Mais son œuvre la plus remarquable est sans aucun doute son *His-*

toire véritable où un personnage voyage vers la Lune : il est souvent considéré comme l'auteur de la première œuvre de science-fiction. Il influença sans aucun doute les *États et empires de la Lune* de Cyrano de Bergerac et le *Micromégas* de Voltaire.

Puis vint Kepler. Au-delà de son œuvre scientifique très éclectique, il est aussi l'auteur méconnu d'un ouvrage de science-fiction. Il s'agit du récit, écrit vers 1610, d'un voyage vers la Lune, intitulé *Somnium*, récit fantastique d'un voyage de la Terre à la Lune, publié à titre posthume en 1634, quatre ans après sa mort.

Johannes Kepler

Né en Allemagne en 1571, il est surtout connu pour avoir confirmé l'hypothèse héliocentrique de Copernic, et aussi pour avoir découvert l'ellipticité des orbites planétaires du système solaire. Mathématicien, astronome, physicien (optique entre autres), musicien, astrologue, romancier même, son œuvre maîtresse reste les fameuses Lois de Képler, publiées entre 1609 et 1618. Première loi : les planètes décrivent des trajectoires elliptiques dont le Soleil est un foyer. Deuxième loi : le mouvement de chaque planète est tel que le segment de droite reliant le Soleil et la planète balaie des aires égales pendant des durées égales. Troisième loi : pour toutes les planètes, le rapport entre le cube du demi grand axe de l'orbite et le carré de la période est le même (ce rapport est indépendant de la masse de la planète).

Johannes Kepler fut également le premier à émettre l'hypothèse d'une rotation du Soleil sur son axe. En 1596, il publie son premier ouvrage, *Mysterium Cosmographicum*. Il voit dans les lois qui régissent les mouvements des planètes un message divin adressé à l'homme. À la mort de Tycho Brahé en 1601, Johannes Kepler devient mathématicien impérial à la cour de Rodolphe II. Il le restera jusqu'en 1612. Dans *Astronomia pars Optica*, publié en 1604, il énonce les principes fondamentaux de l'optique moderne : nature de la lumière, chambre obs-

cure, miroirs, lentilles, réfraction, vision et perception des images par l'œil : pour lui, le cerveau serait tout à fait capable de remettre à l'endroit l'image inversée qu'il reçoit. En 1609, dans l'*Astronomia Nova*, il décrit ses deux premières lois, mais aussi d'autres hypothèses comme la nature de la force responsable du mouvement des planètes, force « quasi magnétique », donc physique et non plus divine ! En 1610, il prend connaissance de la découverte de quatre satellites autour de Jupiter grâce aux observations de Galilée avec sa lunette astronomique et écrit une lettre de soutien publiée sous le titre de *Dissertatio cum Nuncio Sidero* (*Conversation avec le messager des étoiles*), C'est Kepler qui, le premier utilisa en 1611 le mot « satellite » pour désigner les quatre petits astres tournant autour de Jupiter. L'invention récente de la lunette inspire Kepler qui, en 1611, écrit un second ouvrage d'optique, *Dioptricae*, théorisant les découvertes récentes de Galilée. Kepler affirma que l'Univers était soumis à des lois « harmoniques », faisant un lien entre l'astronomie et la musique. Dans le *Harmonice Mundi*, publié en 1619, il attribue aux planètes un thème musical. Les variations des vitesses de ces planètes sont représentées par les différentes notes composant la gamme. Suite à l'observation d'une supernova en 1604-1605, il écrira deux ans plus tard *De Stella nova in pede serpentarii*. En 1613, il démontre une erreur de cinq ans dans le calendrier chrétien : il est le premier à replacer la date de naissance du Christ quatre ans avant notre ère. En 1625, après six ans de lutte, Kepler sauvera du bûcher sa mère, accusée de sorcellerie…
Quatre années après sa mort survenue en 1571, est publié *Somnium*, un texte inclassable pour l'époque, que l'on qualifierait aujourd'hui de récit fantastique, relation d'un voyage de la Terre à la Lune. Ce texte, commencé vers 1610, aurait été achevé peu avant sa mort : c'est avant tout un prétexte pour vulgariser les idées coperniciennes…

On doit sans doute à Cyrano de Bergerac le premier ouvrage traitant des techniques d'exploration spatiale. *L'Histoire comique des États et Empires de la Lune* est un conte initiatique sur la base d'un voyage imaginaire écrit par Cyrano de Bergerac vers 1650 et publié deux ans après sa mort (survenue le 28 juillet 1655) par son ami Henry Le Bret. *L'Histoire comique des États et Empires du Soleil*, autre œuvre posthume de Cyrano de Bergerac, fait suite à *L'Histoire comique des États et Empires de la Lune*.

Ensuite ? Ensuite, plus rien, ou presque, jusqu'à Jules Verne et Georges Mélies qui vont imaginer à leur tour d'envoyer des hommes sur notre satellite… à coup de canon géant ! Enfin, en 1954, Tintin et ses compagnons, à bord d'une fusée développée par le professeur Tournesol, devaient marcher sur la Lune…

Plus sérieusement, les premières approches scientifiques sérieuses du vol spatial datent du tout début du XXe siècle. En 1903, l'instituteur russe Constantin Tsiolkovski explique comment atteindre la vitesse de mise en orbite, en proposant notamment des fusées à étages à propergols liquide. Ses recherches eurent très peu de retentissement hors de Russie.

Lancement du Bumper 2 en juillet 1950, premier tir d'une fusée mené depuis Cap Canaveral, en Floride. Avec sa WAC Corporal juchée sur une V2 récupérée en Allemagne à l'issue de la deuxième guerre mondiale, cette fusée à deux étages était capable d'atteindre une altitude de 400 kilomètres, un record pour l'époque. © NASA.

En 1919, l'ingénieur américain Robert Goddard décrit l'utilisation de tuyères pour les moteurs de fusées à propergols liquides, afin d'atteindre la puissance nécessaire aux voyages interplanétaire. Les ingénieurs allemands Hermann Oberth et Wernher von Braun s'inspirèrent largement de ce travail pour la mise au point de leurs fusées à usage militaire. Le 3 octobre 1942, voyait décoller la première fusée spatiale : il s'agissait d'une fusée A4, plus connue en tant que V2 (V pour *Vergeltungswaffe*, arme de représailles), le véritable ancêtre des lanceurs actuels. On peut dire que c'est ce succès technologique et industriel des V2 qui marque les vrais débuts de la conquête de l'espace : presque quinze ans après, jour pour jour, le 4 octobre 1957, une fusée R7 Semiorka soviétique mettait en orbite le célèbre Spoutnik, premier satellite artificiel de la Terre. Les spécialistes russes qui avaient mis au point la R7 avaient reçu l'aide des ingénieurs allemands qui avaient développé la V2...

Les débuts de l'aventure spatiale

Le besoin profond de découvrir et d'explorer est une constante du comportement humain. Les explorateurs et les pionniers ont existé depuis toujours, dans (presque) toutes les civilisations. Voyager dans l'espace, c'est d'abord le rêve de l'homme d'aller toujours plus loin mais également d'échapper à la planète Terre. Il existe tout une foule de motivations au désir d'explorer le cosmos : peut-on imaginer des moyens pour préserver la Terre du choc d'une météorite, pour s'en échapper en cas de catastrophe planétaire ? Partir loin dans l'espace, c'est encore, d'un point de vue économique, la possibilité de découvrir des nouveaux gisements de matières premières exploitables. C'est enfin la seule façon à ce jour de vérifier si nous sommes seuls dans l'Univers. Ce désir fondamental de partir à la découverte pousse sans cesse l'homme à élaborer de nouvelles technologies et à imaginer de nouvelles techniques de conquête de l'espace. Si on peut considérer le russe Constantin Tsiolkovski comme un précurseur avec *L'espace libre*, le texte où il énonce le principe de la propulsion par réaction dans le vide spatial, les premières tentatives sont à mettre au crédit de Robert Goddard qui lance en 1916 la première fusée à ergols liquides à Auburn, Massachusetts. Puis en octobre 1942, c'est le lancement réussi de la sinistre V2... Le 4 octobre 1957, mise en orbite de

Spoutnik 1, le premier satellite artificiel de la Terre ; le 1er février 1958, mise en orbite d'Explorer 1, le premier satellite américain. Octobre de la même année voit la création de la Nasa (*National Aeronautics and Space Administration*, agence nationale de l'aéronautique et de l'espace), l'agence spatiale des États-Unis. Quelques mois plus tard, début 1959, la sonde soviétique Luna-1 effectue le premier survol de la Lune, tandis qu'en octobre de la même année, Luna-3 transmet les premières images de la face cachée de la Lune. Enfin, le 12 avril 1961, le monde ébahi découvre que le russe Youri Gagarine est devenu le premier homme envoyé dans l'espace pour un vol orbital. Malgré le saut dans l'espace d'Alan Shepard en mai 1961, il faudra attendre février 1962 pour voir le premier vol orbital d'un américain, par John Glenn. Entre-temps, le Président Kennedy avait annoncé qu'un américain poserait le pied sur la Lune avant la fin de la décennie. En 1962, la France fondait le Cnes (Centre National d'Études Spatiales) et l'Europe naissante établissait l'Esro (*European Space Research Organization*, Organisation européenne de recherches spatiales) qui en 1974 devenait l'Esa (*European Space Agency*, agence spatiale européenne). Le 21 juillet 1969 enfin, c'est l'événement « planétaire » historique : les Américains Neil Armstrong et Edwin Aldrin sont les premiers hommes à poser le pied sur la Lune à l'occasion de la mission Apollo 11. La suprématie américaine étant définitivement établie, les budgets affectés à l'aventure spatiale vont alors quelque peu se tarir, en dépit de succès spectaculaires à porter au crédit des explorations automatiques des planètes. Nous sommes encore loin de voir un homme poser le pied sur la « planète rouge », pourtant si proche de nous…

Lancement en juillet 1969 de la mission Apollo 11.
(Voir cahier couleur.) © NASA.

Vol balistique ou à propulsion continue ?

En 1954 donc, la première créature humaine pose le pied sur la Lune : mais c'est un héros de bande dessinée, Tintin, le personnage créé par Hergé. Il faudra attendre quinze ans pour que cet authentique exploit soit renouvelé, par l'équipage de la mission Apollo 11. Encore faut-il bien réaliser qu'Armstrong et ses compagnons n'ont pas réédité le vol de Tintin… loin s'en faut ! Le voyage américain de 1969 n'est en réalité qu'un vol balistique complexe, tandis que celui de Tintin, à bord de la fusée mise au point par le professeur Tournesol, est bel et bien un vol à propulsion continue, ce qui explique du reste la différence de temps de vol entre les deux missions : près de trois jours pour atteindre notre satellite pour Armstrong et consorts, contre un peu plus de quatre heures pour Tintin, Tournesol et compagnie.

En tout état de cause, que ce soit la fusée du professeur Tournesol ou la fusée Saturn qui a lancé la capsule Apollo et son module lunaire, il a fallu que l'impulsion donnée lui permette de s'arracher à l'orbite terrestre dans un premier temps, puis de se diriger ensuite vers notre satellite… La vitesse qui permet à un objet lancé de la surface d'une planète d'échapper définitivement à son attraction gravitationnelle (dite seconde vitesse cosmique, ou vitesse de libération, ou vitesse d'échappement) se calcule à partir des lois de la gravitation établie à la fin du XVIIe siècle par l'astronome, mathématicien, physicien et théologien anglais Isaac Newton.

Dans un système de référence lié au système solaire, notre vaisseau spatial, la Terre, tourne autour du Soleil à un peu plus de 107 000 km par heure, soit 29,8 km par seconde, une vitesse non négligeable quand même ! Mieux encore, dans un système de référence lié à la Voie lactée, notre brave Soleil tourne autour du centre galactique à 220 km par seconde, soit une vitesse tout à fait respectable de près de 800 000 km par heure. Quant à notre galaxie, elle fonce elle-même vers son destin à travers l'Univers à des vitesses plus considérables encore pour peu qu'on l'estime par rapport aux autres galaxies proches…

Alors me direz-vous, comment se fait-il, si nous nous déplaçons à ces vitesses « astronomiques », que nous ne ressentions rien, que nous ne soyons même pas décoiffés ? Tout simplement parce qu'il n'y a pas de mouvement absolu, que sans repère extérieur on ne peut percevoir que les accélérations. Tous les objets que nous venons de citer, Terre, système solaire, Galaxie, sont animés de mouvements pratiquement uniformes dont nous sommes solidaires… Galilée avait observé que si on lance un objet en l'air à l'intérieur d'un bateau en mouvement, cet objet retombe au même endroit. Einstein fit la même observation avec un objet lancé dans un train en mouvement.

Toujours dans notre système de référence lié au système solaire, la vitesse la plus élevée d'un objet lancé par l'homme est celle atteinte par la sonde Pioneer 10, 132 000 km par heure, grâce au coup de fouet que Jupiter lui a imprimé quand la sonde est passée à proximité de la planète géante. On voit que les vitesses envisageables lors des vols balistiques restent très modestes. Il faudra faire beaucoup mieux pour envisager une véritable exploration du système solaire avec des vaisseaux spatiaux conçus par l'homme, qu'ils soient habités ou non.

Un vol à propulsion continue, grâce à un moteur nucléo-ionique par exemple, permettrait d'améliorer la situation, mais compte tenu de la faible poussée des moteurs ioniques actuels, il faut encore beaucoup trop de temps pour atteindre de grandes vitesses. En ce qui concerne les vols interstellaires, ou même les missions aux confins du système solaire, les solutions pour l'instant sont encore du domaine de la science-fiction… Nous aurons l'occasion d'y revenir au cours de notre voyage.

Il n'est toutefois pas nécessaire d'atteindre la seconde vitesse cosmique de libération pour aller vers la Lune. En effet, la technique du vol Terre-Lune consiste à placer d'abord le vaisseau en orbite circulaire autour de la Terre, ce qui nécessite seulement de lui communiquer la première vitesse cosmique (ou vitesse de satellisation circulaire), puis de lui donner une nouvelle impulsion qui lui permettra de se diriger vers la Lune. Il s'agira ainsi de faire passer le vaisseau d'une orbite circulaire à une orbite très elliptique qui l'injectera assez près de la Lune pour qu'il reste soumis à son attraction.

2

L'exploration des planètes : Mars et au-delà

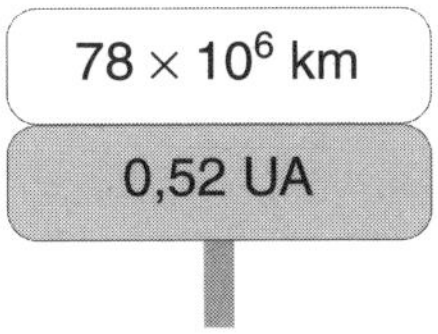

La rétrogradation n'est pas chose honteuse !

Nous avons vu que les mouvements apparents des planètes dans le ciel nocturne ont été observés depuis la plus haute antiquité. La théorie « officielle » plaçait alors ces astres errants autour de la Terre, située elle-même au centre du monde. Il restait toutefois à expliquer pourquoi on voit parfois ces astres ralentir leur course dans le ciel, s'arrêter, puis repartir en sens inverse pendant un certain temps, animés d'un véritable mouvement rétrograde, avant de reprendre leur mouvement précédent d'ouest en est. Cette « rétrogradation » peut s'observer pour tous les astres errants, à l'exception du Soleil et de la Lune. Hipparque, puis au IIe siècle, Ptolémée, furent les premiers à apporter une réponse plausible à cette question. Dans son *Almageste*, Ptolémée postulait que chaque planète tournait sur un petit cercle, l'épicycle, lequel tournait lui-même autour de la Terre sur un grand cercle nommé « déférent ». Remarquons qu'un siècle plus tôt, Aristarque de Samos avait proposé un système héliocentrique, affirmant que tous les astres errants, y compris la Terre, mais à l'exception de la Lune, tournaient autour du Soleil. Toutefois son hypothèse n'avait aucun moyen d'être vérifiée ; elle fut rejetée avant de tomber dans l'oubli…

Le système de Ptolémée.

Le système de Ptolémée fut appelé « théorie des épicycles » et resta le système dominant jusqu'au XVIe siècle. Pourtant, malgré son ingéniosité, la théorie des épicycles présentait des lacunes et elle n'expliquait pas complètement les mouvements apparents des planètes. Ainsi, ce que l'on appelle la préférence zodiacale, c'est-à-dire le fait que certaines planètes sont visibles plus longtemps dans certaines parties du ciel restait une énigme. Ce n'est qu'à partir de Nicolas Copernic, et le triomphe de l'héliocentrisme, que l'on allait voir émerger une explication satisfaisante de la rétrogradation : les planètes extérieures, Mars, Jupiter ou Saturne, se déplaçant plus lentement sur leurs orbites que la Terre sur la sienne, notre planète les rattrape puis les dépasse périodiquement, donnant l'illusion pour nous que ces planètes reculent... Il en est de même pour les planètes inférieures, à la différence près que ce sont elles qui se déplacent plus vite que la Terre et nous rattrapent avant de nous dépasser.

Claude Ptolémée

Né vers 90 de notre ère, dans la province romaine de haute Égypte, ce grand savant grec qui vivait à Alexandrie a finalement hérité d'une réputation très injuste, celle d'un scientifique qui se serait « trompé », et tout ça parce qu'il a construit le système géocentrique le plus élaboré de l'Antiquité. Face à l'énigme de la rétrogradation, qui allait mettre en échec les esprits les plus avertis pour plus d'un millénaire encore, Ptolémée a pourtant construit avec les épicycles une théorie d'une ingéniosité remarquable et qui devait rester la théorie dominante jusqu'à Copernic... Cette (mauvaise) réputation est d'autant plus injuste que Ptolémée a par ailleurs été l'auteur de travaux remarquables dans des domaines aussi différents que l'astronomie, l'astrologie, la géographie, les mathématiques, la musique, l'optique... Ptolémée a écrit plusieurs traités scientifiques, dont deux ont exercé une très grande influence tant au Moyen Orient qu'en Europe. L'un est le traité d'astronomie, connu sous le nom de *L'Almageste*, l'autre est *La Géographie*, qui est un traité exhaustif des connaissances géographiques du monde gréco-romain. *L'Almageste* est le seul traité complet d'astronomie qui nous soit parvenu de l'antiquité. Dans cet ouvrage, Ptolémée reprend les différents modèles astronomiques antérieurs, sur plus de huit siècles, présentant des tableaux qui permettent de déterminer la position des planètes. Son modèle reposait sur le principe géocentrique qui devait faire autorité pendant mille trois cents ans. *L'Almageste* comporte aussi un catalogue d'étoiles et une liste de quarante-huit constellations qui ne couvraient que la partie du ciel qui lui était connu. On y trouve enfin une description de l'astrolabe. Ptolémée est mort vers 168 de notre ère à Canope (cité de l'ancienne Égypte située près de l'actuelle Aboukir).

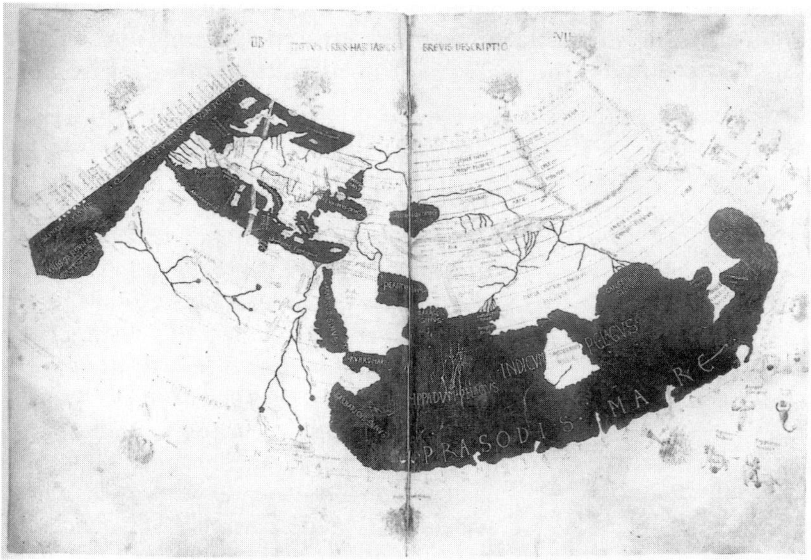

La carte du monde de Ptolémée, reconstituée à partir de sa Géographie publié vers 150 de notre ère. Elle indique à l'extrême droite les pays de Serica et Sinae (Chine), au-delà de l'île de Taprobane (Sri Lanka) et de l'Aurea Chersonesus (Asie du Sud-Est). (Voir cahier couleur.)

Des canaux sur Mars !

L'histoire des canaux sur Mars, à la fin du XIXe siècle, a défrayé la chronique et mérite le détour. Mars est la planète la plus accessible à l'observation. Scrutés par des générations d'astronomes, les détails de sa surface ont très vite donné naissance à d'innombrables supputations quant à des traces de vie possible. Au même moment, Jules Verne était en train de donner ses lettres de noblesse à la littérature d'anticipation, annonçant le genre à part entière que deviendrait la science-fiction. Dans le sillage de ces œuvres, les hypothèses les plus folles se faisaient jour sur d'éventuels habitants de la « planète rouge », au point que le mot martien était quasiment devenu synonyme d'extraterrestre…

En 1877, Giovanni Schiaparelli, un astronome italien de l'observatoire de Brera, à Milan, fit l'annonce surprenante qu'il avait observé une série de traces sur la surface martienne pouvant être interprétées comme un réseau de constructions dues à une forme de vie intelligente.

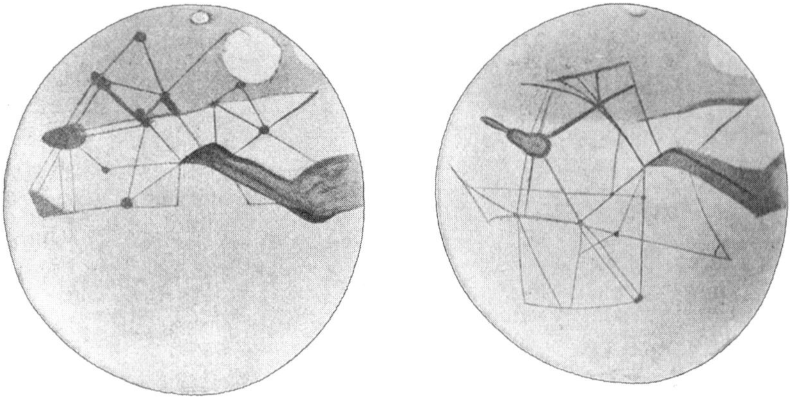

Les canaux de mars, dessinés par Percival Lowell.

En 1893, Le richissime américain Percival Lowell, qui s'est pris de passion pour l'astronomie, découvre le livre de Camille Flammarion « La Planète Mars ». Il est enthousiasmé par la découverte de Schiaparelli et décide de faire construire un observatoire dédié à l'observation de Mars. Il sera édifié à Flagstaff, dans l'Arizona, au sommet de la *Mars Hill* (la colline de Mars)… Lowell, qui voit à son tour les traces observées par Schiaparelli, se convainc aussitôt qu'il s'agit d'un système d'irrigation constitué de canaux, le tout ayant été conçu et réalisé par des êtres intelligents. Lowell va encore plus loin encore, puisqu'il imagine que ce travail titanesque n'est ni plus ni moins qu'un projet pharaonique d'irrigation des déserts à partir de l'eau des calottes glaciaires de Mars. Inutile de dire que la théorie de Lowell ne fait pas l'unanimité et que bon nombre d'observateurs ne voient que taches floues là où lui distingue canaux et aménagements.

Les progrès des grands instruments d'observation, au début du XXe siècle, allaient permettre de trancher : il n'y a jamais eu de canaux sur Mars. Schiaparelli et Lowell avaient pris leurs désirs pour une réalité, ce qui arrive quand des techniques d'observation approximatives s'associent à une imagination débridée…

En 1965, la sonde américaine Mariner 4, en orbite autour de Mars, produisait une série d'images qui confirmaient bien que les canaux n'avaient existé que dans les rêves de Lowell. Et pourtant, de l'eau liquide a bel et bien coulé à la surface de Mars. En témoignent les nombreuses traces d'écoulements plus ou moins diluviens qui apparaissent sur les images qu'accumulent les sondes de tous poils que la Nasa et l'Esa mettent en orbite autour de la planète rouge.

Vue de la planète Mars bâtie en combinant 102 images enregistrées au cours des missions Viking de la Nasa. (Voir cahier couleur.) © NASA.

Bientôt sur la « planète rouge » ?

Nos vols spatiaux n'étant encore que des vols balistiques, le lancement d'un vaisseau spatial avec équipage vers Mars devra donc d'abord tenir compte de fenêtres de tir très contraignantes, en raison des positions respectives de la Terre et de Mars : la distance entre les deux planètes varie en effet du simple à l'octuple, de 56 à 400 millions de kilomètres. On comprend bien qu'il faudra déterminer avec soin les périodes au cours desquelles les durées des trajets aller et retour seront les plus courtes, étant entendu qu'on n'entreprend pas un voyage dans l'espace de plusieurs mois pour ne passer qu'un seul week-end sur place !

Un voyage habité vers Mars pose par ailleurs une série de problèmes inédits, même s'ils sont maintenant bien identifiés. Ainsi, le vaisseau spatial devra être complètement autonome pendant au moins deux ans : pas de retour en arrière possible, pas de ravitaillement en vol, pas de mission de secours, les voyageurs seront livrés à eux-mêmes… La structure du vaisseau devra de plus protéger les astronautes du rayonnement cosmique et des éruptions solaires dont on connaît les effets nocifs, comparables à ceux d'une exposition prolongée à des sources radioactives.

En outre, l'engin devra comporter des systèmes capables de simuler une gravité qui réponde aux problèmes d'un séjour de longue durée en apesanteur et prévenir un vieillissement prématuré des organismes. Enfin, et c'est peut-être le problème le plus délicat, les astronautes devront supporter une vie en commun dans un environnement confiné sur une durée qui ne peut qu'avoir des effets psychologiques dévastateurs. La seule certitude en matière de promiscuité étant qu'enfermer des humains dans un espace clos pendant un temps aussi long aurait pour conséquence presque inéluctable de les voir s'entre-tuer à plus ou moins longue échéance… Nous ne parlerons que pour mémoire des questions de provisions, de nourriture, de boissons, d'air respirable, bref, de tous les consommables possibles et imaginables.

Même en envisageant de contourner certains problèmes en établissant une sorte de camp de base sur la Lune d'où nos spationautes pourraient s'élancer, trop de difficultés restent sans solution satisfaisante dans l'immédiat pour envisager un vol vers Mars dans les prochaines années.

À quand une colonisation de l'espace proche ?

La colonisation de l'espace est l'un des thèmes que la science-fiction a le plus abondamment traité, mais en l'état, et quelles que soient les déclarations volontaristes des uns ou des autres, cette colonisation n'est envisageable qu'à très long terme. La colonisation de Mars, parce que c'est avec Vénus la planète la plus proche et donc la plus accessible depuis la Terre, a bien sûr fait l'objet des projets ou des rêves les plus nombreux. Deux questions dominent en la matière : celle de la vie sur Mars et celle de l'implantation de la vie sur Mars.

Mars est une planète tellurique qui s'est formée en même temps que la Terre, mais elle est d'une taille plus réduite. De plus, son atmosphère, très ténue, est essentiellement composée de gaz carbonique. Mais bien que sa surface froide et désertique soit très bien cartographiée, Mars suscite un nombre croissant d'interrogations :

- En quoi la structure de Mars diffère-t-elle de celle de la Terre ?
- Pourquoi Mars et la Terre, deux planètes assez semblables, ont-elles évolué d'une manière si différente ?
- Mars est-elle toujours géologiquement active ?
- L'atmosphère primitive de Mars a-t-elle été suffisamment dense pour que de l'eau liquide ait pu couler durablement à sa surface ?
- Quelle a été l'évolution climatique de Mars et quelles en ont été les raisons ?
- Des réactions chimiques sur Mars ont-elles formé des molécules prébiotiques et ont-elles abouti à des structures réplicatives (vivantes) ?
- S'il y a eu de la vie sur Mars, s'est-elle répandue en différents endroits et peut-elle encore exister ?
- De quelles ressources naturelles pourraient disposer les futurs explorateurs ?

« Mais au fait, pourquoi vouloir vivre sur Mars ? Pourquoi vouloir l'explorer ?

Mais au fait, pourquoi vouloir vivre sur Mars ? Pourquoi vouloir l'explorer ? Bien des études ont vu le jour, dont certaines, largement inspirées par la science-fiction, ont été parfois reprises par les scientifiques. Elles restent toutefois à l'état de projets à long, voire à très long terme, comme :

– La terraformation de Mars, une entreprise que certains chercheurs envisagent en transportant la vie terrestre sur la planète rouge afin de la transformer en une planète bleue jumelle de la Terre, dotée d'une atmosphère dense et respirable…
– La colonisation des gros astéroïdes et des gros satellites de Jupiter et Saturne. C'est un thème récurrent dans la science-fiction, repris plus sérieusement dans la perspective de l'exploitation minière.
– La colonisation de planètes extra-solaires, refuge indispensable pour l'humanité si la Terre et le système solaire devenaient inhabitables.
– Le tourisme spatial, avec hôtels de l'espace et casinos…

Mais revenons à la réalité, c'est-à-dire aux missions à court ou à moyen terme, qui sont actuellement programmées par les grandes agences spatiales :

– La mission russe Phobos-Grunt (*Grunt*, sol en russe) que Ros-Kosmos, l'agence spatiale russe, envisage de mener dans un proche avenir afin d'explorer Phobos, l'un des deux satellites de la planète Mars. Il s'agit d'envoyer en un premier temps un démonstrateur technologique conçu pour tester la possibilité d'atterrir sur Phobos et surtout d'en décoller afin d'en ramener des échantillons.
– La mission américaine MSL (*Mars Science Laboratory*, laboratoire scientifique de Mars) de la Nasa, qui devrait se dérouler à partir de 2011 avec l'envoi vers Mars d'un gros robot d'exploration destiné à rechercher des traces de vie, étudier le climat et la géologie de la planète rouge et préparer de futures missions habitées.

– La mission européenne ExoMars que l'Esa entend mener dans le cadre de son grand programme Aurora d'exploration automatique et habitée du système solaire. Elle consiste à envoyer vers 2016 sur la surface de Mars un robot équipé d'instruments orientés plutôt vers l'exobiologie à travers le prélèvement d'échantillons du sol martien et leurs analyses dans un véritable laboratoire mobile pour y rechercher des signatures d'une vie bactérienne.

Au vu d'un tel catalogue, on peut craindre que les grandes agences spatiales abordent encore l'exploration de Mars en ordre dispersé, mais ne nous y trompons pas : ces véhicules automatiques ne font que préparer les missions habitées vers Mars, lesquelles seront à coup sûr menées dans le cadre d'une coopération mondiale.

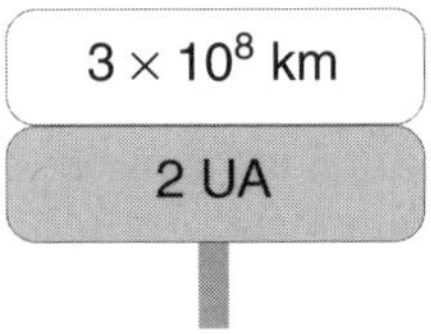

Les astéroïdes

Les astéroïdes sont des corps célestes certes modestes, mais souvent perçus comme inquiétants. Cette mauvaise réputation n'est pas totalement infondée, dans la mesure où certains d'entre eux risquent un jour de croiser la route de notre planète. Ces objets les plus nombreux du système solaire, qui orbitent comme les planètes autour du Soleil, sont de natures très différentes. Les spécialistes classent les astéroïdes en plusieurs catégories en fonction de leur situation dans le système solaire, de leur nature et de leur taille.

Il y a tout d'abord ceux dits de la ceinture principale, les plus nombreux, qui naviguent entre les orbites de Mars et Jupiter, à une distance de deux à quatre unités astronomiques du Soleil. C'est sans doute le champ gravitationnel de Jupiter qui a empêché tous ces petits corps célestes de se rassembler pour former une planète.

Les **points de Lagrange** sont les cinq points (L1 à L5) où les champs de gravité de deux corps en orbite l'un autour de l'autre, et de masses substantielles, se combinent de manière à fournir des points d'équilibre à un troisième corps de masse négligeable, tels que les positions relatives des trois corps soient fixes. C'est le mathématicien français d'origine piémontaise Joseph-Louis, comte de Lagrange, qui, en 1772, avait mis en évidence ces points d'équilibre en étudiant le cas d'un petit corps, de masse négligeable, soumis à l'attraction de deux plus gros : le Soleil et une planète par exemple.

Il y a ensuite les astéroïdes dits troyens, qui forment le deuxième groupe par son importance. Ils sont situés sur l'orbite d'une planète en des lieux très particuliers, les points de Lagrange. Presque tous les Troyens sont aux points de Lagrange L4 et L5 de l'orbite de Jupiter. Le premier astéroïde troyen a été découvert en 1906 par l'astronome allemand Max Wolf qui l'a nommé « Achille » d'après le héros de la guerre de Troie. À la suite de Wolf, les astéroïdes découverts aux alentours des points de Lagrange de Jupiter se sont vus attribuer des noms associés à la guerre de Troie et le groupe dans son ensemble a reçu le nom de « Troyens ». Les astronomes n'ont recensé que deux Troyens non-joviens : Eurêka, un Troyen de Mars, et 2001 QR322, un Troyen de Neptune.

Les astronomes distinguent encore les astéroïdes géocroiseurs qui, comme leur nom l'indique, évoluent sur des orbites relativement proches de celle de la Terre. Les groupes les plus notables sont les Amors (dont Éros), dénommés d'après l'astéroïde 1221 Amor ; les Atens, d'après 2062 Atens ; et les Apollons, d'après 1862 Apollon. Cependant, seuls les Atens et les Apollons croisent l'orbite de la Terre et c'est pour cette raison qu'ils sont observés de plus en plus attentivement : il y a en effet des risques de collision non négligeables avec notre planète. Ces astéroïdes géocroiseurs sont aussi désignés par le sigle ECA (pour *Earth-Crossing Asteroids*, astéroïdes croisant la Terre).

La ceinture de Kuiper est constituée d'objets qui sont essentiellement formés de glace et ne sont donc pas réellement des astéroïdes. C'est de cette ceinture que viennent la moitié des comètes qui errent à travers le système solaire. C'est en 1992 qu'on a découvert le premier de ces objets et on en dénombre aujourd'hui un peu plus de mille… Certains sont quasiment aussi gros que Pluton ou sa lune Charon. Le plus grand identifié à ce jour a un diamètre de 1 280 km, soit la moitié de celui de Pluton, ce qui explique en partie le déclassement récent de Pluton.

L'astéroïde Eros. © NASA.

Enfin, il y a les centaures, ces astéroïdes qui orbitent autour du Soleil entre les planètes géantes. Le premier a été découvert, relativement récemment, en 1977. L'hypothèse qui prévaut à leur propos est qu'il s'agit d'astéroïdes de la ceinture de Kuiper qui ont été éjectés de leurs orbites d'origine. Chiron, le premier centaure découvert, développait une queue cométaire à l'approche de son périhélie et fut donc reclassé comme comète. Il bénéficie aujourd'hui de la « double nationalité », considéré à la fois comme un astéroïde et une comète.

C'est en 1992 et 1993 qu'ont été découverts les deuxième et troisième spécimens des centaures, respectivement Pholus et Nessus. Jusqu'à aujourd'hui nous n'avons pas d'images de ces objets, à l'exception notable de Phœbé, une lune de Saturne, photographiée par la sonde Cassini en 2004, et qui pourrait bien être un centaure capturé. Citons également Crantor que la sonde New Horizons de la Nasa, lancée en janvier 2006, devrait approcher en 2010.

L'orbite des centaures est instable, à l'échelle de quelques milliers d'années, et susceptible d'évolution rapide à proximité des planètes géantes. Il n'y a que trois destins possibles pour eux : une collision avec le Soleil ou avec une planète, ou encore une éjection du système solaire. Compte tenu de leur taille et de leur éloignement, leur observation directe est impossible, leur diversité de couleur rendant par ailleurs très aléatoire toute modélisation de leur composition ou de leur origine.

Des objets tueurs ?

Dans son trajet autour du Soleil, la Terre collecte quotidiennement une quantité notable de matière interplanétaire, de l'ordre d'un milliard de tonnes. Il s'agit essentiellement de poussières, mais aussi de quelques milliers de météorites d'une masse supérieure à un kilo. En pénétrant dans l'atmosphère, ces météorites sont fortement échauffées par les frottements, ce qui provoque une émission de lumière : ce sont les étoiles filantes.

Les essaims d'étoiles filantes, comme les Perséides, les Léonides, les Orionides ou les Géminides, tous dénommés du nom de la constellation dont ils semblent surgir, sont associés à des comètes. Les grains de poussières laissées par une comète tout au long de son trajet autour du Soleil forment une sorte de traînée. La Terre, en parcourant son orbite, traverse ces trainées de poussières, ce qui provoque alors une pluie d'étoiles filantes, plus ou moins intense suivant la comète. On peut associer un essaim d'étoiles filantes à une comète donnée. Ainsi, le célèbre essaim des Perséides, observé en août, est-il associé à la comète Swift-Tuttle.

Suivant leur taille, ces poussières vont retomber sur Terre de façon différente : les plus fines vont tomber très lentement sous forme de produits minéraux, les plus grosses, les micrométéorites, retombant au sol sous forme de sable. La plupart des météorites se désagrègent en traversant l'atmosphère, prévenant ainsi les gros impacts. Bon an mal an, ce sont seulement un demi-millier d'objets de la taille d'une boule de pétanque qui parviennent jusqu'au sol.

Les météorites plus massives sont susceptibles de créer des cratères géants quand elles percutent le sol ou de provoquer des tsunamis si elles tombent en mer. L'énergie libérée à l'occasion de ces chutes peut avoir des conséquences catastrophiques, ondes de choc et de chaleur, réactivation de volcans, incendies gigantesques, et surtout, nuages de poussières dégagés par l'impact pouvant modifier durablement le climat sur toute la planète pendant de longues périodes.

C'est une des hypothèses avancées pour expliquer la disparition des dinosaures, voici 65 millions d'années. Le site d'impact le plus vraisemblable de la météorite de dix kilomètres de diamètre qui aurait causé cette catastrophe serait le cratère repéré au Mexique, à Chicxulub, au nord de la péninsule du Yucatan. L'origine de ces météorites de grande taille peut être la désagrégation de certains astéroïdes à la suite de chocs ou la dislocation gravitationnelle de comètes lors de leur passage près du Soleil ou à proximité des planètes géantes, comme on a pu l'observer en direct en juillet 1994 quand la comète Shoemaker-Levy 9 s'est scindée en multiples fragments avant d'entrer en collision avec Jupiter.

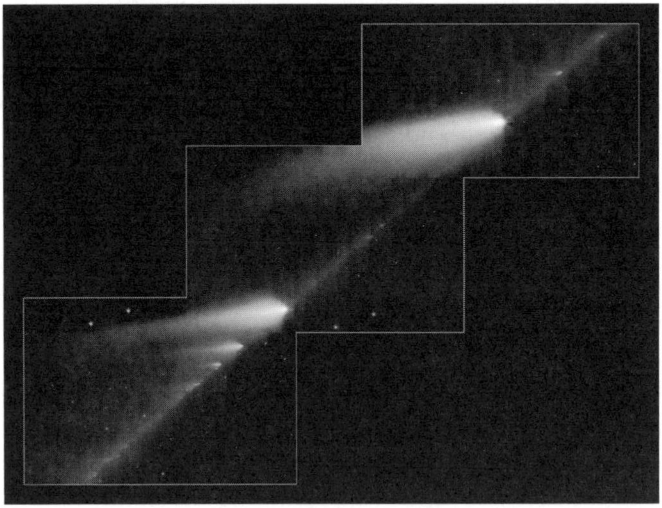

À l'approche de Jupiter, la comète Shoemaker-Levy 9 s'est disloquée sous l'effet des forces de gravitation en une vingtaine de fragments qui sont entrés en collision avec la planète géante entre le 16 et le 22 juillet 1994. (Voir cahier couleur.) © NASA.

La France n'est pas à l'abri des impacts météoritiques. Parmi les plus notables figure en bonne place celui enregistré le 7 novembre 1492 à Ensisheim, causé par une météorite de 127 kg qui a assuré la renommée de cette petite ville d'Alsace. Plus récemment, le 23 avril 1803, une grosse météorite se fragmentait au-dessus de la ville de l'Aigle, en Normandie. Plus de deux mille fragments furent retrouvés dans les environs. Le plus gros impact repéré en France remonte à 214 millions d'années ; il a été identifié voici une quarantaine d'années près de la ville de Rochechouart, dans la Haute-Vienne. Il a laissé un cratère d'une vingtaine de kilomètres de diamètre qui n'est plus très visible, mais les roches fracturées par l'impact en ont gardé les traces.

À l'échelle de la planète, l'événement historique le plus spectaculaire est sans conteste celui dit de la Tunguska, du nom de la Tunguska pierreuse, grande rivière de Sibérie centrale, affluent de l'Ienisseï. Le 30 juin 1908, vers sept heures du matin, un bolide de cinquante mètres de diamètre et d'une masse de cent mille tonnes environ aurait explosé à quelques kilomètres d'altitude au-dessus de la Tunguska pierreuse. L'explosion, libérant une énergie mille fois supérieure à celle de la bombe d'Hiroshima, engendra une onde de choc et de chaleur qui, après avoir détruit la Taïga dans un rayon de quelques dizaines de kilomètres, abattant des dizaines de millions d'arbres, fut ressentie jusqu'à plus de mille kilomètres. Le panache de cendres et de poussières qui s'éleva alors dans la haute atmosphère se dispersa sur tout le continent. En Europe occidentale, les contemporains notèrent des couchers de Soleil très colorés ainsi qu'une luminosité exceptionnelle en pleine nuit, à tel point qu'on pouvait lire un journal !

Citons encore, parmi les événements les plus récents, la météorite qui tomba le 12 février 1947 près du village de Paseka, à l'est de la Russie, à plus de quatre cents kilomètres de Vladivostok. Selon des témoins, cela ressemblait à une boule de feu, plus lumineuse que le Soleil. Les spécialistes ont estimé la masse du bolide, avant son entrée dans l'atmosphère, à plus de cent tonnes. La météorite s'est probablement brisée en atteignant les couches les plus denses de l'atmosphère, vers cinq kilomètres d'altitude, le fragment principal ayant ensuite explosé. La déflagration a été perçue à plus de trois cents kilomètres. Des milliers de blocs percutèrent le sol, le plus gros creusant dans la forêt un cratère de vingt-huit mètres de diamètre, profond de six mètres.

Il faudra attendre le 7 avril 1959 pour qu'un réseau de caméras destiné à l'étude des météores enregistre la chute d'un bolide à Píbram, à soixante kilomètres au sud-ouest de Prague. Les images ainsi recueillies ont permis de déterminer de façon relativement précise la trajectoire et la dynamique de la météorite et d'en déduire l'orbite de l'objet avant qu'il percute la Terre. Le 6 avril 2002, un réseau de stations de surveillance en Allemagne, en Autriche et en République Tchèque prenait en flagrant délit la chute d'un autre bolide, à six kilomètres du Château de Neuschwanstein, cher au dernier roi de Bavière, ce qui une nouvelle fois permettait d'estimer les paramètres orbitaux du corps céleste. Curieusement, l'orbite ainsi reconstituée est identique à celle du bolide de Píbram, accréditant l'hypothèse d'un courant astéroïdal où des millions de blocs d'une taille comparable évolueraient sur une même orbite autour du Soleil.

Enfin, citons encore la chute d'une météorite le 9 octobre 1992, à Peeksill, dans l'état de New York, un événement resté célèbre car le bloc de douze kilos avait fortement endommagé l'aile avant droite d'une Chevy Malibu à l'arrêt sur l'allée de son garage. L'arrivée d'un tel bolide n'est pas passée inaperçue dans une région aussi peuplée et les scientifiques ont pu ainsi tirer parti de plus d'une dizaine de vidéos pour étudier l'événement.

Détail cocasse, les météorites sont des objets très recherchées par les collectionneurs et leurs cotations peuvent atteindre cent dollars le gramme !

Combien de lunes ?

À l'exception de Mercure et Vénus, toutes les planètes du système solaire possèdent des satellites naturels appelés parfois lunes par analogie avec le satellite naturel de la Terre. Jupiter et Saturne sont entourées de plus de soixante satellites chacune. Tous ces satellites ont des tailles et des formes très différentes. Grâce en particulier aux images fournies par les sondes spatiales, le nombre des lunes connues a été multiplié par cinq en l'espace de quatre à cinq décennies…

On suppose que les satellites naturels orbitant relativement près d'une planète sur une orbite prograde (parcourue dans le sens inverse des aiguilles d'une montre, à savoir le sens direct de la trigonométrie) se sont formés dans la même zone du disque protoplanétaire de gaz et de poussières qui ceinturaient le jeune Soleil et où s'est formée la planète. Par opposition, les satellites irréguliers, orbitant généralement sur des orbites distantes, inclinées, excentriques, voire rétrogrades (parcourues dans le sens inverse des aiguilles d'une montre), résulteraient de captures d'objets formés ailleurs dans le disque protoplanétaire et éventuellement fragmentés.

Il existe d'autres hypothèses alternatives à ce modèle standard de formation. Les couples Terre-Lune ou Pluton-Charon par exemple pourraient être issus de la collision de deux grands objets protoplanétaires. La matière éjectée en orbite autour du corps central aurait alors formé un ou plusieurs objets par accrétion. Cette hypothèse est aussi celle qui prévaut pour la formation des satellites d'astéroïdes.

Curieusement, le terme satellite n'a pas de définition scientifique précise. Dans les couples Pluton-Charon ou Terre-Lune, le rapport des masses entre les deux corps est beaucoup plus faible que dans la plupart des autres systèmes, ce qui rend difficile la distinction entre un système satellitaire et une planète double.

En ce qui concerne les anneaux des géantes gazeuses du système solaire, dont on sait qu'ils sont composés de petits blocs de glace et de roche, il n'existe aucune définition de la dimension à partir de laquelle un de ces petits corps peut être considéré comme un satellite à part entière.

Jusqu'à la découverte des satellites de Jupiter par Galilée en 1610, la Lune était le seul satellite naturel connu. Si Galilée choisit de les désigner du mot latin *planeta*, Kepler les nommera satellites en 1611, à partir du mot latin *satelles* qui signifie compagnon. C'est Christiaan Huygens, le découvreur de Titan, qui fut le premier à utiliser le terme lune pour ce type d'objet, appelant Titan « la lune saturnienne ». Pourtant, au fur et à mesure que l'on découvrait d'autres lunes, c'est le terme de satellite qui devint la norme pour désigner un objet céleste en orbite autour d'une planète.

On a répertorié plus de deux cent quarante satellites naturels dans le système solaire, dont cent soixante-six orbitant autour des planètes : soixante-trois pour Jupiter, soixante pour Saturne, vingt-sept pour Uranus, treize pour Neptune, deux pour Mars et un pour la Terre. Quatre ont été observés autour de planètes naines et des dizaines autour d'astéroïdes ou d'autres petits corps.

Galilée

Galileo Galilei, ou Galilée de son nom francisé, est né à Pise en 1564 et mort à Arcetri, près de Florence, en 1642. Sans doute le plus connu des scientifiques de son temps, il a jeté les fondements de la mécanique et de la relativité et a défendu avec obstination la conception copernicienne de l'Univers. On lui doit le perfectionnement de la lunette astronomique ainsi que des progrès décisifs dans les observations astronomiques : cartographie de la Lune, satellites de Jupiter, phases de Vénus. Dans le domaine des mathématiques et de la physique, il a surtout contribué à faire avancer les connaissances relatives à la cinématique et à la dynamique. C'est à Galilée qu'on doit la première expression de la relativité. C'est le principe de relativité galiléenne, selon lequel les lois physiques de la mécanique sont identiques pour tous les repères inertiels, c'est-à-dire ceux qui ne sont soumis à aucune force, quelle que soit leur vitesse. C'est à partir de Galilée qu'on va opérer une vraie distinction entre les notions de vitesse et d'accélération, de puissance et de travail, d'énergie et de vitesse. La notion de vitesse ne peut avoir de sens que relativement à un repère choisi arbitrairement comme fixe. On peut ainsi mesurer la vitesse d'un mobile par rapport à la Terre, ou celle de la Terre par rapport au Soleil, ou celle du Soleil par rapport à la Voie lactée. Défenseur de l'héliocentrisme de Nicolas Copernic, il s'est heurté aux institutions de son époque et en particulier à l'Église catholique romaine, à travers son bras séculier, l'Inquisition. Son procès retentissant aurait pu lui valoir le même sort qu'à Giordano Bruno, c'est-à-dire le bûcher, s'il n'avait bénéficié de la protection ambiguë du Pape... Pour célébrer le père de l'observation astronomique et de la physique moderne, la Nasa a donné le nom de Galileo à sa grande mission spatiale vers Jupiter, menée d'octobre 1989, date à laquelle Galileo a quitté la Terre à bord de la navette spatiale Atlantis, jusqu'au 21 septembre 2003, quand la sonde s'est désintégrée dans les couches denses de la planète.

$6{,}3 \times 10^8$ km

4,2 UA

Jupiter : une étoile « ratée » ?

Loin d'être aléatoire, la distribution des astéroïdes en fonction de leur période orbitale autour du Soleil présente au contraire un aspect en dents de scie, avec des maxima et des lacunes. Ces dernières sont nommées **lacunes de Kirkwood** d'après le professeur de mathématiques et d'astronomie américain Daniel Kirkwood. Elles correspondent à des périodes orbitales qui sont des diviseurs simples de celle de Jupiter. Il n'y a par exemple que très peu d'astéroïdes avec une période de quatre ans, soit donc le tiers de celle de la planète géante.

Jupiter est deux fois et demi plus massive que toutes les autres planètes du système solaire réunies, tellement massive que le centre de gravité du système solaire s'en trouve situé hors du Soleil (à 1,068 rayon solaire du centre). Par ailleurs, son diamètre est onze fois plus grand que celui de la Terre et on pourrait placer plus de mille trois cents corps de la taille de cette dernière dans le volume occupé par la géante gazeuse. En revanche, la densité de Jupiter n'est que le quart de celle de la Terre (0,24 fois, précisément) : elle n'est donc que trois cent dix-huit fois plus massive que la Terre. La masse de Jupiter a eu une grande influence gravitationnelle sur la formation du système solaire : les lacunes de Kirkwood de la ceinture d'astéroïdes lui sont dues en grande partie.

Si Jupiter était plus massive, on pense que son diamètre serait plus petit. L'intérieur de la planète serait alors comprimé par une plus grande force gravitationnelle ce qui aurait pour effet de diminuer sa taille. Par conséquent, Jupiter affiche le diamètre maximal d'une planète de sa composition et de son histoire. La planète a parfois été décrite comme une étoile ratée, mais il faudrait qu'elle soit treize fois plus massive pour être cataloguée comme naine brune, autrement dit une presque étoile, capable de susciter des réactions thermonucléaires de fusion, mais incapable de les entretenir durablement. Quand à devenir une vraie étoile, il s'en faut d'un facteur soixante-quinze ! Néanmoins, la plus petite étoile de type naine rouge connue fait montre d'un diamètre à peine 30 % plus grand que celui de Jupiter.

Depuis quelques années, les astronomes ont découvert autour d'autres étoiles des planètes beaucoup plus massives que Jupiter. Ces exoplanètes, que nous retrouverons plus loin, pourraient être des géantes gazeuses semblables à Jupiter. Elles sont souvent dénommées Jupiter « chauds », car elles sont très proches de leur étoile. Reste que Jupiter rayonne plus d'énergie qu'elle n'en reçoit du Soleil. Or la quantité de chaleur produite à l'intérieur même de la planète est inférieure à celle que fournit l'astre du jour. Mais alors, où Jupiter trouve-t-elle la source d'énergie qui lui permet de produire plus de rayonnement qu'elle n'en reçoit ?

C'est un phénomène tout à fait naturel qui se déroule dans une boule de gaz se refroidissant. Du coup, la pression diminue, ce qui provoque la contraction de la sphère de gaz qui, en retour, accroît la température de son cœur. Ce mécanisme avait été initialement proposé pour expliquer la source d'énergie du Soleil par le physicien anglais William Thomson (fait baron Kelvin en 1892) et par le physicien allemand Hermann von Helmholtz. Peu après, l'astronome anglais Arthur Eddington montrait qu'un tel processus ne pouvait pas permettre au Soleil de briller pendant plus de quelques dizaines de millions d'années, un temps bien insuffisant en regard de la durée des ères géologiques. Le mécanisme de Kelvin-Helmholtz est toutefois bien à l'œuvre au sein des naines brunes et des planètes géantes gazeuses.

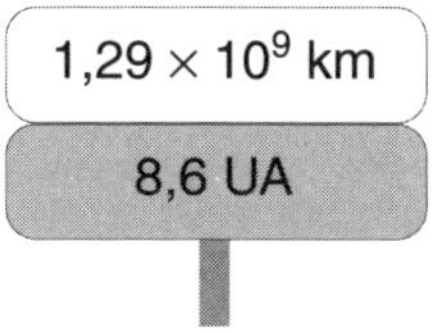

Le mystère des anneaux

Saturne, sept cent soixante fois plus volumineuse que la Terre est moins de cent fois plus massive. Sa densité moyenne est donc inférieure à celle de l'eau, la plus faible de toutes les planètes. Les astronomes attestent que Saturne est relativement semblable aux autres géantes gazeuses quant à son origine et à sa composition, mais bien des questions restent encore posées, s'agissant notamment de ses anneaux.

Non ! Les anneaux de Saturne ne sont pas un boulevard circulaire…

Revenons un peu en arrière. Nous sommes en 1610 et Galilée dispose d'une lunette grossissant vingt fois. Il découvre successivement les montagnes de la Lune, les satellites de Jupiter, les phases de Venus ou encore les taches sur le Soleil… et surtout, les anneaux de Saturne qu'il interprète comme des sortes de protubérances situées de part et d'autre, compte tenu de la qualité médiocre de son instrument d'observation. Il faudra un demi-siècle pour comprendre, avec Huygens, que ces excroissances que les premiers observateurs distinguent à l'oculaire de leur lunette de chaque côté de Saturne sont en fait un anneau plat, qui fait le tour de la planète. Huygens en arriva à cette hypothèse après avoir noté en 1655 que les protubérances avaient disparu.

Il fallut deux siècles de plus pour comprendre la structure des anneaux. Giovanni Domenico Cassini, connu en France sous le nom Jean-Dominique Cassini – dit Cassini Ier, car il fut à l'origine d'une lignée d'astronomes qui dirigèrent l'observatoire de Paris durant plus d'un siècle – eut le premier l'intuition de leur composition : une multitude de petits satellites, impossibles à identifier individuellement. La détermination de leur structure fut une autre difficulté à résoudre. En combien de parties se divisaient-ils ? La puissance croissante des instruments d'observation permit au XIXe siècle de progresser notablement et de comprendre que ces anneaux n'étaient pas rigides mais constitués d'une multitude de petites roches, ce que le physicien écossais James Maxwell établissait sur des bases théoriques en 1857.

Image de Saturne enregistrée par le télescope spatial Hubble. (Voir cahier couleur.) © NASA.

C'est finalement à la fin du XIXe siècle que les études spectroscopiques menées par l'astronome américain James Keeler ont démontré que les anneaux tournaient bien de manière différentielle, comme devaient le faire une multitude de blocs se conformant aux lois de Kepler. Ces dernières stipulaient en effet que si les anneaux étaient faits de minuscules satellites indépendants, les plus proches de Saturne devaient tourner en moins de huit heures (soit plus vite que la planète elle-même) et les plus éloignés en plus de quatorze heures.

Cette découverte a conduit le mathématicien français Henri Poincaré à souligner l'importance des collisions mutuelles entre les blocs constituant les anneaux et à remarquer qu'un phénomène du même type avait dû jouer un rôle fondamental au début du système solaire. Les simulations numériques démontrent aujourd'hui que, par collisions mutuelles, un système de petits corps en orbite autour d'une planète ne peut que s'aplatir. Il a donc fallu que des ténors de la physique et des mathématiques, de Galilée à Poincaré, en passant par Huygens et Maxwell, s'intéressent aux anneaux de Saturne pour en découvrir la véritable nature…

La fin du XXe siècle a marqué le grand retour sur le devant de la scène de Saturne et de ses anneaux grâce aux missions spatiales qui se sont succédé pour en tirer le portrait. La sonde Nasa Pioneer 11 a ouvert le bal en survolant la planète en septembre 1979. Sans conteste, les missions les plus emblématiques vers Saturne ont été celles des deux sondes Voyager, conçues au départ dans le cadre du projet « Grand Tour » dont l'objectif était l'exploration de l'ensemble des planètes du système solaire, jusqu'à Pluton. Les deux sondes ont frôlé Saturne à neuf mois d'intervalle, Voyager 1 en novembre 1980 et Voyager 2 en août 1981.

Apothéose au début du XXIe siècle avec Cassini-Huygens, la grande mission conjointe de la Nasa et de l'Esa, entièrement consacrée à Saturne. Toujours en orbite autour de la planète aux anneaux depuis juillet 2004, le vaisseau spatial américain Cassini a largué en janvier 2005 la sonde européenne Huygens qui s'est posée en douceur à la surface de Titan, la grosse lune de Saturne que Christiaan Huygens avait découverte en 1655. D'une taille comparable à la planète Mercure, Titan est le plus gros satellite du système solaire et le seul à posséder une atmosphère dense.

Avec les monceaux de données collectées par cette brillante série de missions spatiales, les planétologues connaissent aujourd'hui beaucoup mieux le système des anneaux, qui constitue bel et bien une sorte de disque aplati, image conforme à l'intuition de Cassini, qui comparait les anneaux à la Voie lactée. Vus depuis la Terre, les anneaux de Saturne se présentaient comme une suite de zones concentriques de différentes luminosités séparées par des divisions sombres. De l'intérieur vers l'extérieur, les astronomes avaient ainsi repéré un anneau D, de très faible luminosité, qui commence à quelques milliers de kilomètres de la haute atmosphère de Saturne (elle-même s'étendant à 60 000 kilomètres du centre de la planète), puis un anneau C, encore assez sombre, l'anneau de crêpe. Se succèdent ensuite l'anneau B, le plus brillant, et enfin l'anneau A, dont le bord externe, à 136 000 kilomètres du centre de la planète, marque l'extrémité des anneaux observables depuis la Terre. Les anneaux A et B sont espacés l'un de l'autre de quelques milliers de kilomètres ; c'est la division de Cassini. Au-delà de l'anneau A, les spécialistes ont aussi repéré deux anneaux très minces, répertoriés F et G, puis enfin l'anneau E, très ténu, observable depuis la Terre seulement quand les anneaux sont vus par la tranche. Ce dernier s'étend à plusieurs centaines de milliers de kilomètres du centre de la planète.

Une surprise de taille attendait les équipes scientifiques attachées aux missions Voyager : contrairement à ce que les astronomes croyaient à la suite des observations menées depuis la Terre, le système d'anneaux n'était pas une suite de larges zones homogènes. Vus de près, c'est au contraire une succession de milliers d'anneaux filiformes, donnant à l'ensemble l'aspect d'un vieux disque microsillon...

Mosaïque de photographies enregistrées en mai 2007 par la sonde Cassini avec, de gauche à droite, les anneaux D, C, B, A et F. © NASA.

Plus surprenant encore, les deux sondes Voyager ont révélé de grandes structures radiales (d'où leur nom de *spoke*, rayon de roue en anglais), comme si le disque des anneaux avait reçu l'empreinte de doigts géants, à l'instar de notre vieux microsillon qu'un enfant peu soigneux aurait pris à pleine main… De plus, ces taches mystérieuses étaient transitoires, elles apparaissent en quelques heures puis disparaissent aussi vite. Enfin, Pour couronner le tout, elles ne sont pas toujours visibles : bien que la sonde Cassini ait scruté les anneaux sans désemparer, il lui a fallu orbiter plus d'un an autour de Saturne pour assister à la réapparition des *spokes* !

Plus de vingt ans après leur découverte, la nature des spokes n'est toujours pas élucidée.

Plus de vingt ans après leur découverte, la nature des *spokes* n'est toujours pas élucidée. Certains planétologues ont imaginé toutefois que des orages monstrueux dans l'atmosphère de la planète pourraient produire des éclairs dix mille fois plus énergétiques que ceux de nos orages terrestres. Des gigantesques décharges d'électrons pourraient alors claquer au travers des anneaux, faisant jaillir des jets de poussières électrisées.

Les mesures menées *in situ* avec les sondes spatiales ont confirmé que les anneaux sont très minces – leur épaisseur ne dépasse pas cent cinquante mètres – et qu'ils sont constitués d'un très grand nombre de fragments. Leur taille varie de celle d'une particule de poussière à celle de blocs de plus d'un mètre, ceux-ci étant assez rares. Les poussières sont les plus nombreuses, la majeure partie des éléments constituant les anneaux ne dépassant pas quelques centimètres.

On a pu déceler également la présence d'une proportion relativement importante de particules de glace. La sonde Cassini a même montré que les anneaux les plus éloignés de Saturne sont faits d'une glace plus pure que ceux des parties centrales. Une telle inhomogénéité signifierait que tous les anneaux n'ont pas été formés simultanément. Ce seraient des comètes qui, en se désagrégeant, auraient formé peu à peu les anneaux les plus éloignés de la planète.

Mille façons de voyager : les transports de banlieue

Pour en finir avec les vols spatiaux menés à coup de fusées chimiques, nous vous proposons trois moyens un peu plus modernes pour vous propulser loin dans l'espace.

La propulsion atomique. Cliché de la science-fiction, la propulsion atomique a fait l'objet de recherches très sérieuses menées pendant un quart de siècle après la seconde guerre mondiale sous l'égide de la *United State Atomic Energy Commission* (commission des États-Unis pour l'énergie atomique). Initiée dès 1944 par le mathématicien américain d'origine polonaise Stanisaw Ulam et le physicien nucléaire américain Frederic de Hoffmann, quand ils travaillaient au projet Manhattan, la mise en œuvre de la propulsion atomique a culminé au cours des années 1960 avec le projet Nerva (*Nuclear Engine for Rocket Vehicle*, moteur nucléaire pour fusées) qui devait être abandonné en 1972. Le principe de base de ces systèmes consistait à porter un fluide à très haute température en le faisant passer dans un réacteur nucléaire avant qu'il se détende dans une tuyère afin de fournir une poussée. Aujourd'hui, les ingénieurs se sont plus modestement tournés vers les moteurs ioniques où la propulsion est obtenue en projetant des ions à très grande vitesse. Dans les moteurs ioniques ayant déjà été expérimentés dans l'espace, l'énergie électrique nécessaire pour produire des ions était fournie par des générateurs solaires. C'était par exemple le cas du moteur ionique développé dans le cadre de la première des missions Smart (*Small Missions for Advanced Research in Technology*, petites missions pour des recherches de pointe en technologie), où il a permis de projeter vers la Lune un petit module d'une masse de trois cent kilos. Dans le futur, on utilisera plutôt des réacteurs nucléaires. Avec cette propulsion nucléo-ionique, la réalité aura alors rattrapé la fiction…

L'ascenseur spatial. Le concept est simple : un câble relie un point de la surface de la Terre à un véhicule spatial placé bien au-delà de l'orbite géostationnaire qui se situe à 36 000 kilomètres d'altitude. Des cabines circulant le long du câble permettraient de rejoindre l'espace à peu de frais. Popularisé par l'écrivain de science-fiction anglais Arthur C. Clarke dans son roman « Les fontaines du Paradis », l'idée remontait en fait au russe Constantin Tsiolkovski. En la matière, passer du rêve à la réalité est loin d'être une mince affaire. Premier problème à résoudre : celui du matériau constituant le câble. Mais avec la découverte de nouveaux matériaux, comme les nanotubes de carbone, le projet d'ascenseur spatial pourrait bien devenir un thème de recherche des plus sérieux.

La voile solaire. L'idée de voile solaire est apparue en mai 1951 dans une revue américaine de science-fiction sous la plume de Russel Sanders, pseudonyme adopté par un ingénieur de l'aéronautique, Carl Wiley, qui voulait ainsi garder intact sa réputation professionnelle. L'article proposait comment mener des voyages interplanétaires au moyen de vaisseaux spatiaux dotés de gigantesques voiles qui utiliserait la pression des rayons solaires, comme un navire utilise les alizés pour traverser l'Atlantique. Comme dans le cas de l'ascenseur spatial, le concept avait été imaginé par Constantin Tsiolkovski et popularisé par Arthur C. Clarke dans son roman *Le vent du Soleil* où il décrit une régate interstellaire entre vaisseaux utilisant ce même principe. Comme dans le cas de l'ascenseur spatial, les voiles solaires semblent sortir aujourd'hui de la science-fiction pour entrer dans la réalité et les grandes agences spatiales ont toutes dans leurs cartons des projets de gigantesques voiles qui permettraient, en théorie, de rejoindre Saturne en moins de six mois.

3

Pluton et les frontières du système solaire

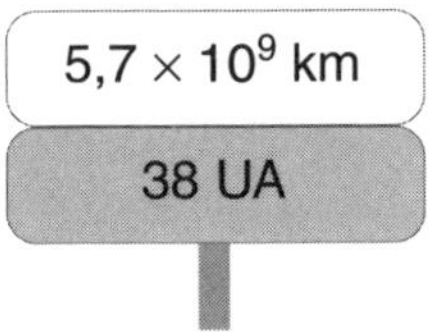

Un certain Clyde William Tombaugh

Le 18 février 1930, un jeune astronome américain, Clyde Tombaugh, découvrait une planète orbitant au-delà de Neptune… une histoire assez unique pour être racontée. Né en 1906 dans une famille d'agriculteurs américains passionnés d'astronomie, le jeune Clyde fabriquait lui-même ses premiers instruments avec des pièces de voitures et de machines agricoles… Il étudiait assidûment le ciel et faisait des croquis et des dessins de ses observations. En 1928, pour avoir l'avis de professionnels, il avait adressé son travail à l'observatoire Lowell, à Flagstaff, dans l'Arizona, dont le directeur était le grand astronome américain Vesto Slipher.

Celui-ci, impressionné par le travail du jeune homme, l'embaucha pour participer à la recherche d'une nouvelle planète permettant d'expliquer les perturbations orbitales de Neptune. Percival Lowell – le fondateur de l'observatoire de Flagstaff qui porte son nom – avait laissé tomber les canaux de Mars pour rechercher cette neuvième planète pas encore identifiée, la Planète X, comme il se plaisait à l'appeler. Arrivé à Flagstaff au début 1929 pour mener une campagne d'observations avec un nouveau télescope à grand champ de trente centimètres de diamètre, Tombaugh passait le plus clair de son temps à étudier des séries de photographies prises à quelques jours d'intervalle avec un comparateur à clignotement. Il espérait ainsi repérer un point lumineux qui se serait déplacé par rapport au champ des étoiles, signature tant attendue d'une nouvelle planète.

Tombaugh a inlassablement scruté des centaines de clichés, centimètre par centimètre. En moins d'un an, il avait passé en revue un million et demi d'étoiles, toujours en vain, jusqu'à ce 18 février 1930. La découverte de la nouvelle planète fut annoncée le 13 mars 1930, jour anniversaire de la découverte d'Uranus par William Herschel en 1781, mais aussi jour anniversaire de Percival Lowell. Confirmée dans les mois qui suivirent, la découverte a connu un très grand retentissement. Dans la grande tradition astronomique d'attribuer à une planète le nom d'un dieu (ou d'une déesse) de la mythologie grecque, la nouvelle planète a été baptisée Pluton. Clin d'œil supplémentaire : les deux premières lettres de Pluton, P et L, sont les initiales même de Percival Lowell, lui qui avait tant fait pour sa découverte mais qui était mort en 1916, sans avoir réalisé son rêve…

Malheureusement, Pluton n'était pas la Planète X que Lowell rendait responsable des perturbations d'Uranus et de Neptune. Elle s'est révélée d'une masse bien trop faible pour expliquer à elle seule les perturbations de Neptune, du moins celles que les astronomes du début du XXe siècle croyaient avoir mis en évidence. La découverte de Pluton n'a donc pas été la répétition de celle de Neptune. Quoique les successeurs de Lowell se soient ingéniés à le faire croire, cette découverte n'a pas été le fruit d'une ingénieuse prédiction mathématique, mais plutôt celui d'une recherche systématique. Tombaugh va d'ailleurs poursuivre en vain pendant plusieurs années les recherches de cette fameuse Planète X dont l'existence même n'apparaît plus aussi nécessaire aux astronomes contemporains pour expliquer les perturbations d'Uranus et de Neptune, lesquelles semblent d'ailleurs avoir été assez largement surestimées.

En février 2006, une observation approfondie du couple Pluton Charon (avec Pluton au centre et Charon en bas à droite), menée avec le télescope spatial Hubble, a permis de confirmer l'existence de deux nouvelles lunes du système, Hydra et Nix. © NASA.

Considérée à sa découverte comme la neuvième planète (et la plus lointaine) du système solaire, Pluton a été classée comme planète naine par l'union astronomique internationale (UAI) en août 2006. Dans les dernières décennies en effet, d'autres objets similaires ont été découverts dans le système solaire externe, dont Éris, plus grand et plus massif que Pluton. En juin 2008 finalement, l'UAI a décidé de ranger Pluton, avec Eris et d'autres objets massifs qui évoluent au-delà de Neptune, dans la famille des plutoïdes que nous détaillerons ci-dessous.

> **Depuis 2006, Pluton n'est donc plus qu'un astre mineur du système solaire, avec le numéro matricule 134340.**

Depuis 2006, Pluton n'est donc plus qu'un astre mineur du système solaire, avec le numéro matricule 134340. Il est vrai que le diamètre de Pluton n'est que les deux tiers de celui de la Lune. Comme Charron, son satellite, il est essentiellement composé de roche, de glace de méthane et de glace d'eau. Si aucune sonde spatiale n'a encore approché Pluton, la sonde New Horizons de la Nasa, lancée le 19 janvier 2006, devrait s'approcher à dix mille kilomètres de Pluton le 14 juillet 2015, à l'issue d'un trajet de plus de six milliards de kilomètres. Alors, encore un peu de patience…

Les planètes naines

Puisque les découvertes de corps célestes avec une taille comparable à celle de Pluton se multipliaient au-delà de l'orbite de Neptune, l'UAI décidait en 2006 de classer selon leur taille et leur environnement tous les objets du système solaire en trois catégories : les planètes, les planètes naines et les petits corps. Pour bénéficier de l'appellation contrôlée « planète naine », un corps céleste du système solaire doit satisfaire aux conditions suivantes :

- Être en orbite autour du Soleil.
- Avoir une masse suffisante pour que sa gravité l'emporte sur les forces de cohésion des corps solides et le maintienne en équilibre hydrostatique. Pour parler simple, il doit être à peu près sphérique.
- Ne pas avoir purgé son voisinage orbital d'autres corps célestes.

L'UAI n'a donc pas assigné aux planètes naines de limite supérieure ou inférieure, ni en taille, ni en masse. Ainsi, un éventuel objet plus grand et plus massif que Mercure et qui n'aurait pas

« nettoyé son voisinage autour de son orbite » pourrait être classé planète naine. La limite inférieure tenant à la notion d'équilibre hydrostatique, il n'est pas possible de fixer les mensurations qui font qu'un objet atteint un tel état. Pluton, s'il affiche une masse qui lui permet d'être en équilibre hydrostatique, n'a pas vraiment fait place nette sur son orbite. Celle-ci, excentrique et inclinée, dominée par celle de Neptune, avec laquelle Pluton est en résonance, est commune à de nombreux autres petits corps, appelés plutinos.

Du coup, l'UAI renonçait à l'appellation « planète mineure » qui avait cours auparavant pour dénommer les plus gros des astéroïdes, comme Cérès. Notez que ce dernier a été longtemps considéré comme une planète à part entière après sa découverte en 1801 ! À ce jour, l'UAI reconnaît cinq planètes naines : Cérès, la seule dans la ceinture des astéroïdes, et quatre autres (dont Pluton), qui évoluent au-delà de l'orbite de Neptune et méritent donc le qualificatif de transneptuniens. Par ordre d'éloignement au Soleil, il s'agit de Pluton, Makemake, Haumea et Éris. Pour compliquer encore un peu plus une situation déjà passablement embrouillée, l'UAI a décidé en juin 2008 de ranger les planètes naines transneptuniennes dans une nouvelle sous-catégorie, celle des plutoïdes…

Officiellement donc, un plutoïde est une planète naine dont le demi grand-axe de l'orbite est supérieur à celui de Neptune. D'après Michael Brown, l'astronome américain qui avait identifié Eris en 2005, ouvrant ainsi la voie aux réformes de l'UAI, la découverte d'autres transneptuniens pourrait prochainement venir grossir cette famille des plutoïdes. Avec un diamètre de près de 2 400 km, Éris est le plus grand transneptunien connu. Il évolue sur une orbite très inclinée et excentrique (demi-grand axe : 67,7 UA), accompagné d'un satellite, Dysnomia, qui a permis d'estimer que sa masse est 27 % supérieure à celle de Pluton. Mais Éris n'est pas

« Officiellement donc, un plutoïde est une planète naine dont le demi grand-axe de l'orbite est supérieur à celui de Neptune.

l'objet dominant dans son voisinage. C'est donc sa découverte qui amené l'UAI à expliciter pour la première fois ce qu'est une planète *bona fide*, conduisant à créer la catégorie des planètes naines. Quant à Haumea, c'est un plutoïde de forme oblongue en raison de sa très courte période de rotation (quatre heures), sans doute causée par un impact géant qui l'a aussi flanqué de deux satellites, Hi'iaka et Namaka.

Pour terminer, revenons sur Charon, certes toujours considéré comme un satellite de Pluton, mais dont le statut est plus ambigu. Comme les deux astres tournent chacun autour d'un point situé au-delà de leur surface, le système pourrait donc être classé comme un système planétaire double, faisant du coup de Charon une nouvelle planète naine.

$7{,}5 \times 10^9$ km

50 UA

Sous la ceinture de Kuiper

La ceinture de Kuiper doit son nom à l'américain originaire des Pays-Bas, Gerard Kuiper, l'un des astronomes qui, au milieu du XXe siècle, avait imaginé l'existence d'un disque de petits corps bien au-delà de l'orbite de Neptune. L'irlandais Kenneth Edgeworth avait fait la même prédiction quelques années auparavant. C'est une région qui s'étend dans le plan du système solaire, de l'orbite de Neptune à plus d'une cinquantaine d'unités astronomiques du Soleil. Elle est constituée d'une myriade de petits corps situés jusqu'à une distance de 150 UA. Longtemps considérée comme site d'origine des comètes dites à courte période (celles qui parcourent leurs orbites elliptiques en moins de deux cents ans), l'existence de la ceinture de Kuiper n'a été attestée qu'en 1992 à la suite de la découverte de l'objet (15760) 1992 QB1, en orbite quasi circulaire à plus de 40 UA du Soleil.

C'était le premier objet transneptunien identifié comme tel après Pluton et Charon. Depuis, des centaines d'autres objets similaires ont pu être observés et, pour certains astronomes, la ceinture de Kuiper devrait rassembler des dizaines de milliers de corps d'une taille supérieure à cent kilomètres. À ce jour, Pluton, Makemake et Haumea sont les seuls spécimens de la ceinture de Kuiper à avoir été classées planètes naines, mais Quaoar, Varuna, ou Orcus, comme des dizaines d'autres encore, sont des candidats sérieux à ce même statut.

Comme la ceinture des astéroïdes, la ceinture de Kuiper regroupe donc une multitude de petits corps, mais contrairement à ceux qui orbitent entre Mars et Jupiter, constitués principalement de roches et de métaux, les transneptuniens renfermant surtout des produits volatils gelés, des « glaces » de méthane, d'ammoniac et d'eau. Nombreux sont les individus qui possèdent un ou plusieurs satellites, un pourcentage non négligeable (1 %) serait même des systèmes doubles, à l'instar du couple Pluton-Charon. Nombreux enfin sont ceux qui évoluent sur des orbites sortant du plan de l'écliptique.

De l'avis des astrophysiciens, bien des corps de la ceinture de Kuiper en ont été éjectés sous l'influence gravitationnelle de Neptune. Beaucoup de ces objets dits « épars » ont ainsi formé une zone qui s'étend à plus de cent unités astronomiques du Soleil. Leur orbite est fortement inclinée, souvent presque perpendiculaire au plan de l'écliptique. La planète naine Éris est le plus gros objet épars identifié à ce jour. Sedna, un autre objet épars de grande taille (1 500 km), un temps considéré à tort comme la dixième planète du système solaire quand ce dernier en comptait encore neuf, évolue sur une orbite très excentrique, de 76 à 928 UA du Soleil. La durée de sa révolution autour de notre étoile est donc de plus de onze mille ans… Sedna est sans doute une planète naine, même si sa forme exacte nous reste encore inconnue.

D'autres de ces objets épars ont été plutôt éjectés vers l'intérieur du système solaire. Triton, une lune de Neptune, serait ainsi l'un d'eux que la grande planète gazeuse aurait capturé. On expliquerait ainsi l'orbite rétrograde de ce gros satellite, d'un diamètre de plus de 2 700 km, ce qui ferait de Triton le plus gros des objets de la ceinture de Kuiper. Les astrophysiciens estiment que Triton était initialement, comme Pluton, le plus massif des deux compagnons d'un système double, ce qui aurait grandement facilité sa capture.

Les centaures, ces astéroïdes que nous avons déjà rencontrés et qui orbitent entre les planètes géantes, seraient aussi des objets épars éjectés vers l'intérieur du système solaire. Il ne faut donc pas s'étonner que ce disque d'objets épars aux orbites aussi instables soit considéré aujourd'hui comme le réservoir de bien des comètes à courte période. On constate effet que ces dernières, quand elles évoluent sur leurs orbites très elliptiques au voisinage de l'aphélie (le point le plus éloigné du Soleil), se situent précisément au sein même de ce disque.

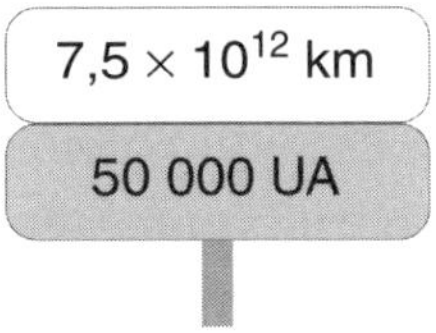

Le nuage de Oort

L'astronome estonien Ernst Öpik, en 1932, puis le néerlandais Jan Oort en 1950, ont indépendamment postulé que les comètes à longue période proviennent d'un nuage sphérique qui s'étendrait aux confins du système solaire, jusqu'à 50 000 unités astronomiques du Soleil. Par comparaison, l'étoile la plus proche, Proxima Centauri, se situe à environ 270 000 UA. Il n'existe aucune preuve directe de l'existence de cette sphère, appelée nuage de Oort en hommage au plus connu de ceux qui en avaient émis l'hypothèse. La dimension de ce nuage correspond à la limite de l'influence gravitationnelle du Soleil, au-delà de laquelle un objet risquerait d'entrer dans le champ gravitationnel d'une autre étoile.

Même si la confirmation observationnelle du nuage de Oort est impossible compte tenu de la taille des noyaux de comètes et des instruments dont nous disposons, son existence fait l'objet d'un certain consensus dans la communauté scientifique. D'une masse totale comparable à celle totale de la Terre, le nuage de Oort contiendrait plus de mille milliards de noyaux cométaires évoluant sur des orbites à peu près circulaires. Il peut être considéré comme un véritable « réservoir de comètes » : les astrophysiciens estiment en effet que des perturbations gravitationnelles dues au passage d'une étoile à moins de trois années-lumière du Soleil (un événement aléatoire survenant environ tous les cent mille ans) pourraient changer l'orbite de ces noyaux cométaires.

Certains seraient ainsi expulsés du système solaire, d'autres au contraire, précipités vers l'intérieur, l'influence des planètes géantes leur donnant ensuite la trajectoire elliptique les amenant assez près du Soleil, les transformant ainsi en comètes à longue période. Après être passées à proximité du Soleil, ces comètes continuent leur trajectoire sur une orbite qui les fait revenir au nuage de Oort. Leur périodicité est donc très élevée, de l'ordre de plusieurs milliers d'années ou plus. C'est encore l'influence gravitationnelle des planètes géantes qui peut les transformer en comètes à courte période, augmentant la fréquence de leurs passages près du Soleil.

À en croire les spécialistes, les objets qui forment le nuage de Oort se seraient formés dans des zones beaucoup plus proches du Soleil (comme ce disque d'objets épars évoqué plus haut), d'où ils auraient été éjectés vers l'extérieur par interaction gravitationnelle avec les planètes géantes. Mais les simulations numériques, dont les astrophysiciens raffolent aujourd'hui, montrent que les collisions étaient si nombreuses dans le jeune système solaire que la plupart des noyaux cométaires ont été détruits avant de pouvoir rejoindre le nuage de Oort où ils auraient été stabilisés sur des orbites plus ou moins circulaires par interaction gravitationnelle avec les étoiles voisines. Celles-ci, étaient alors plus proches, le Soleil s'étant sans doute formé au sein d'un amas de plusieurs centaines d'étoiles.

D'autres de ces petits corps formés à l'aube du système solaire auraient au contraire été rejetés à l'intérieur de l'orbite de Jupiter, où, par collision, ils auraient joué un rôle crucial dans l'évolution des objets les plus massifs qui traînaient par là. On explique ainsi ces cratères qui s'enchevêtrent à la surface d'astres comme Mercure ou la Lune, et même la présence d'océans sur Terre. À l'origine, notre belle planète bleue n'était sans doute qu'un corps surchauffé, sec et rocailleux, d'où la nécessité d'un apport massif d'eau, une fois la planète refroidie.

Vous avez dit comètes ?

L'astronome anglais Edmund Halley a été le premier à faire une étude scientifique des comètes. Ayant observé une similarité entre les apparitions cométaires de 1456, 1531, 1607 et 1682, il avait émis l'hypothèse que ces passages étaient dus à un seul et même objet céleste. En 1705, en appliquant les lois de la gravitation universelle que Newton venait de formuler, il put en déterminer l'orbite et prédire sa réapparition en 1758. Ce fut bien ce qui arriva, installant durablement la notoriété posthume de Halley. Pour célébrer cet événement retentissant que fut le retour de la comète de Halley, comme on la désigne depuis, notre grand Victor Hugo s'était même fendu d'un long poème, *La Comète*, qui s'achevait sur ces vers quelque peu apocalyptiques :

> Une flamme emplissant des millions de lieues,
> Monstrueuse lueur des immensités bleues,
> Splendide au fond du ciel brusquement éclairci ;
> Et l'astre effrayant dit aux hommes : « Me voici ! »

On connaissait désormais la nature d'une comète : un petit corps du système solaire, de quelques kilomètres de diamètre, se mouvant autour du Soleil le long d'une orbite très elliptique. Du coup, en application des lois de Kepler, une comète passe la plupart du temps aux confins du système solaire, revenant périodiquement visiter le Soleil, les seuls moments de son périple où elle devient visible. Selon l'hypothèse aujourd'hui confirmée par les observations spatiales, son noyau serait un corps solide constitué pour les trois quarts de glaces (eau, monoxyde de carbone, dioxyde de carbone) et pour le reste de poussières agglomérées, riches en carbone. C'est le modèle de la « boule-de-neige sale », que l'astronome américain Fred Whipple avait proposé dès le début des années 1950.

En raison de leurs orbites très excentriques, comme mentionné ci-dessus, les noyaux cométaires demeurent très longtemps dans des régions éloignées du Soleil : ils sont donc très froids. Mais quand les noyaux s'approchent du Soleil, les glaces de surface s'échauffent et se vaporisent, entraînant l'apparition d'une enveloppe de gaz et de poussière, la chevelure, d'où ce nom de comète tiré du grec, *kome*, chevelure. La chevelure peut s'étendre sur plus de cent mille kilomètres et continue à grandir en s'approchant du Soleil. Le spectacle lumineux, souvent exceptionnel, que nous pouvons alors admirer est dû à la fluorescence des gaz ainsi qu'à la diffusion de la lumière solaire par les poussières.

Plus la comète s'approche du Soleil, plus l'action combinée du vent solaire et de la pression de radiation étirent davantage cette chevelure dans une direction opposée à celle du Soleil, l'allongeant de manière spectaculaire. Il se forme alors deux queues distinctes :

- La queue des poussières que la comète abandonne le long de sa trajectoire, ce qui lui confère donc un aspect incurvé ;
- La queue de plasma, faites de particules ionisées par la composante ultraviolette du rayonnement solaire. Ces particules électrisées, plus sensibles à l'action du vent solaire, forme donc une queue plus rectiligne qui s'étire, à l'opposé du Soleil, parfois sur plusieurs dizaines de millions de kilomètres.

La comète la plus connue est bien sûr celle de Halley, qui revient frôler la Terre tous les 76 ans. En 240 avant notre ère, son passage fut noté dans des chroniques de l'époque. Son dernier passage remonte à 1986. Un essaim de sondes spatiales s'était alors évertué à passer dans sa chevelure afin d'en recueillir quelques pellicules. C'est la sonde européenne Giotto, lancée le 2 juillet 1985 par une fusée Ariane 1 tirée de Kourou, en Guyane, qui passa au plus près de la comète. Le 13 mars 1986, la caméra du vaisseau spatial de l'Esa l'a photographié sans relâche, jusqu'à l'interruption des enregistrements survenu à environ mille trois cents kilomètres du noyau, quand un surcroît d'impact de particules perturba l'observation. Au vu des clichés, le noyau de la comète de Halley se présente sous la forme d'une grosse cacahuète, de quinze kilomètres de long sur huit de large. Les images ont aussi mis en évidence des jets de poussières émanant de la face exposée au Soleil.

Image composite du noyau de la comète de Halley combinant soixante images enregistrées par la sonde Giotto de l'Esa. Le vaisseau spatial européen avait été ainsi nommé parce que le maître florentin Giotto di Bondone, inspiré par le passage de la comète de Halley en 1301, avait transformé l'Étoile de Bethléem en une comète dans sa fresque « L'Adoration des Mages », peinte entre 1303 et 1306, que l'on peut toujours admirer dans la Chapelle de l'Arena à Padoue. © European Space Agency.

La comète de Halley n'est pas restée longtemps la seule à avoir reçu la visite de nos vaisseaux spatiaux :

- Le 10 juillet 1992, survol de la comète Grigg-Skjellerup par la sonde Giotto. Le vaisseau spatial européen, après avoir été redirigé vers la Terre, tirait parti de l'assistance gravitationnelle de notre planète pour frôler Grigg-Skjellerup à moins de 200 kilomètres, record encore à battre ! La sonde n'a pas hélas pu transmettre la moindre image, sa caméra ayant été endommagée lors du survol de la comète de Halley.
- Le 22 septembre 2001, survol de la comète Borrelly par Deep Space 1. Cette sonde technologique de la Nasa, lancée le 24 octobre 1998 pour tester la propulsion par moteur ionique, avait été dirigée vers la comète Borrelly dont elle avait photographié le noyau avec grande finesse.
- Le 2 janvier 2004, survol de la comète Wild 2 par la sonde Stardust (poussière d'étoiles) de la Nasa. Après avoir mené une collecte de particules jusqu'à 240 kilomètres de la comète sans

battre le record de Giotto , la sonde nous faisait parvenir des poussières de comète en larguant sur Terre le 15 janvier 2006 la capsule contenant son butin.

- Le 4 juillet 2005, bombardement de la comète Tempel 1 par un projectile tiré depuis la sonde Deep Impact de la Nasa. Le record de Giotto était certes battu, mais le pénétrateur était en miette… En creusant ainsi à la surface de son noyau un grand cratère que le télescope à haute résolution monté sur le vaisseau mère avait observé en détail, les scientifiques espéraient en apprendre plus sur son intérieur.

Les années à venir seront tout aussi riches en visites de comètes, tant les astrophysiciens sont persuadés que l'étude de ces petits corps nous apportera des informations uniques sur la naissance du système solaire voici plus de quatre milliards d'années. Comme l'Esa l'avait fait voici une vingtaine d'années, la Nasa a aussi décidé de recycler ses deux vieilles missions cométaires :

- Le vaisseau mère de Deep Impact, après avoir bombardé la comète Tempel 1, devrait survoler la comète Hartley 2 en octobre 2010 pour l'observer avec son télescope à haute résolution.
- La sonde Stardust, après avoir largué vers la Terre ses échantillons cométaires, devrait survoler le 14 février 2011 la comète Tempel 1, celle que Deep Impact avait bombardée six ans plus tôt, afin d'observer comment le cratère d'impact avait évolué après une révolution complète de la comète autour du Soleil.

Mais c'est en définitive l'Europe qui va innover en la matière avec la sonde Rosetta de l'Esa, lancée le 2 mars 2004 par une fusée Ariane 5 tirée de Kourou, en Guyane. En août 2014, Rosetta devrait se mettre en orbite autour de la comète Churyumov-Gerasimenko dont elle fera la cartographie complète avant de larguer le module Philae prévu pour se poser sur la comète. Ce module mènera alors toute une série d'expériences *in situ* destinées à étudier la composition de son noyau en forant son sol jusqu'à une profondeur de 40 cm. Les spécialistes européens comptent ainsi comprendre le passé de notre système solaire, comme les égyptologues, le français Jean-François Champollion en tête, avaient réussi à dévoiler voici deux siècles l'histoire de l'ancienne Égypte, en déchiffrant les hiéroglyphes gravés sur la pierre de Rosette et l'obélisque de Philae.

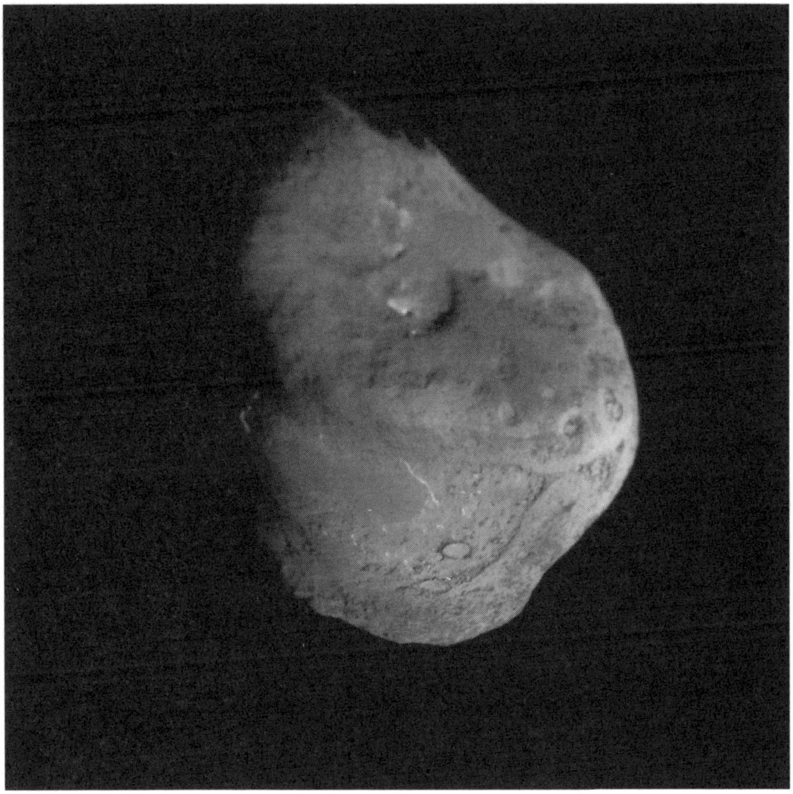

Image du noyau de la comète Tempel 1 enregistrée par la sonde Deep Impact de la Nasa. © NASA.

L'énigme Pioneer

La sonde Pioneer 10 a été lancée le 2 mars 1972 vers Jupiter par une fusée Atlas-Centaur : la mission fut une réussite totale s'agissant des données et des images collectées. Pioneer 10 a été le premier engin spatial à franchir la ceinture d'astéroïdes, justifiant alors parfaitement son nom (pionnier) en démontrant qu'un engin aussi fragile pouvait franchir cette zone sans être en butte à des impacts de micrométéorites, comme on pouvait le craindre. En décembre 1973, la sonde frôlait Jupiter, avant de poursuivre sa course sur une orbite d'échappement du système solaire qui la conduira vers l'étoile Aldebaran, l'œil de la constellation du Taureau, qu'elle rejoindrait dans deux millions d'années.

Le 5 avril 1973, lancement de sa sonde jumelle, Pioneer 11, alors que Pioneer 10 avait déjà franchi sans encombre la ceinture des astéroïdes. En décembre 1974, Pioneer 11 contournait Jupiter et profitait de l'accélération que lui avait communiqué son passage aux abords de la planète géante pour rallier Saturne, qui fut survolée en septembre 1979, avant de se diriger vers les limites du système solaire.

Au début des années 1980, les contrôleurs au sol de la mission installés au centre de recherches Ames de la Nasa, à Mountain View, Californie, notaient que Pioneer 11 ralentissait plus rapidement que prévu. Ce ralentissement a été observé jusqu'à la perte de contact avec la sonde en 1995. Le même effet a ensuite été observé pour Pioneer 10, se déplaçant pourtant dans une direction opposée. Cette découverte allait être rendue publique en 1998 par une équipe du JPL (*Jet Propulsion Laboratory*, laboratoire de propulsion spatiale).

Les scientifiques de ce laboratoire de la Nasa, installé au Caltech, l'Institut de Technologie de Californie, à Pasadena, confirmaient ainsi que l'analyse des données transmises par les deux sondes fournissait des vitesses d'éloignement différentes de celles qu'ils avaient prévues en appliquant les lois de la mécanique céleste. Dans leur course vers les frontières du système solaire, une force insoupçonnée semblait donc retenir encore plus les deux sondes, provoquant ainsi leur ralentissement par rapport aux prédictions.

Comment expliquer ce phénomène, connu désormais sous le terme d'anomalie de Pioneer ? Avant tout, il fallut s'assurer qu'il ne s'agit pas de problèmes inhérents au vaisseau spatial comme des fuites de propergol, des émissions de chaleur asymétriques provenant du petit générateur nucléaire embarqué à bord pour fournir l'énergie électrique, ou de toute autre source thermique à l'intérieur de la sonde. Les spécialistes ont également mis en avant des erreurs de mesures dans les stations au sol, des erreurs dans les éphémérides ou des erreurs dues à la dérive des horloges.

Ont été ensuite passées en revue toutes les causes externes pouvant contribuer à ces anomalies, comme une mauvaise estimation des effets dus à la pression de radiation, au vent solaire, aux poussières interplanétaires, à l'influence des petits corps du système solaire extérieur (ceinture de Kuiper). Rien n'a été oublié, même pas une possible influence galactique. Mais en vain ! Toutes vérifications faites, des différences significatives semblent persister entre les paramètres orbitaux des deux sondes et leur prédiction théorique. Les anomalies de Pioneer ont la peau dure…

Bien des physiciens se sont alors convaincus que ces anomalies sont le résultat d'un effet inconnu, encore à découvrir. Certains suggèrent ainsi que de la matière noire, présente à l'intérieur même du système solaire, pourrait modifier la trajectoire des sondes. Tout au long de notre voyage, nous aurons souvent l'opportunité de croiser cette mystérieuse entité sombre à laquelle nous consacrerons plusieurs pages au chapitre 8. Pour d'autres encore, ce seraient les lois de la gravitation elles-mêmes qui auraient besoin d'un sérieux toilettage. L'anomalie de Pioneer serait-elle donc le premier indice d'une altération des lois de la gravitation à grande échelle ?

> **« L'anomalie de Pioneer serait-elle donc le premier indice d'une altération des lois de la gravitation à grande échelle ?**

Mais au fait, pourquoi d'autres missions spatiales au long cours n'ont pas confirmé les anomalies de Pioneer ? Les deux sondes Voyager, avec lesquelles le contact n'a pas été perdu, sont localisées aujourd'hui à des distances du Soleil supérieures à celle atteinte par Pionner 10 le 23 janvier 2003, jour de sa dernière liaison avec les opérateurs au sol. Pourquoi ne font-elles pas montre d'un écart du même type entre leurs positions vraies et les prédictions ? La raison en est fort simple : les sondes Voyager sont trop modernes. Voyez plutôt…

Les deux sondes Pioneer, bien plus rustiques, assuraient leur stabilisation en vol en tournant sur elles-mêmes comme des toupies. Bien sûr, elles ne pouvaient ainsi maintenir qu'un seul de leurs trois axes dans une direction donnée, mais c'était suffisant pour diriger leur grosse antenne parabolique vers la Terre. Les sondes Voyager, plus modernes, sont équipées d'une stabilisation trois axes : un jeu de tuyères, en éjectant de petits jets de gaz bien dosés, assujettit les axes du véhicule spatial. De ce fait, avec ces émissions continuelles de fluide, la navigation des sondes Voyager est bien plus difficile à prédire que celle des sondes Pioneer !

Une bouteille à la mer, mais pour qui ?

Construites pour une durée de vie de cinq ans, les deux sondes Voyager sont donc toujours opérationnelles. Parvenues aux premiers confins du système solaire, elles se dirigent désormais vers cette frontière au-delà de laquelle commence l'espace interstellaire. Avec les sondes Voyager, c'est une véritable « bouteille à la mer » que les hommes ont envoyée dans l'espace. Ambassadeurs interstellaires de l'humanité, les deux vaisseaux emportent un message à destination d'éventuelles créatures douées d'intelligence.

La Nasa n'en était pas à son coup d'essai, puisque les deux sondes Pioneer avaient été équipées d'une plaque gravée avec l'image d'un homme et d'une femme, tous les deux nus, ainsi que quelques dessins schématisant notre système solaire, sa position dans la galaxie par rapport à quatorze pulsars. Figurait enfin un schéma de la transition hyperfine de l'atome d'hydrogène, pour inciter les éventuels découvreurs de cette plaque à nous joindre en utilisant la fréquence radio de cette transition !

Extraterrestre perplexe en découvrant le message des terriens…

Cinq ans plus tard, la Nasa récidivait, en tentant d'optimiser le message… avec un optimisme qui confinait à l'angélisme : il y avait en effet très peu de chances que ces messages puissent un jour tomber dans les mains (ou les pattes) d'un être susceptible d'en comprendre le contenu. Il s'agissait cette fois d'un disque vidéonumérique de cuivre plaqué or avec son système de lecture. Raffinement suprême, la notice d'utilisation était jointe à la jaquette en aluminium du disque…

Le message, nettement plus sophistiqué que celui des sondes Pioneer, était constitué d'une série de 116 images : position de notre étoile, unités employées en physique, paramètres sur le système solaire, planches anatomiques avec une représentation de la reproduction humaine, photographies d'hommes, d'animaux, de végétaux, de paysages, d'une femme allaitant son enfant, de dauphins, d'une classe d'école, de l'immeuble des Nations Unies à New York de jour et de nuit, d'un astronaute dans l'espace, d'un violon surmontant la partition d'un quatuor à cordes de Beethoven. Vingt-sept morceaux de musique avaient aussi été enregistrés sur le disque, dont trois extraits de Bach, un de Mozart, un chant pygmée, des chœurs géorgiens et Johnny B. Goode interprété par Chuk Berry…

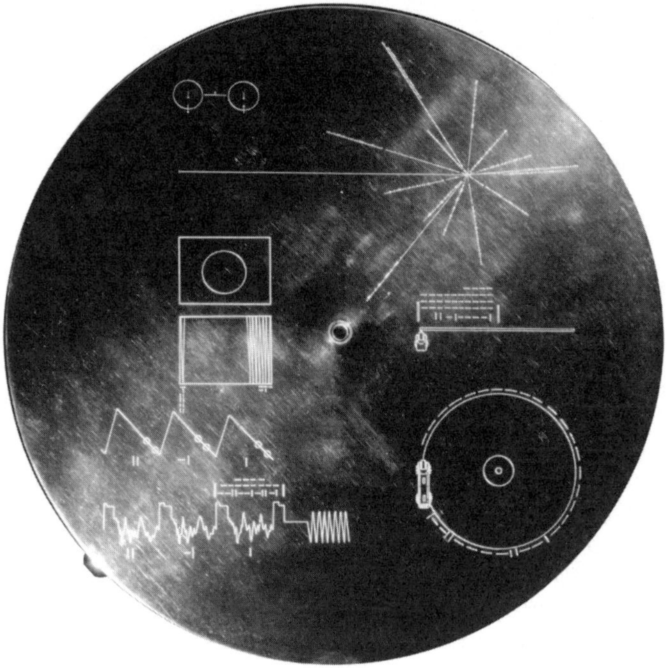

La jaquette du vidéodisque placé sur les sondes Voyager en guise de bouteille à la mer propose à l'attention d'éventuels extraterrestres un schéma explicatif du mode de lecture du vidéodisque ainsi que certains des symboles qui figuraient déjà sur la plaque des sondes Pioneer.

Le contenu de ce disque fait un peu figure d'inventaire à la Prévert, contenant encore des éléments comme des salutations en cinquante-cinq langues, un message du président américain Jimmy

Carter, un autre du secrétaire général des Nations Unies, Kurt Waldheim, ainsi que des sons naturels de notre planète, pluie, vent, tonnerre, feu, grenouilles, oiseaux, tracteur, décollage d'une fusée, bruits de pas, battements de cœur, rires, babillages ... Détail amusant, ce message comporte quelques erreurs, expression des connaissances erronées de l'époque comme la taille de Pluton, par exemple...

Les missions Voyager profitaient de l'opportunité d'un alignement planétaire qui ne se produit qu'une fois tous les 175 ans et qui offrait la possibilité de visiter les quatre géantes gazeuses du système solaire. Même si les crédits alloués ne permettaient pas de prévoir une mission allant au-delà de Saturne, les ingénieurs de la Nasa programmèrent pourtant une trajectoire de Voyager 2 se prolongeant jusqu'à Uranus et Neptune. En février 1998, Voyager 1 était plus éloigné de nous que ne l'était alors Pioneer 10. Il devenait alors le vaissseau spatial le plus lointain que l'humanité ait jamais lancé vers les étoiles, plus lointain que tous les objets connus du système solaire, même les plus distants, comme Éris et Sedna...

L'astronome américain Carl Sagan, disparu en 1996, a été l'un des grands inspirateurs de ce projet de bouteille à la mer. Il en a fort bien résumé la motivation en déclarant : « C'est un message d'amour que nous lançons dans la profonde immensité. Il restera sans doute en grande partie indéchiffré, mais nous le transmettons cependant, parce qu'il est important d'essayer ».

Hélas, les sondes Voyager n'évoluent pas sur des orbites susceptibles de s'approcher d'étoiles proches. Dans quarante mille ans, Voyager 1 passera à plus d'une année-lumière de l'étoile naine AC +79 3888. Dans quelque trois cent mille ans, Voyager 2 évoluera dans la très grande banlieue de Sirius, à quand même 4,3 années-lumière de l'étoile qui est pour les terriens la plus brillante du ciel. Les bouteilles à la mer accrochées aux sondes Voyager semblent donc destinées à voguer éternellement dans la Voie lactée sans jamais s'approcher du moindre rivage...

Où s'arrête le système solaire ?

Si les hommes adorent se bâtir des frontières, la nature se montre beaucoup plus vague en la matière. Mais alors, où les explorateurs cosmiques que nous sommes allons-nous rencontrer la limite du système solaire ? Notre situation s'apparente à celle d'un habitant du centre de Paris en route vers la province. Où quitte-t-il les dernières zones habitées ? En franchissant le Boulevard Périphérique ? Certainement pas ! Mais cette limite n'en constitue pas moins une limite administrative bien réelle, et encore plus une redoutable frontière psychologique…

En s'en tenant à cette analogie, le Soleil maintient autour de lui une première limite, à savoir le bord externe de l'héliosphère. Les spécialistes dénomment ainsi la cavité sphérique où le vent solaire balaye sans entrave le milieu alentour à grande vitesse (400 kilomètres par seconde). Cette cavité sphérique prend fin à environ 100 UA du Soleil, là où le vent solaire est trop distendu pour repousser efficacement le milieu interstellaire et où sa vitesse, initialement supersonique, chute brutalement. Au-delà, c'est l'héliogaine, une région de transition turbulente, de forme ovoïde, épaisse d'une quarantaine d'unités astronomiques dans une direction, et bien plus large dans la direction opposée. La limite extérieure de l'héliogaine, l'héliopause, est le point où débute l'espace interstellaire.

De même que l'agglomération parisienne s'étend loin au-delà du Boulevard Périphérique, petits corps et autres planètes naines ne se cantonnent pas dans les limites étroites de l'héliopause, pourtant considérée par beaucoup comme la frontière du système solaire. Nous avons ainsi vu plus haut que bien des objets épars diffusant loin de la ceinture de Kuiper évoluent au-delà, ainsi que la totalité du nuage de Oort, dont les limites se situent mille fois plus loin. Dans ces conditions, il faudra attendre longtemps pour voir un engin spatial fabriqué par l'homme franchir les bornes du système solaire, qui se situent de fait là où commencent les zones d'influences des étoiles voisines.

Mille façons de voyager : les longs courriers

Il n'existe pas encore de moyens de transport disponibles pour les voyages interstellaires, ou à plus forte raison intergalactiques. Nous ne pouvons donc qu'évoquer quelques-uns des longs courriers imaginés par la science-fiction à travers la notion « d'hyperpropulsion ». Ce concept est apparu d'abord pour rendre acceptables des voyages spatiaux couvrant des distances considérables en des temps courts, tout en respectant la théorie de la relativité dont la vulgarisation se répandait de plus en plus largement. L'hyperpropulsion pourrait, par exemple, s'apparenter au passage entre les deux extrémités d'un trou de ver, configuration topologique de l'espace proposée dès 1935 et compatible avec la relativité générale. Dépourvus de singularité centrale (au contraire des trous noirs), les trous de ver offriraient ainsi la possibilité d'emprunter sans risque des raccourcis très efficaces permettant de voyager en un temps très bref entre deux points de l'espace fort distants, sans pour autant dépasser la vitesse de la lumière. L'hyperpropulsion apparaît dès les années 1950 dans l'œuvre d'Isaac Asimov, puis au cours des années 1960, dans la saga *Dune* de Frank Herbert et dans la série télévisée *Star Trek*. Plus récemment, on la retrouve dans *Stargate* ou dans les différents épisodes de la *Guerre des Étoiles*. Dans ce contexte, l'hyperpropulsion serait donc la possibilité de déformer artificiellement le tissu de l'espace pour ouvrir un trou de ver afin de se déplacer à sa guise dans tout l'Univers. Le principal défaut des trous de ver est leur extrême instabilité : ils pourraient ainsi s'obstruer en une fraction de seconde ! Pour empêcher leurs parois de se refermer, le physicien théoricien américain Kip Thorne a proposé, en 1988, de tirer parti d'une matière « exotique ». Contrairement au cas de la matière classique, dont la masse est toujours positive, celle de la matière exotique apparaîtrait comme négative à un observateur qui se déplacerait à une vitesse proche de celle de la lumière. Avec une telle propriété, cette matière exotique induirait une antigravité qui pourrait stabiliser un trou de ver. Notez qu'il sera question au chapitre 8 d'une entité mystérieuse, l'énergie noire, présente partout dans l'Univers où elle joue un rôle d'antigravitation... La réalité rejoindrait-elle une nouvelle fois la fiction ?

Aucun engin spatial n'a encore franchi l'héliopause et les conditions qui prévalent là où commence l'espace interstellaire nous restent inconnues. Mais dans la mesure où les deux sondes Voyager sont encore en bon état de marche et que leurs générateurs nucléaires peuvent fonctionner jusqu'en 2020, la Nasa a décidé de prolonger leurs opérations dans le cadre de l'opération VIM (*Voyager Interstellar Mission*, mission Voyager interstellaire). Trois objectifs ont été ainsi assignés à nos braves sondes Voyager : étudier le bord externe de l'héliosphère, explorer l'héliogaine, et tenter de pénétrer dans le milieu interstellaire.

À la fin du mois d'août 2007, les expériences montées à bord de Voyager 2 ont recueilli des données assez précises pour prouver que la sonde avait bel et bien franchi ce bord externe de l'héliosphère à plusieurs reprises, prouvant ainsi que cette zone est loin d'être stable. Voyager 1 avait sans doute dépassé cette première frontière bien avant sa sonde jumelle, mais la défaillance de son analyseur de plasma n'avait pas permis d'attester l'événement. Les deux sondes croisent désormais dans l'héliogaine, en route vers l'héliopause, qu'elles dépasseront sans doute au cours de la prochaine décennie, avant de cingler résolument dans le milieu interstellaire…

4

Notre galaxie, la Voie lactée

Une histoire récente

Savez-vous que, dans le langage des astronomes, la Galaxie, avec un G majuscule, est synonyme de Voie lactée ? Il y a une explication à cela : rendez-vous compte qu'il y a moins d'un siècle, bien des esprits scientifiques parmi les plus avertis étaient encore convaincus que notre galaxie correspondait à l'Univers dans sa totalité… L'observation d'objets nébuleux dans le ciel n'était pourtant pas une nouveauté, le premier d'entre eux bien sûr étant la Voie lactée. Au début du XVIIe siècle, Galilée avec sa lunette démontra que la Voie lactée était entièrement composée d'étoiles. En un instant « une infinité de questions agitées depuis des siècles au sujet de cette mystérieuse nébulosité se trouvaient résolues ».

Mais de nombreux autres astres diffus, comme la nébuleuse d'Orion observée dès 1610 par l'humaniste français Nicolas Peiresc, astronome à ses heures, ne purent pas être résolues en étoiles. Alors, me direz-vous, comment expliquait-on ces astres qu'on pouvait observer dans le ciel et qui n'étaient ni planètes, ni étoiles, et encore moins comètes, cet autre type d'objet céleste d'apparence diffuse ? Eh bien, figurez-vous qu'on avait classé tout ça dans la même et unique catégorie fourre-tout des nébuleuses, c'est-à-dire, justement, des objets dont la nature restait pour le moins nébuleuse !

À la fin du XVIIIe siècle, l'astronome français Charles Messier dressait le premier catalogue de ces nébuleuses. En fait, il ne portait pas un intérêt particulier à cette classe d'astres. En grand chasseur de comètes qu'il était, il voulait seulement faire l'inventaire détaillé de tous les objets célestes fixes, mais d'aspects diffus, que l'on pouvait justement confondre avec une authentique comète... Que de merveilles dans la liste de Messier, à commencer par la nébuleuse d'Andromède, qui arrivait au 31e rang de son catalogue. Les astronomes modernes, les professionnels comme les amateurs, ont tous adopté le matricule M 31 pour désigner la seule galaxie extérieure à la nôtre visible à l'œil nu depuis l'hémisphère nord.

Les esprits les plus éclairés des siècles passés avaient quelques circonstances atténuantes à ne pas se rendre compte que certaines de ces nébuleuses étaient autant de Voie lactée. Ils n'avaient en effet ni les instruments pour les résoudre en étoiles, ni les moyens d'en apprécier la distance. Ouvrons ainsi un ouvrage de Camille Flammarion, promoteur de l'astronomie populaire, à la fin du XIXe siècle : « L'agrandissement continu de la puissance télescopique n'a pas donné à la science le dernier mot du problème des nébuleuses, car à mesure que les instruments d'optique devenaient plus immenses et plus pénétrants et permettaient de résoudre en étoiles un plus grand nombre de ces nuées, ils amenaient la découverte de nébulosités plus pâles et plus lointaines, et l'on voyait apparaître ces formes fantastiques, ces agrégats de lumière diffuse qui ne semblaient point dus à de véritables amas de soleils innombrables situés à des distances de plus en plus inaccessibles... »

Le philosophe allemand Emmanuel Kant, qui n'était pas vraiment un astronome, sera le premier à exprimer le concept d'« univers-îles », dans son ouvrage *Histoire de la Nature et Théorie du Ciel*, ouvrant ainsi un débat qui n'allait se clore que dans les années 1920. Au tournant du XIXe siècle, l'astronome anglais d'origine allemande William Herschel, le découvreur d'Uranus et le premier à essayer de tracer la structure de la Galaxie, s'était pris de passion pour les nébuleuses. Bien qu'il ne soit pas parvenu à les résoudre, malgré le pouvoir séparateur de son grand télescope, Herschel avait quand même émis l'hypothèse qu'il pourrait s'agir d'objets distants, des univers-îles donc, bien qu'il n'ait pas été, semble-t-il, informé des idées de Kant.

Dans la foulée, jusqu'au début du XXe siècle, ce sera l'affrontement entre partisans de la théorie des univers-îles, pour qui les nébuleuses sont des immenses collections d'étoiles très distantes, et défenseurs de l'idée que les nébuleuses sont les matrices où les étoiles se condensent. Ces derniers, qui manifestaient une certaine prétention à l'innovation, seraient aujourd'hui qualifiés de progressistes. Quant aux premiers, qui se montraient moins conquérants, ce serait plutôt eux, les traditionalistes. Quel paradoxe pour nous qui savons qu'il y a beaucoup plus de galaxies dans l'Univers que de véritables nébuleuses dans la Voie lactée…

Cette dispute, autant philosophique que scientifique, culmina à l'occasion du Grand Débat, nom donné aux discussions publiques qui ont opposé les deux astronomes américains Horlow Shapley et Heber Curtis sur les échelles de distance dans l'Univers. Le débat s'était tenu le 26 avril 1920 dans le grand auditorium du musée d'histoire naturelle du Smithsonian, un vaste bâtiment néo-classique érigé dix ans auparavant à Washington, à un jet de pierre du Capitole. Objet de la discussion : les distances de ces nébuleuses à l'allure de spirale, comme M 31.

Shapley, persuadé que tout l'Univers se réduisait à la seule Voie lactée, ne voyait dans M 31 et les autres spirales que de proches volutes de matière interstellaire où se condensaient de nouveaux systèmes solaires. Curtis, en se basant sur l'observation de novas dans la nébuleuse d'Andromède, affirmait au contraire que M 31 et toutes les structures spiralées du même type étaient d'immenses enroulements d'étoiles, c'est-à-dire des entités de même taille que la Voie lactée, situés donc beaucoup plus loin dans l'Univers.

Les **céphéides** sont une classe particulière d'étoiles variables qui tire son nom de l'étoile delta de la constellation de Céphée, dont l'astronome amateur anglais John Goodricke avait observé la variabilité en 1784.

Quelques années plus tard, le plus grand appareil alors en service, le télescope Hooker au sommet du mont Wilson, donnait raison à Curtis. Avec son miroir de grand diamètre (254 cm), il avait en effet permis de résoudre M 31 en une multitude d'étoiles, parmi lesquelles Edwin Hubble identifiait en 1923 une première étoile de type céphéide. Fort des travaux que l'astronome américaine Henrietta Leavitt avait menés sur ce type d'étoiles variables, Hubble, qui fera encore beaucoup parler de lui dans les chapitres suivants, rejetait M 31 à plus d'un million d'années-lumière de nous… Fin du débat !

Henrietta Leavitt

Née en 1868 dans une vieille famille puritaine du Massachusetts (son père était le pasteur d'une église congrégationaliste), Henrietta Leavitt, après de solides études secondaires, avait rejoint en 1893 le *Harvard College Observatory* (l'observatoire de l'université de Harvard) et le groupe de jeunes femmes que les astronomes utilisaient à l'époque pour toutes sortes de tâches qui rebutaient ces messieurs. Pas question en ce début du XXe siècle que des femmes mènent des observations ! Assignée donc à l'étude systématique de l'éclat des étoiles dans les collections de plaques photographiques de l'observatoire, et ce pour un salaire de dix dollars par semaine, Miss Leavitt avait identifié des milliers d'étoiles variables situées dans les Nuages de Magellan, deux gros amas d'étoiles reconnus aujourd'hui comme deux petites galaxies irrégulières proches de la nôtre. En 1908, elle notait que pour une poignée d'entre elles, toutes de type céphéide, les plus brillantes étaient celles dont la période était la plus longue. En 1912, après avoir étendu son étude à plus de vingt céphéides du Petit Nuage de Magellan, Miss Leavitt établissait que leur luminosité apparente décroissait linéairement avec le logarithme de leur période. Comme toutes ces céphéides étaient situées dans un même amas d'étoiles, elles devaient donc être grosso modo à la même distance. Miss Leavitt réalisa alors que sa découverte pouvait fournir une estimation de distance pour tout amas d'étoiles où l'on identifiait des céphéides. Restait à étalonner ce critère de distance. Ce ne fut pas Miss Leavitt qui s'en chargea, puisqu'à l'époque le rôle des femmes en astronomie n'était pas de recueillir les données mais seulement de les dépouiller… Le mérite en revint donc à l'astronome danois Ejnar Hertzsprung qui, en 1913, déterminait les distances de quelques céphéides de Voie lactée. Du coup, il se servit de la relation de Miss Leavitt pour évaluer la distance du Petit Nuage de Magellan… C'est toutefois le nom d'Henrietta Leavitt qui est attaché à cette relation période-luminosité, restée fameuse pour avoir permis à Hubble d'évaluer les distances des galaxies proches.

De l'origine des constellations

Sans savoir que ces innombrables points lumineux piquetant une voûte apparemment parfaitement sphérique n'étaient que les voisins les plus proches de notre univers-île, nos lointains ancêtres astronomes se sont toujours efforcés de repérer les astres en utilisant le canevas tortueux que les étoiles les plus brillantes tissent sur le ciel. Toutes les civilisations ont ainsi identifié les formes les plus caractéristiques que les étoiles leur inspiraient, les baptisant le plus souvent de noms empruntés à leurs diverses croyances.

Planche de l'atlas céleste *Harmonia Macrocosmica* du mathématicien et cartographe Andreas Cellarius avec des constellations de l'hémisphère sud céleste mise en scène au-dessus du globe terrestre. (Voir cahier couleur.)

Chacune de ces cultures a développé sa propre manière de diviser le ciel en motifs ou dessins caractéristiques, les constellations. Beaucoup de celles que nous utilisons encore de nos jours sont nées en Mésopotamie avant d'être retouchées en Grèce. Au IIe siècle, Ptolémée recensait 48 constellations, ce nombre étant resté stable jusqu'au XVIIe siècle où d'autres vinrent s'ajouter au fur et à mesure que les navigateurs européens découvraient des cieux visibles uniquement depuis l'hémisphère sud. Mais les marins qui défrichaient le ciel austral manquaient d'imagination. En témoignent les noms dont ils ont baptisé les nouvelles constellations qu'ils traçaient du pont de leurs navires. Citons ainsi pêle-mêle le microscope, le burin, la boussole, le sextant, la règle, et bien sûr le compas... Autant d'instruments qui encombraient leurs tables de travail pendant leurs mornes semaines de navigation.

Dès l'origine, ces configurations d'étoiles eurent la double utilité de servir à mieux repérer les astres et d'être des symboles astrologiques, reflétant l'ambiguïté de l'astronomie jusque très récemment, à la fois discipline scientifique et instrument de divination. Les constellations furent donc pendant longtemps de véritables cartes du ciel, permettant de se repérer sur la voûte céleste. Le nombre de constellations et le chevauchement de certaines d'entre elles ont entraîné une certaine confusion qui ne fut dissipée qu'en 1930, lorsque l'UAI entérina une liste officielle de 88 constellations couvrant la totalité de la sphère céleste.

Astronomes grecs et chinois de l'Antiquité ont chacun de leur côté produit des catalogues d'étoiles. De l'antiquité grecque nous sont parvenus le catalogue créé par Timocharis et Aristillus, qui tous deux vivaient à Alexandrie vers le IIIe siècle avant notre ère, celui compilé par Hipparque, cent cinquante ans plus tard, puis le fameux *Almageste* de Ptolémée, au IIe siècle de notre ère. Au Moyen-âge, les catalogues les plus célèbres sont l'œuvre de l'astronome arabe Al-Battani au IXe siècle, et de l'émir de Samarcande, Ulugh Beg, au XVe siècle.

On considère généralement que le premier catalogue « moderne » est celui de l'astronome allemand Johann Bayer qui publia en 1603 son *Uranometria*, le premier atlas astronomique couvrant toute la voûte céleste et où les étoiles étaient rangées par constellations. Comme nous l'avons mentionné plus haut, c'est

Charles Messier le furet des comètes qui décida de dresser à partir de 1770 le premier catalogue d'astres diffus du ciel. À cela, une bonne raison : quand il avait commencé à chasser les comètes, il avait par erreur confondu la nébuleuse du Crabe avec la comète de Halley.

Son catalogue, destiné donc aux chasseurs de comètes, était un catalogue d'objets diffus, compatibles avec l'aspect d'une comète, mais immobiles par rapport aux étoiles et dont la nature était inconnue. C'est ainsi que la nébuleuse du Crabe, le premier objet de son catalogue, est couramment citée aujourd'hui sous le matricule M 1. La première édition du catalogue de Messier comportait 45 objets alors que le catalogue final, publié en 1784 en comprenait 103. D'autres objets, découverts postérieurement par Messier et son assistant, Pierre Méchain, seront ajoutés bien plus tard au catalogue sous les matricules de M 104 à M 110.

La nébuleuse du Crabe

C'est le vestige d'une supernova ayant explosée voici un peu plus de sept mille ans. La formidable bouffée de lumière que l'explosion avait alors suscitée a atteint la Terre en 1054, comme en témoignent les chroniques chinoises et arabes. L'analyse des textes historiques atteste que la supernova à l'origine de la nébuleuse du Crabe est sans doute apparue en avril ou au début de mai 1054. Elle avait alors atteint un éclat qui en faisait l'astre le plus lumineux du ciel, à l'exception du Soleil et de la Lune. Pendant plusieurs mois, elle était suffisamment lumineuse pour être visible en plein jour. La supernova est restée observable à l'œil nu pendant environ deux ans. Le vestige nébuleux de cette supernova a été observé pour la première fois en 1731 par John Bevis, médecin anglais et astronome amateur. Il a été ensuite étudié en 1758 par Charles Messier qui en a fait le premier objet de son fameux catalogue. Son nom usuel remonte aux années 1840, après que William Parsons, troisième comte de Rosse, l'ait observé depuis son château de Birr, en Irlande, avec un télescope doté d'un miroir d'un diamètre de près de 2 m, considéré à l'époque comme gigantesque. Il en avait fait alors un dessin qui épousait vaguement les traits d'un crabe. Située à plus de 6 000 a.l dans la constellation du Taureau, la nébuleuse du Crabe est une brillante nébulosité filandreuse, d'un diamètre de 11 a.l.

Le catalogue de Messier est bel et bien la première compilation consacrée aux objets non stellaires du ciel profond. Si l'on excepte quelques oublis, ce travail était remarquable puisqu'il répertoriait presque toutes les nébuleuses, les galaxies et les amas d'étoiles visibles depuis l'Europe avec les modestes instruments de l'époque. Il reste quand même assez piquant de constater que le plus connu parmi les catalogues d'objets célestes non stellaires, le seul qui porte le nom d'un français, n'était pour son auteur qu'une énumération de leurres !

Les catalogues plus récents sont des outils professionnels, même si l'astronomie amateur continue d'y tenir une place non négligeable, apportant son quota d'informations. L'astronomie est ainsi un des rares domaines scientifiques où les non professionnels continuent à jouer un rôle indispensable et complémentaire de celui des chercheurs. Bien des découvertes récentes, concernant par exemple des astéroïdes ou des supernovas, ont été le fait d'astronomes amateurs…

Combien d'étoiles dans la Galaxie ?

Pas question bien sûr de les compter une par une. Non pas qu'il y en ait trop, mais parce que leur éclat est en général beaucoup trop faible, donc impossible à détecter même avec les meilleurs télescopes, sauf dans le cas des plus proches. Pour obtenir une première estimation du nombre d'étoiles dans la Galaxie, nous vous proposons d'en évaluer la masse, puis de diviser ce résultat par la masse moyenne d'une étoile. Mais comment « peser » la Voie lactée ?

Compter les étoiles…

> Les astronomes ont adopté des unités spécifiques beaucoup mieux adaptées aux grandeurs vraiment astronomiques qu'ils manipulent. Nous avons déjà coudoyé leurs unités de longueur : l'unité astronomique et l'année-lumière. Comme étalon de masse, les astronomes utilisent la masse solaire, symbole $M_\odot$ ($1\ M_\odot = 1{,}99\ 10^{30}$ kg) et comme étalon de luminosité (ou de puissance rayonnée), la luminosité solaire, symbole $L_\odot$ ($1\ L_\odot = 3{,}86\ 10^{26}$ W).

Les astronomes se sont rendu compte que toute notre galaxie est animée d'un vaste mouvement giratoire, chaque étoile tournant autour du centre. Connaissant la période de rotation d'une étoile située à une distance *D* du centre galactique, des calculs assez simples permettent de mesurer la masse totale de toute la portion de la Galaxie contenue dans une sphère de rayon *D*. En procédant ainsi pour les étoiles les plus distantes, il a été donc possible de « peser » toute la Galaxie. Des études récentes, menées avec plus de deux mille étoiles situées loin du centre de la Voie lactée ont conduit une équipe internationale d'astrophysiciens à annoncer en 2008 que la masse contenue dans un rayon d'environ deux cent mille années-lumière autour du centre galactique est de l'ordre de mille milliards de masses solaires.

Mais attention ! N'en déduisez pas pour autant que la Galaxie compte plus de mille milliards d'étoiles ! En effet, les astrophysiciens se sont peu à peu persuadés que, dans notre galaxie, la plus grande partie de la matière pesante n'est pas dans les étoiles… Mais alors, sous quelle forme se trouve le plus gros de la masse de la Galaxie ?

Serait-ce du gaz interstellaire ? Certes, il y en a, mais pas assez… Serait-ce des étoiles avortées, trop peu massives pour briller par elle-même ? Même réponse… En fait, cette entité pesante, nous ne savons pas du tout ce que c'est. Pire, nous ne savons même pas si elle existe vraiment, pour peu que les lois de la gravitation à grande échelle ne soient pas celles que nous connaissons ! Une fois toutes ces précautions prises, nous pouvons quand même attester que la communauté scientifique est prête à accepter l'idée que le plus gros de notre Voie lactée est constitué d'une substance de nature certes inconnue, mais qui a déjà un nom, celui de matière noire. Nous l'avons déjà évoquée à propos de l'énigme Pioneer et nous ne manquerons pas de la remettre sur le tapis.

Revenons à notre question initiale sur le nombre d'étoiles dans notre univers-îles. Voici donc l'état des lieux…

- Masse totale de la Galaxie : mille milliards de masses solaires.
- Masse moyenne d'une étoile : une fraction de masse solaire, mais quelle fraction ? Le problème, ce sont les étoiles de petites masses, sans doute très nombreuses, mais dans quelle proportion ? Sans prendre trop de risque, nous proposons que la masse moyenne d'une étoile tourne autour d'une demi-masse solaire.
- Proportion de matière noire dans la Galaxie : assurément, c'est la plus grande inconnue ! C'est là qu'il nous faut prendre quelques risques. Mouillons-nous donc en admettant que l'ensemble de notre galaxie contient 90 % de matière noire…

Au bout du compte, nous obtenons deux cents millions d'étoiles. Mais comme vous l'avez bien compris, c'est vraiment une estimation à la louche, disons à un bon facteur deux près…

Une spirale sans fin

La masse de la Galaxie est donc des plus incertaines, mais par contre, sa morphologie nous est assez bien connue. Pourtant, faire partie d'une galaxie n'offre pas le point de vue le plus facile pour en apprécier les contours ; il vaudrait bien mieux être à l'extérieur. Nous avons donc une vue très partielle de notre univers-île. Non seulement en raison de notre situation en son sein, mais aussi parce que notre vision est limitée par les poussières interstellaires qui absorbent une bonne partie du rayonnement dans les longueurs d'onde de la lumière visible.

Notre situation est donc comparable à celle qui serait la nôtre si nous résidions dans une maison dont nous voudrions bien savoir à quoi elle ressemble, mais sans avoir la possibilité d'en sortir. Bien sûr, en regardant par la fenêtre, nous pouvons toujours postuler que les bâtisses que nous découvrons alentour ressemblent à la nôtre. De même, par la fenêtre de notre galaxie, nous contemplons bien d'autres univers-îles. Nous détaillerons au chapitre suivant les critères que les astronomes ont retenus pour classer toutes les galaxies qui peuplent l'Univers. Contentons-nous maintenant de rechercher ces critères dans notre Voie lactée pour que nous puissions en déterminer le type.

« De même, par la fenêtre de notre galaxie, nous contemplons bien d'autres univers-îles.

Premier indice, cette bande laiteuse barrant toute la voûte céleste et d'où notre galaxie tire son nom. Contempler la Voie lactée à l'œil nu, loin de toutes lumières artificielles, quand l'air est pur et la nuit sans Lune est un spectacle vraiment fascinant. Armé d'une simple paire de jumelles, tout un chacun peut alors constater sans peine, comme Galilée en 1610, que la Voie lactée se résout en myriades d'étoiles. Vous pouvez même constater, comme Herschel l'avait fait en tirant parti de ses comptages d'étoiles, que nous semblons nous trouver au centre d'une structure aplatie. Or l'astronome le plus fameux du

XVIIIe siècle avait à la fois raison et tort ! Raison, car nous faisons bien partie d'une vaste construction lenticulaire ; tort, car nous ne nous trouvons pas en son centre, tant s'en faut.

Dans le domaine visible, la Voie lactée nous donne certes l'impression d'être une grande structure plate dont nous occupons à peu près le centre. C'est un effet de l'absorption interstellaire qui nous empêche de voir les étoiles situées à plus de dix mille années-lumière de nous. Du coup, le voisinage du Soleil nous semble bien former un disque dont nous occupons le centre. Mais il nous suffit d'observer la même Voie lactée dans l'infrarouge, domaine spectral bien moins sensible à l'absorption des poussières interstellaires, pour nous rendre compte que notre galaxie est un vaste disque d'étoiles, vu par la tranche, doté d'un renflement central, et que nous nous situons à sa périphérie.

Vue panoramique de toute la voûte céleste bâtie à partir du catalogue d'étoiles produit par le balayage 2MASS (*Two Microns All Sky Survey*, balayage du ciel à deux microns) menée dans l'infrarouge proche. Les millions d'étoiles ainsi représentées témoignent de la très haute densité d'étoiles le long du plan de la Voie lactée qui se renforce jusqu'au bulbe central. Le plan est strié de bandes de poussières interstellaires qui dans le domaine visible bloqueraient l'observation de la plus grande partie de la Galaxie. Les deux galaxies compagnons de la Voie lactée, les grand et petit nuages de Magellan, se détachent en bas à droite de l'image. (Voir cahier couleur.)
© 2MASS/J. Carpenter, M. Skrutskie, R. Hurt.

Puisque notre Galaxie présente une structure aplatie en forme de disque, il ne s'agit donc pas d'une elliptique, ce que confirme la présence en son sein de nuages interstellaires de gaz et de poussières dont on sait que les elliptiques sont dépourvues. De plus, comme les observations radio l'ont attesté depuis des décennies, la Voie lactée est gratifiée de bras spiraux s'enroulant autour des régions centrales.. Ces bras spiraux émergent-ils d'une zone plus ou moins circulaire ? Se développent-ils plutôt à partir d'une barre, vaste structure allongée barrant les régions centrales ? Cette question, qui a agité les spécialistes pendant des lustres, semble aujourd'hui réglée. Notre galaxie est bel et bien une spirale barrée.

Vue d'artiste de la Voie lactée bâtie à partir des données collectées dans l'infrarouge par le télescope spatial Spitzer. (Voir cahier couleur.) © NASA/JPL - Caltech.

Trois ensembles distincts s'enchevêtrent pour constituer notre Voie lactée, ou du moins sa fraction faite d'étoiles :

– un disque d'étoiles (rayon : 60 000 a.l, épaisseur : 1 000 a.l), dont la population stellaire comprend des étoiles jeunes et massives à courte durée de vie. Témoignant du passage d'ondes de gravité qui balayent le disque, ces étoiles massives, donc très lumineuses, soulignent la structure en bras spiraux ;
– un bulbe central (rayon : 6 000 a.l) dont la population stellaire est plus âgée que celle du disque ;
– un halo (rayon : 65 000 a.l) dont la population stellaire n'est faite que de très vieilles étoiles.

Le tout est immergé dans un vaste halo de matière noire, d'un rayon de plus de deux cent mille années-lumière, dont la masse s'élève à 90 % de la masse totale de la Galaxie.

Touche finale de ce portrait : toutes les étoiles de la Galaxie tournent autour de son centre, celles du disque ayant des orbites assez circulaires. Le Soleil, qui se situe à vingt-cinq mille années-lumière du noyau central, fait le tour de la Voie lacté en 220 millions d'années…

Comment évoluent les étoiles ?

Nous vous avons fait assister au premier chapitre à la naissance du Soleil par effondrement sur lui-même d'un fragment de nuage interstellaire. Le scénario que nous vous avions alors présenté vaut pour toutes les étoiles du disque, des plus petites aux plus massives. Nous vous avons aussi décrit ce que seront les phases finales de notre étoile, avec son tumultueux retour d'âge et la fin de son évolution sous la forme d'une naine blanche pas plus grosse que la Terre. Mais là, attention ! Seules les étoiles d'une masse assez faible comme le Soleil suivent le même chemin évolutif. Les phases finales des étoiles massives, disons plus de huit masses solaires, sont bien plus cataclysmiques.

Le **plasma** est un état de la matière caractérisé par une forte température telle que les atomes ont perdu tout ou partie de leurs électrons. Ses propriétés sont déterminées par les interactions électromagnétiques entre ses constituants. Ce quatrième état de la matière est fort rare sur Terre ; il ne se rencontre que dans le feu et les flammes. Mais c'est dans cet état que se trouve la très grande majorité des astres de l'univers, à commencer par les étoiles et une bonne fraction du milieu interstellaire.

Prenons par exemple le cas d'une belle étoile affichant une masse de vingt masses solaires lors de sa formation. Comme toutes les étoiles, c'est une boule de gaz dont les atomes ont perdu leurs électrons. Glissons-nous à l'intérieur. Isolons par la pensée un petit volume de ce plasma. Quelles forces agissent sur ce morceau d'étoile ? La gravité répondez-vous, et vous avez raison. Mais comme ce fragment ne repose sur aucune surface solide, il ne peut que se précipiter vers le centre, et avec lui, toute autre cellule qu'il vous plairait d'envisager. À peine formée, l'étoile devrait donc s'écrouler sur elle-même !

Les **neutrinos** sont des particules élémentaires dont Wolfgang Pauli avait postulé l'existence dès 1930 pour décrire la désintégration β^+, mais qui ne furent formellement détectés qu'au cours des années 1950. Dotés d'une masse minuscule, les neutrinos, dépourvus de charge électrique et ne se soumettant pas non plus à l'interaction forte, ne participent qu'à l'interaction faible, ce qui leur permet de traverser les milieux matériels, même les plus denses, avec une très faible probabilité d'interaction.

Et pourtant, les étoiles existent ! Il faut donc qu'une force s'exerce sur notre petit morceau d'étoile pour s'opposer à la gravité. Mais laquelle ? Comme toute étoile qui se respecte, son cœur est le siège de températures et de pressions telles que des réactions de fusion s'amorcent spontanément entre les noyaux des atomes. Au sein de ce réacteur thermonucléaire, comme dans le Soleil, la première réaction qui s'ébauche est la fusion des noyaux d'hydrogène pour produire de l'hélium, à raison d'un noyau d'hélium à partir de quatre noyaux d'hydrogène. Rappelez-vous : le noyau d'hélium est moins massif que les quatre noyaux d'hydrogène réunis. La différence de masse est très faible, mais en vertu de la formule $E = mc^2$, un petit peu de masse, c'est beaucoup d'énergie…

Les interactions fondamentales

Au nombre de quatre (par ordre alphabétique : l'électromagnétique, la faible, la forte, la gravitationnelle), les interactions fondamentales permettent d'expliquer tous les processus physiques, chimiques ou biologiques connus. Dans une échelle d'intensité où l'interaction forte vaudrait 1, l'interaction électromagnétique vaudrait 10^{-2}, la faible 10^{-5} et la gravitationnelle 10^{-39}. On explique les interactions fondamentales par l'échange de particules messagers, comme le photon, le vecteur de l'interaction électromagnétique. Les interactions électromagnétique et gravitationnelle sont à longue portée, leurs messagers sont de masse nulle et de charge électrique nulle. Les interactions forte et faible, à très courtes portées, demeurent confinées au sein des noyaux d'atome. Elles sont caractérisées par des messagers massifs, voire chargés. La théorie qui décrit l'interaction gravitationnelle est la relativité générale, celle qui décrit les trois autres est le modèle standard de la physique des particules.

L'interaction forte. C'est une force qui agit sur les quarks, les particules élémentaires à partir desquelles sont formés les protons et neutrons qui constituent les noyaux des atomes. Elle lie entre eux les protons, particules chargées électriquement, dont elle combat la mutuelle répulsion. Sans elle, l'univers ne serait qu'un brouillard de particules.

L'interaction électromagnétique. C'est une force répulsive ou attractive qui intervient entre tous les objets porteurs d'une charge électrique. Deux objets porteurs de charges électriques du même signe se repoussent, deux objets porteurs de charges électriques de signes opposés s'attirent. L'interaction électromagnétique permet la cohésion des atomes en liant les électrons, porteurs d'une charge électrique négative, et les noyaux atomiques, chargés positivement. Cette même liaison permet de combiner les atomes en molécules. L'interaction électromagnétique rend donc possible les réactions chimiques et du coup elle permet d'expliquer la biologie. Elle est enfin à l'origine des ondes électromagnétiques, des ondes radio aux rayons gamma, en passant par la lumière visible. L'interaction électromagnétique est à la base de presque tous les phénomènes de la vie de tous les jours, de la lampe de poche à la radiographie, en passant par la boussole et la télévision.

L'interaction faible. C'est une force qui agit sur toutes les particules, neutrinos compris. Responsable de la désintégration β^+ (changement d'un proton en neutron avec émission d'un positon et d'un neutrino), elle permet les réactions nucléaires qui sont la source d'énergie du Soleil et des étoiles.

L'interaction gravitationnelle. C'est une force attractive qui agit sous toute forme de masse (et donc d'énergie) et dont les effets ne sont perceptibles que lorsque des objets assez massifs sont en jeu.

L'interaction gravitationnelle est ainsi responsable de la pesanteur terrestre, des marées et des mouvements des astres.

Bien que de même nature que les autres composantes du rayonnement électromagnétique, les rayons gamma sont plutôt considérés comme des particules, les photons gamma, caractérisées par leur énergie exprimée en électron-volt (1 eV = 1,6 10^{-19} joules).

L'énergie que produisent les réacteurs stellaires est surtout relâchée sous forme de neutrinos et de photons du domaine gamma. Les neutrinos se propagent dans l'étoile sans autre forme de procès. Par contre, au sein de ce milieu fait de particules électrisées, les photons gamma vont d'interactions en interactions. Sans cesse absorbés puis réémis, les photons issus du cœur perdent ainsi peu à peu leur énergie en cheminant vers l'extérieur. C'est aussi le cas au sein même du morceau d'étoile que nous avons isolé par la pensée. Dans ce petit volume, comme dans tous les autres, les photons relâchent l'énergie qu'il faut pour contrebalancer l'action de la gravité. Tant que durent les réactions nucléaires, la stabilité de l'étoile est assurée.

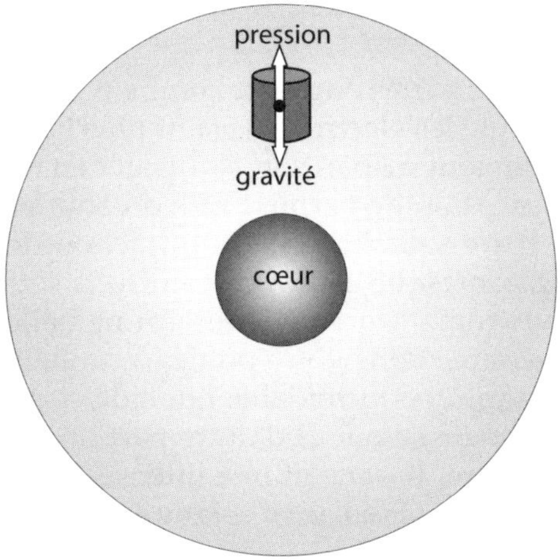

Un petit morceau d'étoile que l'on isole par la pensée est en équilibre sous l'action de deux forces antagonistes : la gravité, qui le fait tomber vers l'intérieur, la pression des rayonnements issus du cœur, qui le repousse vers l'extérieur.

Et notre étoile témoin ? Nous l'avons choisie assez massive pour que son cœur abrite un enchaînement de réactions de fusion qui, pour la plupart, ne peuvent pas se dérouler au sein du Soleil, faute de conditions physiques (température, pression) adéquates. Tout commence donc avec la fusion de l'hydrogène et la synthèse de l'hélium. C'est l'étape la plus longue : environ dix millions d'années. Démarre ensuite la synthèse du carbone. Puis les fusions s'enchaînent, produisant des noyaux de plus en plus complexes. Quand s'amorce la synthèse du fer, les conditions physiques au sein du cœur favorisent une série de phénomènes qui se conjuguent pour précipiter la fin catastrophique de l'étoile :

- Les réactions nucléaires produisent de plus en plus de neutrinos. Ces derniers, qui ne se soumettent qu'à l'interaction faible, traversent l'étoile sans coup férir en emportant une quantité croissante d'énergie qui ne peut plus être utilisée pour compenser la gravité.
- Les photons consomment leur énergie à désintégrer les noyaux de fer à peine formés. Il leur reste de moins en moins de force pour interagir avec le plasma et contribuer à l'équilibre de l'étoile.
- Électrons et protons se soumettent à l'interaction faible pour former des neutrons.

L'équilibre radiatif ainsi rompu, le cœur s'écroule sur lui-même, d'autant plus vite que les électrons ne sont plus là pour s'opposer à l'écrasement. Avant leur disparition, ils étaient en mesure d'exercer une pression, la pression de Fermi. Privé du soutien de cette pression, le cœur stellaire s'effondre en une fraction de seconde. Il se forme alors un gigantesque caillot de neutrons soumis un niveau de compression extrême. Comme le ferait une balle de tennis que vous auriez comprimée dans votre poing, ce milieu hyperdense se détend en produisant une formidable onde de choc qui d'une part disperse l'enveloppe de l'étoile et d'autre part lui communique une très haute température. Il s'ensuit une intense émission lumineuse (un milliard de luminosités solaires), signe évident d'une explosion de supernova gravitationnelle.

Le seul résidu qui subsiste est une étoile à neutrons, astre dont les mensurations témoignent à jamais de la violence inouïe qui l'a formée. La taille, toute petite (environ quinze kilomètres de rayon), celle d'un banal astéroïde. Sa masse (entre une et deux masses solaires), celle d'une étoile. Par contre, dans le cas d'étoiles encore plus massives, la masse du caillot de neutrons dépasse une certaine valeur critique (deux à trois masses solaires) au-delà de laquelle même la pression de Fermi qu'exercent les neutrons n'est plus en mesure de s'opposer à l'effondrement. Rien n'arrête plus la contraction du cœur qui se poursuit jusqu'au point où son rayon devient égal à son rayon de Schwarzschild. Le cœur s'est effondré en un trou noir dont la masse vaut de trois à dix masses solaires.

> Au sein d'objets de densité extrême, les électrons refusant de laisser réduire leur espace vital exercent une résistance à la compression - une pression - dite **pression de Fermi**. La caractéristique essentielle de la pression de Fermi est de ne pas dépendre de la température, à la différence d'un gaz classique dont la pression est proportionnelle à la température.

Quand il se produit une explosion de supernova, la plus grande partie de l'étoile est donc violemment expulsée. Toute cette matière se retrouve dans l'espace où, le temps passant, elle va peu à peu se mélanger à tout le milieu interstellaire. Ce dernier se trouve ainsi enrichi de tous les nouveaux éléments, du carbone au silicium, que l'étoile avait patiemment élaborés en son cœur, tout au long des phases calmes de son évolution. Mieux encore, les conditions physiques qui prévalent dans les premiers instants d'une explosion de supernova sont réputées propices à l'élaboration d'autres éléments, du fer jusqu'à l'uranium, en passant par l'or et le plomb qui vont aussi se retrouver dispersés partout dans le milieu interstellaire.

> Le **rayon de Schwarzschild** est la limite d'un astre en deçà duquel aucune force ne peut plus contrecarrer la contraction gravitationnelle. Pour un astre d'une masse égale à celle du Soleil, ce rayon vaut 3 km.

Notre galaxie, comme toutes celles où la formation d'étoiles est en plein boum, est donc un organisme en perpétuelle évolution. Elle s'enrichit peu à peu de tous les trésors forgés dans les creusets stellaires, qui finissent un jour par se retrouver dans un nuage proto-stellaire. C'est bien ce qui s'est produit voici un peu plus de quatre milliards d'années, quand le Soleil s'est formé, et avec lui son cortège de planètes. Du coup, ces dernières, et donc la Terre, sont toutes condensées avec une bonne pincée de ces poussières d'étoiles.

Tout l'Univers dans un verre d'eau...

Rendez-vous compte qu'en buvant de l'eau, composée d'hydrogène et d'oxygène, vous absorbez un peu de *Big-Bang* – l'hydrogène qui a été créé dans les premiers instants de l'Univers – , et un peu d'étoile – l'oxygène synthétisé dans le cœur des étoiles massives.

$2,37 \times 10^{17}$ km

25 000 a.l

Un trou noir géant au cœur de la Voie lactée ?

Le Soleil évolue à environ vingt-cinq mille années-lumière du centre de notre galaxie, la Voie lactée. Une broutille pour les télescopes modernes, à un détail près : le cœur de la Voie lactée se dissimule derrière un écran de matière interstellaire. Son épaisseur cumulée ne dépasse pas celle d'une feuille de carton. C'est assez toutefois pour empêcher toute observation dans le visible, domaine où le regard bénéficie du soutien des plus puissants télescopes, au sol comme dans l'espace. Comment alors vérifier si le centre galactique abrite un trou noir massif, comme l'ont suggéré les astronomes anglais Donald Lynden-Bell et Martin Rees dès le début des années 1970 ?

La solution : mener des observations dans les ondes radio et dans l'infrarouge, deux domaines spectraux où le rayonnement s'affranchit de l'écran interstellaire. Connue dès les années 1930, l'émission radio du centre galactique est désormais bien disséquée. Les radioastronomes sont en effet passés maîtres en interférométrie, le procédé le plus efficace pour mener des observations à très haute résolution angulaire. C'est ainsi qu'en combinant les informations recueillies par les vingt-sept radiotélescopes du VLA (*Very Large Array*, très grand réseau), le plus grand interféromètre radio actuellement en service, les radioastronomes ont produit une image très détaillée des régions les plus centrales de la Voie lactée.

Au centre de l'image, une radiosource diffuse très brillante. C'est la plus intense de la constellation du Sagittaire, d'où son nom : Sgr A. Grâce à l'extraordinaire acuité du VLA, les radioastronomes ont repéré au sein de Sgr A un point brillant, une radiosource qu'ils ont dénommée Sgr A*, l'astérisque qui agrémente son nom évoquant son apparence ponctuelle.

Première constatation : la position de Sgr A* sur la voûte céleste coïncide avec celle du centre dynamique de la Galaxie, point autour duquel pivotent toutes les étoiles de la Voie lactée. En dépit de son excellent pouvoir séparateur, le VLA n'a pas pu mesurer l'étendue de Sgr A*. Pour y parvenir, il a fallu mener des observations radio avec une résolution angulaire bien meilleure, celle que permet l'interférométrie à très longue base dans les bandes radio millimétriques. Le résultat est alors saisissant. En témoignent les observations récentes qui confèrent à Sgr A* un diamètre apparent de cent millionièmes de seconde d'arc : la radiosource s'étend donc sur moins d'une unité astronomique, soit moins de 150 millions de kilomètres !

Mieux encore : ces observations radio montrent que la vitesse relative de Sgr A* et du centre galactique est inférieure à vingt kilomètres par seconde. Comment Sgr A* peut-elle demeurer aussi immobile, alors que des étoiles alentour circulent à plus de mille kilomètres par seconde ? Une seule solution : l'objet céleste qui produit cette émission radio doit être bien plus massif qu'une simple étoile. Pour être aussi solidement ancré au centre de la Galaxie, il doit avoir une masse bien supérieure à mille masses solaires.

Beaucoup moins sensible à l'écran interstellaire que la lumière visible, le rayonnement infrarouge signale a priori la présence d'étoiles froides, donc très rouges. Les plus lumineuses sont des géantes rouges, étoiles à l'enveloppe distendue par les convulsions de leur cœur. Il est même possible de discerner dans le proche infrarouge des étoiles massives, qui rayonnent certes surtout dans le bleu, mais dont l'indicible éclat compense leur inaptitude à briller dans l'infrarouge.

Grâce à une caméra infrarouge de nouvelle génération, une équipe internationale a produit une série d'images à très haute résolution de Sgr A*. En comparant les images prises à des années d'intervalle, ces astronomes ont constaté que certaines étoiles proches de Sgr A* se déplacent à très grande vitesse, jusqu'à 1 600 kilomètres par seconde. Pour expliquer de telles vitesses, la seule solution est d'invoquer la force gravitationnelle que susciterait un objet de très grande masse, de plus de trois millions de masses solaires, confinée dans un petit volume au centre même de la Galaxie.

Attention au trou noir !

Une telle masse dans un volume si réduit signe-t-elle à coup sûr la présence d'un trou noir super-massif ? Sans aucun doute, car les autres hypothèses ne résistent pas à l'analyse. Pas question par exemple de mettre en avant un gros amas d'étoiles « normales » : ce serait une éclatante source infrarouge, dont on ne voit pas la moindre trace. Un amas d'étoiles effondrées (étoiles à neutrons ou trous noirs d'origine stellaire) ne produirait rien dans l'infrarouge. Mais les spécialistes prédisent qu'un tel amas est instable et qu'il doit s'effondrer en un trou noir super-massif au bout de seulement cent millions d'années, un laps de temps bien inférieur à l'âge de la Galaxie (plus de dix milliards d'années). Tout concourt donc à postuler que le centre galactique abrite un trou noir super-massif, dont la masse serait de plus de trois millions de masses solaires, et dont Sgr A* serait la manifestation dans le domaine des ondes radio.

$1{,}7 \times 10^{18}$ km

180 000 a.l

Les nuages de Magellan, prochain repas ?

Les nuages de Magellan sont deux galaxies naines irrégulières qui appartiennent au Groupe local. Ce sont les seules galaxies visibles à l'œil nu de l'hémisphère sud. La première mention connue du Grand Nuage de Magellan, sous le nom d'Al Bakr (le bœuf blanc) est due à l'astronome perse Al-Soufi en 964 qui l'observa depuis le Yemen. Il faut attendre le début du XVIe siècle pour en trouver mention en Europe. Même si Amerigo Vespucci l'a semble-t-il observé, l'identification formelle est due à Fernao de Magalhaes (Magellan) au cours de son voyage de 1519 à 1512, ce qui allait donner leur nom à ces deux galaxies, situées à environ 200 000 a.l pour le Petit Nuage et à 160 000 a.l pour le Grand. Il faudra attendre le XXe siècle et Edwin Hubble pour que l'on comprenne qu'il s'agissait bien de deux petits spécimens de ces univers-îles chers à Kant. Sensiblement plus petit que la Voie lactée, le Grand Nuage comprend environ vingt milliards d'étoiles et le Petit, deux milliards. En 1987, le Grand Nuage de Magellan a été le site d'une explosion de supernova, événement rarissime à l'échelle de la vie humaine dans un environnement aussi proche.

Des observations récentes ont tordu le cou à l'idée qui a longtemps prévalu que les Nuages de Magellan étaient des galaxies satellites de la nôtre : leur vitesse est trop grande pour cela. Il semblerait donc que ces deux galaxies naines ne fassent que passer au voisinage de la Voie lactée. Ces constatations, si elles sont confirmées, modifient sensiblement la perception que nous avions de ces deux galaxies irrégulières : si les Nuages de Magellan ne sont pas des satellites de notre Galaxie, cela pourrait signifier par exemple que certaines distorsions de la Voie lactée ne sont pas dues aux passages répétés de ces deux petites galaxies, comme on le pensait jusqu'alors. La traînée diffuse de matière que l'on repère dans le sillage des deux nuages s'expliquerait bien avec les seules forces de marée qu'exercerait la Voie lactée. En tout état de cause, il semble exclu que la Voie lactée absorbe un jour les deux Nuages.

$2{,}37 \times 10^{19}$ km

2 500 000 a.l

Une collision avec Andromède ?

M 31, la galaxie d'Andromède, est l'autre grande galaxie spirale du Groupe local. C'est la seule galaxie réellement visible à l'œil nu depuis notre hémisphère. Comme pour le Grand Nuage de Magellan, l'astronome perse Al-Soufi en a fait mention dès 964, mais c'est l'astronome allemand Simon Marius qui, en 1612, en a fait la première description à l'aide d'une lunette astronomique. Malgré sa relative proximité, sa distance est restée longtemps imprécise. Aujourd'hui, les spécialistes s'accordent sur un éloignement un peu supérieur à 2,5 millions d'années-lumière.

Les estimations de la vitesse radiale de la galaxie d'Andromède sont assez précises pour suggérer que les deux univers-îles s'approcheraient l'un de l'autre à plus de cent kilomètres par seconde. Ils pourraient ainsi entrer en collision dans quelques milliards d'années. Cette rencontre annoncée reste pour l'instant sujette à caution, dans la mesure où nous ne mesurons avec précision que la composante radiale de la vitesse relative de M 31 par rapport à notre galaxie. Comme sa vitesse tangentielle est bien plus difficile à estimer, il n'est pas certain que les deux galaxies entre un beau jour en collision.

Ayant défini la ligne de visée comme une ligne droite imaginaire reliant un observateur et un objet céleste donné, la **vitesse radiale de l'objet** en question est la composante de sa vitesse mesurée le long de la ligne de visée. Elle est négative si l'objet s'approche de l'observateur et positive s'il s'en éloigne. L'autre composante, la **vitesse tangentielle**, est la composante de la vitesse de l'objet céleste mesurée perpendiculairement à la ligne de visée.

Nous reviendrons au chapitre suivant sur ces collisions de galaxies qui, dans l'Univers, sont d'ailleurs la norme plutôt que l'exception. La raison en est que les galaxies sont finalement très proches les unes des autres comparativement à leur taille. M 31 se trouve ainsi à une distance de notre Galaxie d'environ vingt fois son diamètre. Par contre, quand deux galaxies se rencontrent, leurs étoiles passent les unes à côté des autres sans jamais se heurter de front.

La raison en est facile à comprendre : le Soleil et son cortège planétaire pris dans sa totalité, qui est déjà un ensemble « plein de vide », a une taille d'environ dix heures-lumière, alors que l'étoile la plus proche du Soleil se situe à plus de quatre années-lumière… La probabilité que deux étoiles se frôlent d'assez près pour entrer en collision est donc infime. Du coup, si rencontre il y a entre M 31 et la Voie lactée, l'événement prendra plutôt l'aspect d'une gigantesque interpénétration, avec des effets collatéraux, du style « flambée de formation d'étoiles », que nous retrouverons lors de la prochaine étape de notre périple.

Au bout du compte, il se peut même que la rencontre de notre galaxie avec celle d'Andromède aboutisse à la fusion des deux univers-îles. On parle alors de coalescence qui pourraient alors, à la longue, former une galaxie unique plus grande, une galaxie elliptique géante, par exemple. En fait, le résultat final d'une fusion de galaxies dépend de beaucoup de paramètres. C'est ainsi que dans le cas où l'une des deux galaxies est beaucoup plus grande que l'autre, on parle plutôt de « cannibalisme galactique ». La plus grande ne subit que peu de changements apparents alors que la plus petite est littéralement « digérée » par l'autre. Il est ainsi possible que la Voie lactée soit en train d'absorber deux de ses plus proches compagnons, à savoir les galaxies naines du Sagittaire et du Grand Chien.

Arp 87, une paire de deux galaxies interagissant l'une avec l'autre, photographiée en février 2007 par le télescope spatial Hubble. (Voir cahier couleur.) © NASA.

Vivre ailleurs : la détection des planètes extrasolaires

L'existence d'exoplanètes (ou planètes extrasolaires), c'est-à-dire de planètes orbitant autour d'autres étoiles que le Soleil, n'a pu être attestée que très récemment, les techniques d'observation ne permettant pas leur détection jusque-ici. La détection d'exoplanètes présente en effet plusieurs difficultés majeures : d'abord la taille des objets recherchés, compte tenu de la distance à laquelle ils se trouvent, mais aussi leur faible luminosité, en regard de celle des astres à côté desquels ils se situent.

Les **pulsars** sont des étoiles à neutrons dotée d'un champ magnétique extrême et qui tourne sur elle-même jusqu'à 1000 tours par seconde. Dans certaines conditions, cet intense champ magnétique tournoyant contribue à produire auprès de l'étoile un puissant rayonnement focalisé dans un étroit faisceau balayant tout l'espace alentour.

Ce n'est donc qu'en 1990 que les premières traces d'exoplanètes ont été détectées par l'astronome polonais Aleksander Wolszczan grâce à des observations menées au grand radiotélescope d'Arecibo, à Porto Rico. Il s'agissait d'objets accompagnant le pulsar poétiquement nommé PSR B1257+12...

Cinq ans plus tard, fin 1995, Michel Mayor et Didier Queloz annonçaient la détection d'une planète orbitant autour de l'étoile 51 Pegasi, un astre situé à une quarantaine d'années-lumière de la Terre. Les deux astronomes suisses avaient alors entrepris une campagne de recherche systématique d'exoplanètes en utilisant la méthode des vitesses radiales avec un spectrographe monté sur le télescope de deux mètres de l'observatoire de Haute Provence.

Aujourd'hui, plus de trois cents exoplanètes ont été répertoriées, dont une grande partie par des équipes de l'observatoire de Genève et de l'université de Californie à Berkeley.

Aujourd'hui, plus de trois cents exoplanètes ont été répertoriées.

Entamée depuis à peine plus de dix ans, la recherche des exoplanètes est aujourd'hui l'un des sujets les plus chauds de l'astronomie, et les découvertes se succèdent à un rythme difficile à suivre. En août 2004, l'équipe de Michel Mayor découvrait une planète orbitant très près de l'étoile et d'une masse de seulement quatorze fois celle de notre planète. Baptisée pour la circonstance « Vénus de Mu Arae », cette exoplanète pourrait tout aussi bien être une très grosse planète tellurique qu'une très petite gazeuse.

Début 2005, l'Eso (*European Southern Observatory*, observatoire européen austral) et la Nasa dévoilaient presque simultanément des images directes de planètes extrasolaires réalisées respectivement grâce au VLT (*Very Large Telescope*, très grand télescope) et au télescope spatial Spitzer.

Toutes ces découvertes avaient déjà entraîné la remise en cause du modèle de formation des systèmes planétaires basés sur le seul exemple du système solaire, mais le grand défi restait néanmoins l'identification de planètes ressemblant à la Terre – telluriques – et pouvant donc héberger une forme de vie…

En janvier 2006, le réseau international Planet (*Probing Lensing Anomalies NETwork*, réseau sondant les anomalies lenticulaires) annonçait la détection d'une exoplanète d'une masse cinq fois supérieure à celle de la Terre évoluant à 2,5 UA de l'étoile naine rouge joliment désignée sous le nom OGLE-2005-BLG-390L. Vu sa masse, ce pourrait bien être la première exoplanète tellurique connue.

Pour terminer ce bref tour d'horizon, quelques mots sur Gliese 581, une étoile située à 20,5 années-lumière du Soleil dans la constellation de la Balance. C'est à l'observatoire de l'Eso, à la Silla, au Chili, qu'une équipe de l'observatoire de Genève a poursuivi une intense campagne d'observation de cette pâle naine rouge. Pas moins de trois exoplanètes ont été identifiées comme orbitant autour de Gliese 581.

La plus remarquable, dont la découverte à été annoncée le 25 avril 2007, est celle portant le matricule Gliese 581 c. C'est en effet une véritable « exoterre » : à peine cinq fois plus massive que notre planète, d'un rayon une fois et demi plus grand, elle parcourt en treize jours une orbite à onze millions de kilomètres de son étoile. Cette dernière étant bien moins lumineuse que le Soleil, Gliese 581 c pourrait bien se trouver dans la zone dite « habitable »…

> Tout un chacun peut éprouver les conséquences de l'**effet Doppler** dans le cas des ondes sonores. Un son émis par un véhicule en mouvement (le signal d'un train), est perçu plus aigu ou plus grave par un auditeur donné (un passager sur le quai de la gare) suivant que le train (la source sonore) se rapproche ou s'éloigne. C'est un effet du même type qui affecte une onde lumineuse (électromagnétique), dont la longueur d'onde diminue ou s'accroît suivant que la source s'approche ou s'éloigne.

Il existe plusieurs méthodes de détection des planètes extrasolaires, sachant que la plupart des exoplanètes déjà repérées l'ont été par des méthodes indirectes, les méthodes directes étant, elles, beaucoup plus récentes.

– La méthode des vitesses radiales repose sur l'étude du spectre d'une étoile autour de laquelle on soupçonne qu'une planète est en orbite. En tournant autour de son étoile, la planète fait osciller périodiquement cette dernière, à l'instar d'un athlète lanceur de marteau dont le corps oscille en phase avec la rotation de son engin. L'oscillation de l'étoile entraîne la variation périodique de sa vitesse radiale, qui, en raison de l'effet Doppler, peut être mis en évidence en étudiant son spectre. Capables ainsi d'estimer la période d'oscillation de l'étoile, et donc la période de révolution de l'exoplanète présumée autour de son étoile, les astronomes peuvent en déduire l'orbite de la planète en question ainsi que sa masse. Mais cette méthode favorise la détection d'exoplanètes très massives et proches de leur étoile. Les exoplanètes ainsi détectées ont été le plus souvent cataloguées comme géantes gazeuses, du type de Jupiter, voire plus massives, au point que certaines d'entre elles ont même été plutôt identifiées comme naines brunes.

Lanceur de marteau en pleine action…

– La méthode du transit primaire consiste à déceler l'éventuel passage d'une planète entre son étoile et l'observateur. La variation minime de l'éclat de l'étoile signalant son occultation par la planète. Seule condition : l'observateur, la planète et l'étoile doivent se trouver à peu près dans le même plan. Du coup, les spécialistes estiment qu'une exoplanète sur vingt peut être détectée par cette méthode, à condition bien sûr de faire l'observation au moment même du transit. À noter que la méthode du transit primaire, qui présente en plus l'avantage d'estimer la taille de la planète, est celle qu'utilise la mission d'astronomie spatiale CoRoT (acronyme pour « convection, rotation et transits planétaires »), conduite sous la maîtrise d'œuvre du Cnes. Le satellite CoRoT a été lancé par une fusée Soyouz tirée du cosmodrome de Baïkonour, au Kazakhstan, le 27 décembre 2006. Avec son télescope de 30 cm, il scrute depuis un très grand nombre d'étoiles sur des durées allant jusqu'à 150 jours. Au palmarès de CoRoT, déjà une belle moisson d'exoplanètes. L'une d'entre elles, CoRoT Exo 7b, frait montre d'un diamètre de seulement deux fois celui de la Terre.
– La méthode du transit secondaire consiste à détecter la planète quand elle se trouve de l'autre côté de l'étoile. C'est en effet à ce moment-là que l'éclat de la face éclairée de la planète est maximum. Au contraire du cas précédent, le transit secondaire implique que l'observateur, la planète et l'étoile ne soient pas dans le même plan et que donc l'étoile ne masque pas la planète. Cette méthode a été mise en œuvre pour la première fois en 2003 avec le télescope spatial Hubble.
– Au chapitre suivant, nous vous détaillerons le phénomène de lentille gravitationnelle, par lequel un corps massif, placé entre un observateur et un astre distant, amplifie l'éclat de l'astre en question. Si le corps massif est une étoile, et si cette étoile lentille est accompagnée d'une planète, la présence de cette dernière perturbe le processus d'amplification de l'éclat de l'astre distant d'une manière telle qu'un observateur attentif pourra déduire certains paramètres de la planète perturbatrice. L'avantage de cette méthode tient au fait qu'elle permet de détecter une planète indépendamment de la masse de l'étoile autour de laquelle elle tourne. Notez que c'est ainsi

qu'a été détectée la planète en orbite autour de l'étoile OGLE-2005-BLG-390L.

– Condition nécessaire pour détecter directement une planète à côté d'une étoile : observer dans l'infrarouge. C'est le type même de rayonnement que produit une planète et que dispense fort mal une boule de gaz chauffée à blanc, autrement dit, une étoile. Mais les observations dans l'infrarouge sont très délicates à mener depuis la Terre et le recours à l'espace est souvent la solution. C'est ainsi qu'en menant des observations avec le télescope spatial Spitzer qui opère dans l'infrarouge, les astronomes ont détecté directement deux exoplanètes. Il s'agit certes de planètes extrasolaires déjà connues, mais ces détections attestent que les observations spatiales dans l'infrarouge sont promises à un grand avenir, surtout si on les met en œuvre dans le cadre d'une mission d'interférométrie, comme la mission Darwin que l'Esa envisage à l'horizon 2020.
– La détection directe peut également s'envisager depuis le sol. C'est ainsi que les nouvelles techniques de correction mises en œuvre au VLT, comme l'optique adaptative par exemple, ont permis récemment la détection directe d'une exoplanète. L'essor d'une véritable imagerie astronomique à haute résolution permet d'envisager la détection et l'étude d'exoplanètes de la taille de la Terre dans un avenir relativement proche.

Vers de nouveaux mondes

Nous vivons dans un immense Univers rempli de centaines de milliards de galaxies, chacune contenant des centaines de milliards d'étoiles. Aujourd'hui, nous connaissons plusieurs centaines de planètes extrasolaires. Est-ce pour autant la porte ouverte à la recherche de formes de vie extraterrestre ? Certes, aucune des exoplanètes trouvées à ce jour ne semble habitable. Il s'agit pour la plupart de géantes gazeuses, comme Jupiter. Mais dans un avenir prévisible, le perfectionnement des techniques devrait nous permettre de découvrir et même d'analyser des planètes comparables à la Terre. Découvrir de nouveaux mondes est pour l'homme un besoin profond, mais les techniques qui rendront possible cette exploration sont encore balbutiantes. Cette exploration à venir de l'espace nous pose néanmoins un certain nombre de questions :

- Qu'est-ce que ces découvertes peuvent changer pour nous ?
- Sommes-nous seuls dans l'Univers ?
- Sommes-nous prêts pour une rencontre ?
- Quel est l'intérêt du projet Seti (*Search for Extra-Terrestrial Intelligence*, recherche d'une intelligence extraterrestre) ?
- Quel est l'avenir de la Terre ?
- Est-il possible de la transplanter ailleurs ?

Mais sans attendre, il nous faut réfléchir à une éthique de l'exploration spatiale portant sur la protection de l'espace et de son environnement...

5

Un Univers de galaxies

Combien de galaxies dans l'Univers ?

Les suites du Grand Débat de 1920 étaient sans appel : notre Voie lactée n'est qu'une banale galaxie parmi les cent milliards d'autres qui peuplent l'Univers visible. Hasard des inventaires astronomiques : il y aurait donc en gros autant de galaxies dans l'Univers que d'étoiles dans la Galaxie !

L'analogie ne s'arrête d'ailleurs pas là. C'est dans les étoiles que les galaxies stockent le plus gros de leur masse visible. Nous pouvons donc dire que les étoiles sont les briques des galaxies. De même, c'est dans les galaxies que l'Univers concentre la plus grande partie de la matière qu'il renferme, qu'il s'agisse de matière classique, la matière atomique dont nous sommes faits, ou de cette mystérieuse matière noire. Les galaxies, elles, sont donc bien les briques de l'Univers.

La majorité des galaxies s'organise en ensembles plus vastes, que les astronomes désignent sous l'appellation générique de grandes structures. L'Univers à très grande échelle est ainsi fait d'une hiérarchie d'associations, avec à la base des amas de galaxies qui à leur tour se regroupent en amas d'amas ou superamas. Ces grandes structures s'arrangent en général en feuillets et filaments bordant d'immenses espaces vides.

Image du ciel profond enregistrée par le télescope spatial Hubble en visant une région de la voûte céleste située dans la constellation du Fourneau. L'image combine huit cents poses enregistrées de septembre 2003 à janvier 2004 dans une zone du ciel dont les avants plans étaient particulièrement pauvres en étoiles brillantes de notre propre galaxie pour mieux détecter les objets de plus faible éclat qui se pressent au loin. Cette image couvre un champ très réduit, celui que couvrirait un carré d'un millimètre de côté vu à un mètre ! Il faudrait presque treize millions de ces images mises bout à bout pour couvrir toute la voûte céleste. Et pourtant l'image reproduite ici contient déjà de l'ordre de dix mille galaxies. Les plus lointaines d'entre elles se trouveraient aux confins de l'Univers visible, leurs lumières se seraient donc propagées pendant plus de treize milliards d'années. (Voir cahier couleur.) © NASA.

Le diapason de Hubble

À l'instar des botanistes, les astronomes ont toujours eu l'ambition de classer les objets qu'ils découvraient dans le ciel à mesure que leurs moyens d'observation se perfectionnaient. Les galaxies n'ont donc pas échappé à cette soif de classification. L'astronomie étant une science du regard, les critères de classement sont avant tout visuels. Les galaxies ont donc été d'emblée étiquetées en fonction de leur morphologie, autrement dit, l'aspect sous lequel elles apparaissent au télescope.

Edwin Hubble

Né en 1889 à Marshfield, Missouri, mais établi plus tard dans l'Illinois, Edwin Hubble, lecteur assidu de Jules Verne, avait excellé dans sa jeunesse dans nombre de disciplines, de l'athlétisme aux mathématiques ou à l'astronomie. Après avoir aussi étudié le droit lors d'un séjour en Angleterre, Hubble s'était retrouvé en 1913 au barreau de Louisville, Kentucky. S'étant rendu compte que sa vraie passion était l'astronomie, Hubble avait alors rejoint l'observatoire Yerkes qui dépendait de l'université de Chicago. En 1917, il obtenait le titre de docteur grâce à des travaux portant sur l'étude photographique de nébuleuses très peu lumineuses. En 1919, George Hale, l'astronome américain qui avait fondé l'observatoire Yerkes, demandait à Hubble de le rejoindre à l'observatoire du Mont Wilson, à Pasadena, en Californie, pour qu'il scrute le ciel profond au moyen du tout nouveau télescope Hooker, un appareil gigantesque, doté d'un miroir d'un diamètre record à cette époque de 254 cm. Hubble a ainsi ausculté la voûte céleste jusqu'en 1942. Après avoir soutenu l'effort de guerre des États-Unis en tant que scientifique au centre d'essai d'Aberdeen dans le Maryland, Hubble a repris son métier d'astronome à l'observatoire du Mont Wilson, puis à celui du Mont Palomar, où il fut le premier utilisateur du tout nouveau télescope Hale, le plus puissant du monde à l'époque avec son miroir de 5 m de diamètre. Hubble est resté en activité jusqu'à sa mort, en 1953.

Peu de temps après avoir démontré que les galaxies étaient de gigantesques assemblages d'étoiles loin dans l'Univers, l'astronome américain Edwin Hubble avait mis au point dès les années 1920 une méthode simple de classification. Basé sur un schéma connu depuis sous le nom de séquence de Hubble, ce système de classement reste le plus utilisé de nos jours, par les astronomes professionnels comme par les amateurs. Avec son aspect de fourche à deux grandes dents allongées, ce qui lui a valu le surnom de diapason de Hubble, la classification qu'avait imaginée le père de l'astronomie extragalactique reconnaît deux grands types de galaxies.

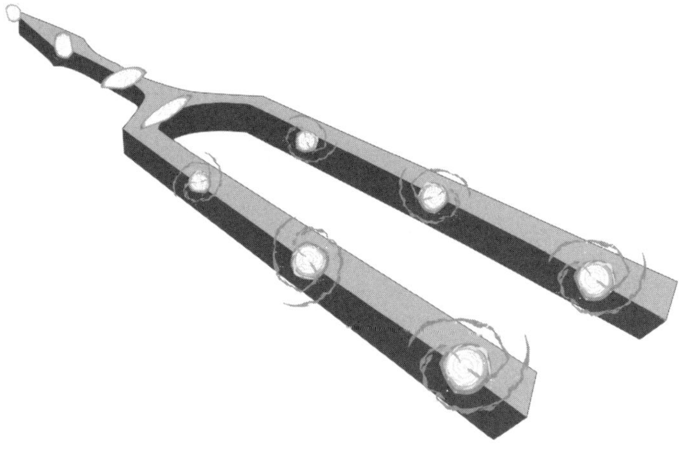

Séquence (ou diapason) de Hubble avec, dans la branche de gauche, les galaxies elliptiques, des plus sphériques aux plus aplaties, et dans les deux branches de droite, les spirales normales (en haut) et les barrées (en bas), des plus enroulées aux plus ouvertes.

– Les galaxies elliptiques ont en commun de ne laisser deviner aucune structure remarquable et d'avoir un éclat qui décroît régulièrement à partir de leur centre. Dépourvues de gaz interstellaire, les elliptiques sont aussi presque toutes de la même couleur, plus rouge que le Soleil. La séquence de Hubble désigne les elliptiques par la lettre E et les classe de 1 à 7 en fonction du rapport entre les tailles angulaires de leur grand axe et de leur petit axe, en commençant par les E0, quasiment sphériques, jusqu'aux E7, les plus aplaties.

– Les galaxies spirales se signalent par une structure prononcée faite en général de deux bras s'enroulant graduellement vers l'extérieur. Enchâssé dans un mince disque d'étoiles, ce système de bras émane d'une concentration centrale d'étoiles, le bulbe, dont l'aspect est celui d'une galaxie elliptique. Riches en concentrations de gaz interstellaire, les bras des galaxies spirales sont aussi de couleur bleue. Quant à leurs bulbes, ils sont plutôt rouge, à l'instar des elliptiques. La séquence de Hubble distingue deux catégories de spirales, les normales (désignées par la lettre S) et les barrées (désignées par le sigle SB), à savoir celles dont le renflement central présente l'aspect d'une barre. Les spirales des deux catégories sont classées en fonction du degré d'enroulement de leurs bras, des Sa (ou SBa) aux bras fortement serrés, aux Sc (ou SBc) aux bras plus ouverts.

Au point de convergence des elliptiques et des spirales des deux catégories, la séquence de Hubble place les galaxies lenticulaires, désignées S0. Ce type hybride rassemble des galaxies qui disposent d'un bulbe brillant entouré d'un disque étendu mais sans structure spiralée apparente.

La séquence de Hubble proprement dite n'inclut pas les galaxies dépourvues de structure de type ellipsoïde ou disque. Les astronomes qualifient de galaxies irrégulières (désignées par l'abréviation Irr) ces assemblages de zones lumineuses, dépourvus de symétrie apparente et de renflement central. Les spécialistes distinguent toutefois les Irr-I, des galaxies présentant quand même une vague structure, mais sans lien apparent avec celles des spécimens de la séquence de Hubble, et les Irr-II, des galaxies sans la moindre structure organisée, et qui pourraient bien n'être que des systèmes dans un état de désintégration irréversible.

D'où vient la couleur des galaxies ?

L'éclat des galaxies tient, pour l'essentiel, aux étoiles qui les composent. Certes les nébuleuses gazeuses contribuent aussi aux flots de lumière que recueillent les grands télescopes, mais dans une moindre proportion. Quant à la matière noire, la composante principale en masse des galaxies, elle est, par essence même, d'une nature impropre à produire des rayonnements détectables. Mariant les couleurs de ses étoiles, une galaxie présente une dominante qui est celle de ses étoiles les plus brillantes.

Plus une étoile est massive, plus son éclat est intense et plus la lumière qu'elle rayonne tire vers le bleu. Mais plus une étoile est massive, plus rapide sera son évolution. Pour briller tout au long de leur existence, les étoiles doivent d'abord consommer de l'hydrogène. Les moins massives, qui sont aussi les plus petites, picorent avec un appétit d'oiseau. Leur frugalité sera bien récompensée. Elles dureront des dizaines de milliards d'années mais en ne produisant qu'une pâle lumière rouge. Les plus massives, les plus énormes, consomment leur hydrogène avec une gargantuesque voracité. Cette goinfrerie les condamne à une très brève existence, quelques millions d'années pour celles dont la masse dépasse vingt masses solaires. Mais quelle générosité ! Quelle débauche d'énergie ! Plus brillantes que mille milliers de soleils, elles irradient une intense lumière dans le bleue et jusque dans l'ultraviolet.

La création des étoiles au sein des nuages de gaz interstellaire est un processus qui n'est pas encore totalement compris. Dans les toutes premières galaxies, celles qui sont apparues dans l'enfance de l'Univers, le mécanisme de formation stellaire favorisait les spécimens très massifs. Mais assez tôt dans le passé de l'Univers, la gestation des étoiles en est venue à produire des générations entières avec peu d'individus très massifs, et un grand nombre d'étoiles de petite masse.

Tant qu'une galaxie est en mesure de produire de nouvelles générations d'étoiles, sa population stellaire comprendra toujours assez d'individus très massifs, donc aussi très brillants, dont l'éclat

Lancement en juillet 1969 de la mission Apollo 11.

La carte du monde de Ptolémée.

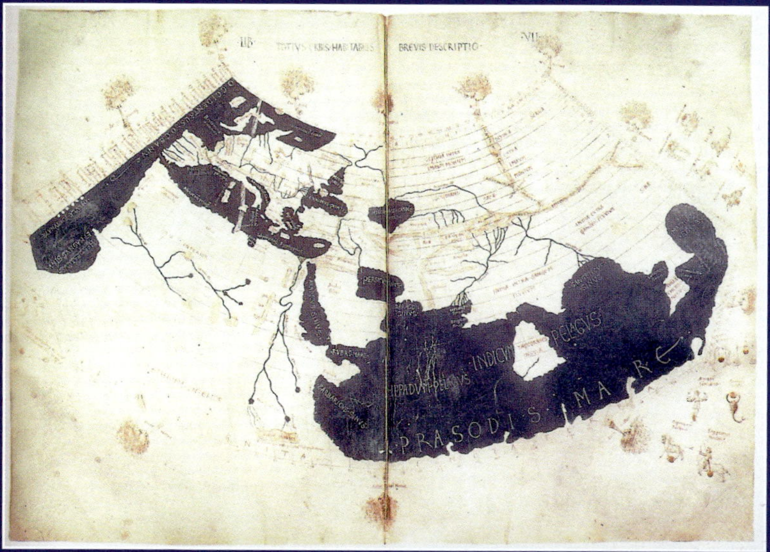

Vue de la planète Mars bâtie en combinant 102 images enregistrées au cours des missions Viking de la Nasa.

Dislocation de la comète Shoemaker-Levy 9. © NASA

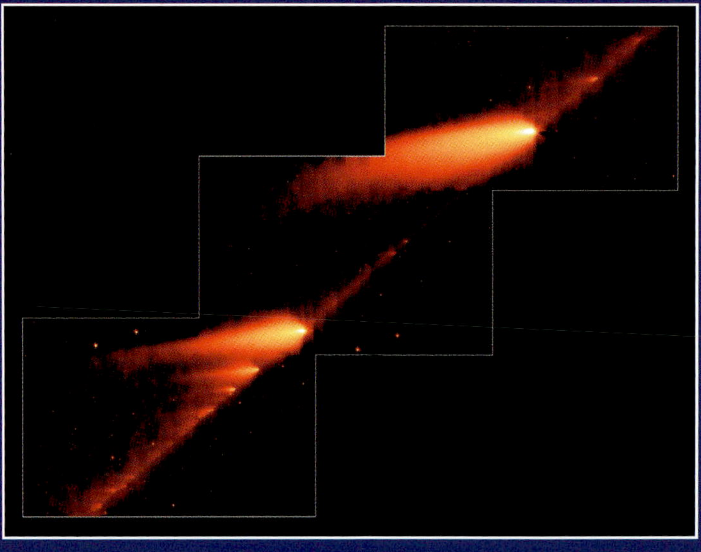

Images de Saturne enregistrées par le télescope spatial Hubble dans trois domaines de longueurs d'onde. © NASA

Planche de l'atlas céleste Harmonia Macrocosmica.

Vue panoramique de toute la voûte céleste. © 2MASS/ J. Carpenter, M. Skrutskie, R. Hurt

Vue d'artiste de la Voie lactée.) © NASA/JPL - Caltech

Arp 87, une paire de deux galaxies interagissant l'une avec l'autre. © NASA

Image du ciel profond enregistrée par le télescope spatial Hubble. © NASA

Image de la radiogalaxie Cen A enregistrée dans la bande des rayons X par le satellite américain Chandra. © NASA

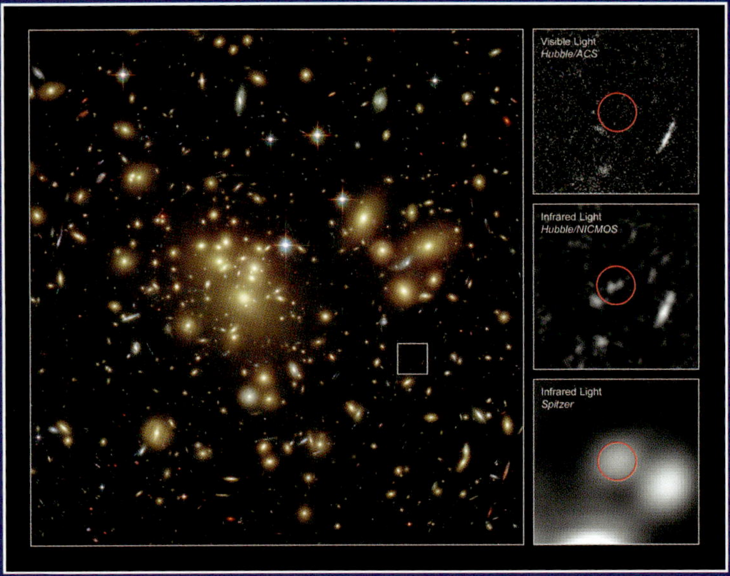

Vue de l'amas de galaxies Abell 1689. © NASA

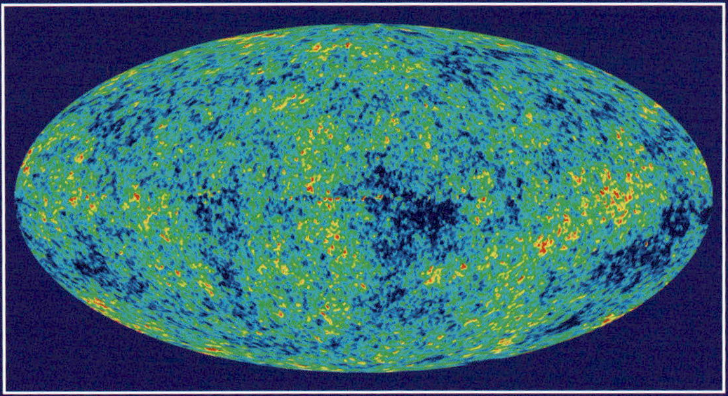

Une image de la voûte céleste bâtie avec les données recueillies pendant les trois premières années d'observation du rayonnement cosmologique menées avec la sonde WMAP. © NASA

Une des branches du VLA dans les plaines de San Augustin au Nouveau Mexique.
© Jacques Paul

Le sommet du Cerro Paranal.
© ESO/H.H.Meyer

Une vue en image de synthèse du satellite XMM-Newton en orbite.
© European Space Agency

Une vue en image de synthèse du satelliteIntegral en orbite. © European Space Agency

Une vue en image de synthèse du télescope à neutrinos Antares. Adapté de François Montanet.

dominera celui des étoiles de petite masse. La couleur d'ensemble d'une telle galaxie tombera donc dans le bleu. Par contre, la population stellaire d'une galaxie (ou d'une partie d'une galaxie) où le processus de formation d'étoile est au point mort, ne comprendra plus que des individus de petite masse, puisque les plus massifs, à courte durée de vie, auront disparu. Du coup, sa couleur d'ensemble sera plutôt rouge.

Les galaxies elliptiques sont rouges. C'est le signe manifeste qu'elles ne créent plus d'étoiles. La raison la plus souvent invoquée est qu'elles ont épuisé tout le gaz interstellaire, le milieu même à partir duquel s'amorcent les mécanismes de formation stellaire. Par contre, si les bras et les disques des galaxies spirales sont bleus, c'est qu'ils produisent, à partir des concentrations de gaz interstellaire qu'ils renferment, des générations entières d'étoiles nouvelles, dont ces géantes bleues à l'éclat si intense.

D'où vient la structure spirale ?

Les disques des galaxies spirales, comme celui de la Voie lactée, ne tournent pas sur eux-mêmes d'un seul bloc, comme le ferait un banal disque CD. Dans ces conditions, il semble surprenant qu'une structure en spirale se maintienne inchangée au sein d'un ensemble d'étoiles dont le centre tourne plus vite que la périphérie. On s'attendrait plutôt que sous l'effet d'une telle rotation différentielle, les bras spiraux se lovent de plus en plus au point de former à la longue un enroulement ultra-serré. Mais si c'était le cas, comment expliquer l'observation de tant de galaxies de type Sc (ou SBc) aux bras très ouverts ?

Pour contourner cette évidente contradiction, les astrophysiciens ont postulé que les bras spiraux ne sont pas des entités matérielles, mais plutôt des ondes de densité. Les disques des galaxies spirales seraient ainsi parcourus de telles ondes au passage desquelles la densité serait plus grande. Il s'agit là d'un phénomène qui s'apparente à celui que tout un chacun peut observer sur une chaussée d'autoroute quand la circulation est assez dense et qu'elle implique à la fois des voitures plus rapides et des camions plus lents qui ralentissent le trafic. Même si voitures et camions se déplacent à des vitesses différentes, il se produit des surdensités de trafic au voisinage des camions.

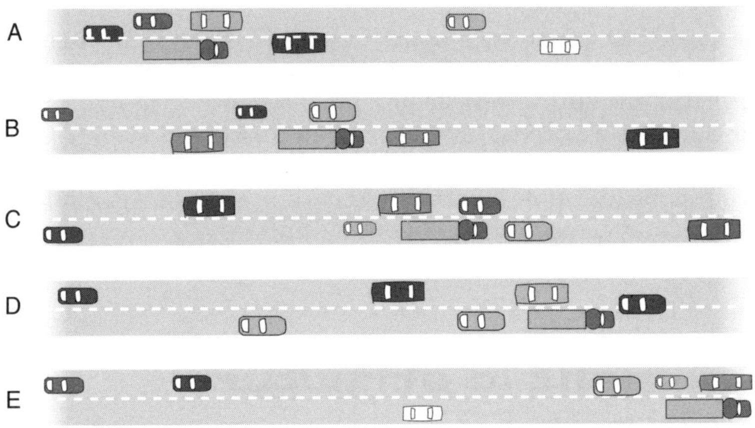

Onde de densité sur une voie d'autoroute provoquée par un camion qui ralentit la circulation.

Cette surdensité de trafic se déplace le long de la voie à la vitesse même du camion. Les voitures qui avaient ralenti à l'approche du bouchon reprennent de la vitesse après l'avoir franchi. À noter qu'au cours du temps, une même surdensité de trafic implique des voitures différentes.

Les astrophysiciens proposent un scénario du même type pour expliquer comment la structure en bras spiraux parvient à se maintenir en dépit de la rotation différentielle des disques galactiques. Les ondes de densité – les bouchons – qui se propagent le long des autoroutes persistent parce qu'ils influencent le trafic des voitures. De même, les ondes de densité – les bras spiraux – qui parcourent les disques des galaxies, persistent parce qu'ils exercent une influence gravitationnelle sur les objets célestes qui se rencontrent au sein des disques.

En particulier, les nuages de gaz interstellaire ralentissent au passage de l'onde de densité. La densité du milieu s'accroît donc dans les bras. Voilà pourquoi la structure spirale apparaît si bien lorsque les galaxies sont observées dans la bande des ondes radio, à la fréquence même où se manifeste l'hydrogène neutre, un des constituants principaux du gaz interstellaire !

Mais qui dit concentration de matière interstellaire dit flambée de formation d'étoiles. En balayant ainsi les disques, les ondes de densité – les bras spiraux – font donc surgir de nouvelles générations d'étoiles, dont les plus massives, les plus lumineuses, sont aussi celles dont les durées de vie sont les plus courtes. Ces belles étoiles bleues ne brilleront donc que dans la traînée même de l'onde de densité. La trace de l'onde de densité se trouvera ainsi matérialisée par une guirlande d'étoiles bleues à l'éclat aussi intense qu'il est fugitif.

Qu'appelle-t-on galaxie à noyau actif ?

Le qualificatif de **relativiste** s'applique à tout objet animé d'une vitesse proche de la célérité de la lumière, situation où la théorie de la relativité d'Einstein est nécessaire pour comprendre les phénomènes physiques.

Il s'agit d'individus qui se révèlent sous les aspects les plus variés, d'où une pléthore de dénominations, mais que les astronomes ont pris l'habitude de regrouper en une famille unique, celles des galaxies à noyau actif. Ces spécimens, qui ne constituent qu'une petite fraction (quelques pour cent) de toutes celles qui peuplent l'Univers, ont en commun de manifester de nombreux signes d'intense activité au voisinage immédiat de leurs noyaux, les plus spectaculaires étant sans conteste l'émission de jets faits de matière propulsée à des vitesses relativistes.

L'identification des galaxies à noyau actif remonte aux années 1940. Un astronome américain, Carl Seyfert, avait alors remarqué l'éclat intense du noyau de certaines galaxies. Sa thèse de doctorat, soutenue en 1943, avait ainsi porté sur une demi-douzaine de ces galaxies se singularisant par un noyau très actif, non résolu sur les plaques photographiques, et dont l'éclat dans le visible tirait fortement vers le bleu.

Image de la radiogalaxie Cen A enregistrée dans la bande des rayons X par le satellite américain Chandra.

Cette galaxie elliptique géante de la constellation du Centaure, éloignée de dix millions d'années-lumière, est la plus proche des galaxies à noyau actif. Son cœur, véritable méli-mélo de gaz, de poussières et d'étoiles, abrite un trou noir de dix millions de masses solaires qui coïncide avec le point brillant au centre de l'image. Le trou noir est à l'origine d'un jet s'étendant sur treize mille années-lumière. (Voir cahier couleur.) © NASA.

Au cours des années 1950, les radioastronomes étaient à la pointe des observations hors du domaine visible. Ils avaient repéré des centaines de sources célestes d'ondes radio, mais la médiocre résolution angulaire de leurs appareils ne leur permettait pas de les identifier comme des astres déjà connus. Au début des années 1960, les astronomes avaient quand même fini par découvrir que certaines de ces sources radio coïncidaient avec des objets célestes non résolus au télescope, donc d'aspect ponctuel, comme les étoiles. Du coup, ces radiosources à l'allure stellaire ont été dénommées QSO ou quasar, un sigle et un nom qui découle de l'anglais *quasi stellar object*, « objet quasi stellaire », une appellation qui devait se révéler finalement assez impropre.

L'**accrétion** est pour les astrophysiciens l'expression même du mécanisme de capture de matière par un astre, un trou noir en particulier. Quand une particule de masse *m* tombe sur un trou noir, elle gagne de l'énergie au point qu'au moment d'en franchir l'horizon, elle emporte une énergie *E* égale à son énergie de masse ($E = m\,c^2$). Les mécanismes que la nature parvient à mettre en œuvre pour soutirer une partie de l'énergie de la particule avant qu'elle franchisse l'horizon font du processus d'accrétion une source d'énergie quasiment inépuisable. Par exemple, un trou noir qui « accrèterait » une quantité de matière dont la masse est égale à la masse du Soleil, pourrait produire plus de mille fois l'énergie que ce même Soleil rayonne durant les dix milliards d'année de son évolution.

En effet, tout au long des décennies suivantes, les astrophysiciens se sont peu à peu convaincu que les quasars ne sont rien d'autre que des noyaux de galaxies prodigieusement actifs, à l'image de ceux des galaxies de Seyfert. Il s'agit toutefois de spécimens beaucoup plus lumineux. Ils sont en effet observés jusqu'aux confins de l'Univers, là où il est très difficile de détecter les galaxies qui les abritent, d'où cet aspect quasi stellaire dont ils tirent leur nom.

Si les quasars sont bien des noyaux actifs dont l'éclat submerge celui de leur galaxie hôte, où puisent-ils la fabuleuse énergie qui les rend si flamboyants ? L'explication à laquelle les astrophysiciens ont fini par se rallier ne manque pas de hardiesse ! Ils sont en effet désormais unanimes pour admettre qu'un seul et même processus physique nourrit l'activité des quasars et de tous les autres types de noyaux actifs, à savoir l'énergie gravitationnelle récupérée par accrétion au voisinage d'un trou noir ultra-massif, dont la masse serait de quelques millions à quelques milliards de fois celle du Soleil.

« Seule l'accrétion de matière par un trou noir ultra-massif permet de rayonner autant d'énergie dans un aussi petit volume.

Si une hypothèse aussi surprenante s'est peu à peu imposée, c'est qu'elle est la seule compatible avec une particularité des noyaux actifs de galaxie *a priori* assez anodine : leur éclat varie au cours du temps. Ces sautes d'humeur sont surtout perceptibles dans les bandes des rayons X, où l'éclat de certains individus peut varier en moins d'un jour. Le moteur central des noyaux actifs de galaxie est donc d'une taille assez réduite pour tenir dans un espace sphérique d'un diamètre inférieur à un jour-lumière, donc pas plus grand que le système solaire… Et voilà bien le nœud de l'affaire ! Seule l'accrétion de matière par un trou noir ultra-massif permet de rayonner autant d'énergie dans un aussi petit volume.

Savant éteignant une étoile artificielle de sa fabrication.

Travaux pratiques : comment estimer la taille d'un astre à partir de ses variations d'éclats ?

Pour les besoins de la démonstration, imaginons qu'un savant d'une société avancée ait eu la fantaisie de construire loin de la Terre une station spatiale ayant l'aspect d'une petite étoile artificielle. C'est une immense structure sphérique faite d'un treillis de poutrelles portant des guirlandes d'ampoules électriques, comme ces décors qui ornent nos rues pendant les fêtes de fin d'année. Chaque ampoule est reliée à un interrupteur général monté au centre du dispositif. Place à l'expérience : une fois sous tension, toutes ces lampes forment une sphère lumineuse, qui, vue depuis la Terre, offre toutes les apparences d'une véritable étoile. Imaginons maintenant que notre savant facétieux abaisse l'interrupteur. Tous les luminaires s'éteignent au même instant. Sur Terre en revanche, un observateur attentif voit disparaître en premier l'éclat des ampoules montées sur la partie du dispositif qui lui fait face, et en dernier, celui des ampoules placées de l'autre côté. La lumière qui en provient parcourt en effet une distance supplémentaire, égale au diamètre de notre étoile à lampes. L'observateur, qui ignore les dimensions de l'étoile artificielle, a pris la précaution de mesurer le laps de temps pendant lequel l'éclat a varié, soit un cent millième de seconde. Il peut donc affirmer sans hésitation aucune que le diamètre vaut cent millièmes de seconde-lumière, c'est-à-dire la distance que la lumière parcourt en un cent millième de seconde, soit trois kilomètres.

La diversité des noms sous lesquels les noyaux actifs de galaxie ont été répertoriés (galaxies de Seyfert, radio galaxies, galaxies de type BL Lac, QSO, quasars, blazars, etc.) tient à la grande variété des propriétés qui les caractérisent, et au fait que les traits qui les singularisent ont été révélés par des observations menées dans des registres spectraux fort différents. Une ligne de démarcation semble toutefois se dessiner entre, d'une part, les spécimens à luminosité radio modérée (environ 95 % des noyaux actifs de galaxie), comme les galaxies de Seyfert et la majorité des QSO, et d'autre part, ceux à luminosité radio intense, comme les blazars.

Le modèle standard des noyaux actifs de galaxie

Le scénario le plus en cours pour expliquer toutes les manifestations observées dans les noyaux actifs met en scène au cœur même d'une galaxie un anneau épais et opaque de gaz et de poussières, avec au centre, un trou noir ultra-massif. En accrétant la matière interstellaire alentour, le trou noir s'est nimbé d'un disque d'accrétion qui, porté à haute température, rayonne dans l'ultraviolet et le domaine des rayons X. Le mécanisme d'accrétion suscite des éjections de matière à des vitesses relativistes sous la forme d'un système de jets bipolaires. Les condensations de matière interstellaire qui parsèment la région centrale interceptent les rayonnements émis par le disque d'accrétion et en altèrent le spectre. Des processus d'accélération de particules sont à l'œuvre au sein même des deux jets. Il en résulte, dans toutes les bandes spectrales, des émissions focalisées le long de l'axe des jets. À chaque type de noyaux actifs de galaxie correspond une orientation différente de la ligne de visée par rapport au jet et au tore opaque.

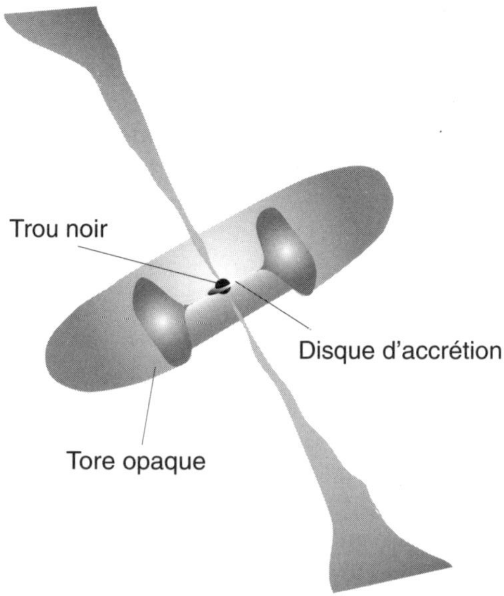

Le scénario des noyaux actifs de galaxie.

Un trou noir massif au cœur de chaque galaxie ?

> Les astronomes sont désormais convaincus que la plupart des noyaux des galaxies, actifs ou non, abritent un trou noir ultra-massif.

Les astronomes sont désormais convaincus que la plupart des noyaux des galaxies, actifs ou non, abritent un trou noir ultra-massif. On constate en effet que presque tous les quasars brillent très loin dans l'Univers, donc très loin dans le temps. Mais alors, que sont devenus tous ces trous noirs ultra-massifs qui voici plus de dix milliards d'années se manifestaient avec éclat au cœur de galaxies à peine formées ? Eh bien, ils y sont toujours ! Pour preuve, le nombre croissant d'observations astronomiques qui suggèrent que des trous noirs ultra-massifs sont tapis au cœur de plusieurs galaxies voisines (comme M 31). Les astronomes sont en effet parvenus à mesurer au centre même de ces galaxies des vitesses de rotation du gaz interstellaire et des étoiles qui signent la présence d'objets obscurs, tout à la fois très massifs et très compacts, dont il n'est pas possible d'expliquer la pérennité sans invoquer la présence d'un trou noir ultra-massif. Notre galaxie ne fait d'ailleurs pas exception à la règle. Nous avons présenté au chapitre 4 les données qui accréditent la présence au cœur de la Voie lactée d'un trou noir de plus de trois millions de masses solaires dont la radiosource compacte Sgr A* serait la manifestation la plus tangible.

Receler en son noyau un trou noir ultra-massif serait donc la règle plutôt que l'exception pour la plupart des galaxies pourvues de structure de type ellipsoïde ou disque. Il semble même se dessiner une corrélation entre masse du trou noir central et masse du bulbe de la galaxie hôte. Toutes ces galaxies seraient donc susceptibles de manifester de temps en temps un surcroît d'activité qui les ferait alors se ranger dans la catégorie des spécimens à noyau actif.

L'activité prodigieuse de certains noyaux ne serait ainsi qu'un état transitoire qui pourrait par exemple survenir à la suite de l'afflux massif de gaz interstellaire dans les régions centrales d'une galaxie. Des flots de matière nourriraient par accrétion un trou noir jusque-là inactif qui ne demanderait alors qu'à susciter les phénomènes les plus énergétiques. Les astrophysiciens estiment que l'interpénétration de deux galaxies pourrait bien déclencher de tels déferlements de matière interstellaire.

Reste la sempiternelle question de la poule et de l'œuf : les trous noirs ultra-massifs se sont-ils formés avant les galaxies, au sein du gaz primordial légué par le *Big Bang*, étant en quelque sorte les embryons des futures galaxies ? Ou, au contraire, se sont-ils constitués au cœur même des galaxies primitives, par coalescence de trous noirs moins massifs issus de l'évolution des premières étoiles ? La question est loin d'être tranchée, même si de plus en plus d'astrophysiciens penchent en faveur de la deuxième hypothèse. Il semble en effet qu'aux premiers âges de l'Univers, les premières galaxies sont apparues avant les quasars.

Qu'appelle-t-on amas de galaxies ?

Plutôt que de se disséminer chacune à l'écart de ses congénères, les galaxies se rassemblent en des communautés plus ou moins peuplées. On trouve aussi bien des petites associations, de quelques dizaines d'individus, que de véritables essaims, forts de milliers de galaxies. Les astronomes ont pris l'habitude d'appeler groupe les plus petits de ces agrégats (moins de cinquante galaxies) et de réserver le terme d'amas aux ensembles plus fournis. Il n'en reste pas moins que groupes ou amas, toutes ces structures sont des entités liées par l'interaction gravitationnelle, les plus grandes à s'être constituées dans l'Univers.

Les amas proprement dits partagent les propriétés suivantes :

- Ils renferment de cinquante à mille galaxies.
- Ils affichent des masses totales de cent mille milliards à un million de milliards de masses solaires.
- Ils s'étendent sur cinq à trente millions d'années-lumière.
- Ils contiennent des galaxies animées de vitesses atteignant mille kilomètres par seconde.

Les amas sont donc des assemblages de galaxies maintenues ensemble par leur mutuelle attraction gravitationnelle. Les galaxies qui s'y pressent affichent des vitesses bien trop élevées pour rester liées par la seule vertu de leur gravité, du moins celle qu'implique la masse que l'on peut déduire de leur éclat. La persistance des amas de galaxies implique donc la présence d'un autre ingrédient massif, la matière noire. Il s'agit d'une forme de matière échappant aux observations, dont nous discuterons l'éventuelle nature au chapitre 8.

> **La persistance des amas de galaxies implique la présence d'un autre ingrédient massif, la matière noire.**

Les amas ont une masse suffisante pour retenir les gaz relâchés par les galaxies qu'ils renferment, même les plus chauds, comme ceux éjectés lors des explosions de supernova. Les gaz s'accumulent alors au sein de l'amas sous la forme d'un plasma porté à haute température, de un à dix millions de kelvins. Puisque très chaud, ce véritable milieu intergalactique produit un intense rayonnement dans la bande des rayons X et comme il se moule dans le champ de gravitation de l'amas, ce plasma surchauffé émetteur de rayons X permet d'en estimer les caractéristiques d'ensemble.

Les observations menées dans le domaine des rayons X ont ainsi révélé que la masse totale du milieu intergalactique dépasse d'un bon facteur deux la masse visible des galaxies contenues dans l'amas. Du coup, ce gaz répandu entre les galaxies contribue lui aussi à maintenir l'équilibre gravitationnel de l'amas, mais d'une manière encore très insuffisante pour en expliquer la pérennité. Au bout du compte, dans un amas typique, la répartition des masses s'établit comme suit : 5 % de la masse totale pour la partie visible des galaxies, 10 % pour le gaz chaud intergalactique et le reste, sous forme de matière noire.

Les amas proches les plus remarquables ont été catalogués sous le nom (en latin) de la constellation où ils apparaissent, comme l'amas de *Virgo* (la Vierge) ou l'amas de *Coma* (la Chevelure de Bérénice). Les amas et les groupes de galaxies donnent l'impression de se rassembler sous forme de structures encore plus vastes, les superamas. Au vu des grands relevés qu'ils mènent sans relâche, les astronomes estiment même qu'aux plus grandes échelles, l'Univers n'est qu'un entrelacs de groupes et d'amas de galaxies, les amas les plus denses se trouvant aux nœuds de ce gigantesque réseau.

Qu'appelle-t-on groupe local ?

C'est le groupe de galaxies où se trouve notre galaxie, la Voie lactée. Fort de plus de trente individus, le groupe local est dominé par deux grandes spirales, la Voie lactée et M 31, la grande galaxie d'Andromède, chacune étant accompagnée d'un système de galaxies satellites moins massives. Du coup, le groupe local se présente sous la forme générale d'un haltère qui s'étend sur une dizaine de millions d'années-lumière et dont la masse totale dépasse les mille millions de masses solaires.

Les galaxies directement sous l'emprise de la Voie lactée sont des galaxies irrégulières (comme le Petit et le Grand Nuage de Magellan) et des galaxies elliptiques naines. M 31, plus massive que notre galaxie, retient sous sa coupe, outre une bonne dizaine de galaxies irrégulières et d'elliptiques naines, M 32 et M 101, deux galaxies elliptiques d'un bon calibre. La question se pose de savoir si M 33, la galaxie du Triangle, la troisième spirale du groupe local, également la troisième la plus massive, est un satellite de M 31.

Le groupe local se situe à la périphérie d'un superamas, le superamas local, dont l'amas de la Vierge occupe le centre, d'où le nom de superamas de *Virgo* sous lequel il est répertorié. En étudiant les mouvements des composantes du superamas local, les spécialistes ont estimé que sa masse est de l'ordre de un million de milliards de masses solaires, une valeur bien supérieure à celle que l'on pourrait déduire de sa luminosité. Une très grande partie de sa masse est donc sous forme de matière noire.

Haltérophile cosmique portant le groupe local à bout de bras.

Comment se sont formées les galaxies ?

Au chapitre suivant, nous vous retracerons les premiers âges de l'Univers qui ont abouti, cent millions d'années après le *Big Bang*, à la formation de gigantesques grumeaux de matière, de la matière noire pour l'essentiel, mais contenant aussi un gaz fait d'hydrogène et d'hélium. Ce gaz s'est alors peu à peu condensé pour former les premières étoiles. À peine ont-elles vu apparaître leurs premières étoiles que les plus massives de ces protogalaxies se sont rapidement développées en absorbant celles de masse plus faible.

Les astrophysiciens estiment qu'au fur et à mesure qu'une de ces galaxies gagnait en masse en cannibalisant ses voisines moins massives, la matière noire stagnait plutôt en halo à la périphérie, tandis que le gaz se contractait vers l'intérieur. Le processus aboutissait finalement à la formation d'un disque très mince animé d'une grande vitesse de rotation. Mais quel mécanisme a-t-il été mis en œuvre pour stopper la contraction de ce gaz et aboutir aux structures à disque qui caractérisent tant de galaxies ?

Les spécialistes n'ont pas encore tranché... Certains suggèrent que l'énergie rayonnée par les premières étoiles, sans doute très massives, donc très brillantes, a pu ralentir la contraction. D'autres mettent en avant le rayonnement produit par le trou noir central ultra-massif, le noyau de la galaxie étant alors dans une phase d'extrême activité de type quasar. D'autres enfin estiment que le halo de matière noire exerce sur la galaxie des contraintes propres à stopper la contraction du disque. Dans tous les cas, le résultat est une galaxie avec un halo de matière noire et un disque de gaz où se forment les étoiles, à l'instar de la Voie lactée et de toutes les autres galaxies à disque.

Les fusions entre galaxies, si courantes dans les premiers âges de l'Univers, se sont poursuivies jusqu'à nos jours. Même si le rythme des fusions est moins soutenu, ces coalescences entre galaxies sont encore monnaie courante. Nous vous avons ainsi annoncé la rencontre possible entre la Voie lactée et sa voisine, M 31, dans quelques milliards d'années. Nous vous avons aussi signalé que lors de ces gigantesques interpénétrations, les étoiles passent les unes au travers des autres sans aucun risque de collision directe, en raison des énormes distances qui les séparent en comparaison de leur taille.

Il en va tout autrement de ces objets célestes beaucoup plus vastes que sont les nuages interstellaires. Quand deux galaxies fusionnent, les collisions entre nuages provoquent de véritables flambées d'étoiles. Certaines fusions galactiques produisent ainsi des étoiles nouvelles au taux fabuleux de milliers de masses solaires par an, alors que dans la Voie lactée, le taux de formation stellaire plafonne à une masse solaire par an ! Ce processus de formation stellaire accélérée a pour effet d'épuiser la totalité du gaz disponible, tant est si bien que les coalescences de grandes galaxies ont pour effet de produire des spécimens certes plus massifs mais totalement dépourvus de matière interstellaire.

Quant aux étoiles, même si elles ne subissent pas de collision directe, elles voient leurs orbites fortement affectées par le désordre des forces gravitationnelles qui règnent tout le temps que dure l'interpénétration des deux galaxies. Les étoiles, qui avant la collision orbitaient régulièrement dans le plan de leur disque, se retrouvent à l'issue du processus avec des orbites aux inclinaisons les plus diverses. Finalement, si une galaxie à disque est impliquée dans une collision majeure, elle se retrouvera au bout de quelques milliards d'années sous la forme d'un système dépourvu de gaz, où la formation stellaire se sera éteinte. Elle sera donc devenue une galaxie peuplée de vieilles étoiles aux orbites désordonnées, une situation typique des galaxies elliptiques.

Les grandes galaxies qui peuplent aujourd'hui l'Univers proche sont donc le résultat de la fusion de dizaines de protogalaxies puis de collisions aléatoires qui ont contribué à en façonner la morphologie. Fruit d'une succession désordonnée de hasards, la formation des galaxies est donc tout sauf un processus régulier dont l'évolution s'accorderait au diapason de Hubble.

La galaxie la plus lointaine connue

Comme la lumière se propage à une vitesse finie, les objets célestes très loin dans l'Univers sont également très loin dans le passé. Les galaxies les plus lointaines sont donc celles qui se sont formées les premières. Comme nous l'avons mentionné dans les pages qui précèdent, c'étaient des galaxies assez peu massives, donc beaucoup moins lumineuses que les grandes galaxies modernes. Les astronomes doivent donc scruter la voûte céleste avec la plus extrême acuité pour découvrir les très pâles lueurs que ces petites galaxies si lointaines leur font parvenir.

C'était dans le domaine visible que les rayonnements de ces galaxies naines étaient les plus abondants, mais, au cours du temps, l'expansion de l'Univers s'est chargée de décaler ces rayonnements vers le rouge, voir au-delà. C'est donc dans l'infrarouge qu'il faut désormais concentrer les recherches. Les astronomes estiment toutefois que l'éclat de ces premières galaxies doit être tellement faible que même leurs télescopes les plus performants seraient bien incapables de les détecter.

> Imaginez une galaxie, située si loin dans l'Univers que même un très bon télescope peut ne pas la détecter. Si un objet très massif comme un amas de galaxies intercepte la ligne de visée, les rayons lumineux qu'émet la galaxie lointaine sont courbés par le champ de gravitation qui règne autour de l'amas. En focalisant ainsi le rayonnement, l'amas se comporte comme une grosse lentille de verre, elle aussi apte à rediriger les rayons lumineux. Les astronomes ont attribué le nom de **lentille gravitationnelle** à un tel phénomène. Pour un observateur terrestre, une lentille gravitationnelle accroît l'éclat apparent de la lointaine galaxie au point de la rendre plus aisément détectable, bien que l'image produite soit assez fortement déformée (allongée et courbée).

Mais la nature, qui se montre parfois si peu conciliante avec les astronomes, s'est pour une fois mise à leur service en disposant ça et là dans l'Univers des moyens optiques gigantesques propres à décupler la sensibilité de leurs télescopes, pour peu qu'ils les braquent là où il faut. Ces véritables téléobjectifs sont à base de lentilles gravitationnelles, un phénomène tout à fait naturel une fois que l'on accepte l'une des conséquences les plus spectaculaire de la relativité générale d'Einstein, à savoir qu'un corps massif courbe les rayons lumineux passant à sa portée.

Nous reviendrons au chapitre 7 sur les arcanes de la relativité générale. Contentons-nous pour l'instant de préciser que les amas de galaxies sont des lentilles gravitationnelles parmi les plus efficaces. Les astronomes à la recherche des lointaines protogalaxies naines doivent donc scruter avec une attention particulière la périphérie des amas de galaxies les plus massifs, là où se focalisent les images que l'amas lentille produit des objets situés à l'arrière-plan.

Voilà plus d'une décennie que les astronomes enregistrent des images à très haute définition de certains amas de galaxies afin d'ausculter le ciel alentour à la recherche des lueurs les plus évanescentes pouvant signaler une très lointaine galaxie dont l'éclat aurait été amplifié par la présence de l'amas. Observations couronnées de succès, puisque depuis la fin des années 1990, le record de la galaxie la plus distante ne cesse de passer d'un observatoire à un autre. Il s'établit aujourd'hui à des niveaux fabuleux, avec la découverte d'une source lumineuse dont le rayonnement accuse un décalage vers le rouge $z = 7,6$! Une telle valeur implique que l'éventuelle galaxie à l'origine de cette source si imperceptible brillait déjà sept cents millions d'années à peine après le début de l'Univers…

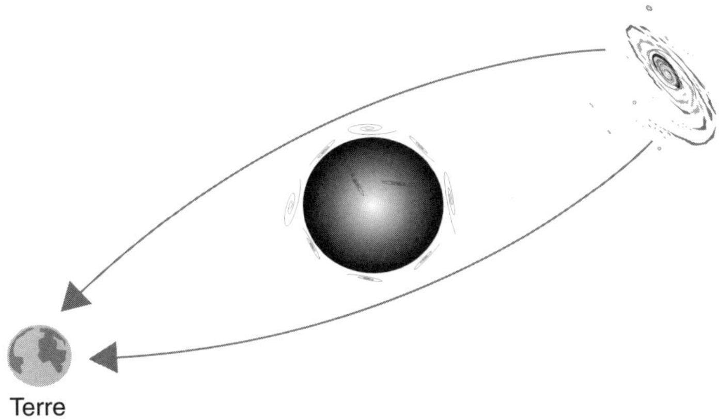

Comment fonctionne une lentille gravitationnelle.

Les distances des objets célestes très éloignés

La notion même de distance prend un tour particulier dans le cas des objets célestes les plus lointains. Pour l'estimer, les astronomes s'en remettent au décalage vers le rouge du rayonnement que produit l'objet céleste en question. Le décalage vers le rouge résulte du fait que l'expansion universelle, en étirant le tissu même de l'espace, accroît d'autant plus la longueur d'onde du rayonnement produit par une source cosmique qu'elle est éloignée dans l'espace, et donc dans le temps. C'est le fameux *redshift* des Anglos-Saxons que les astrophysiciens notent z. Reste aux astronomes à transcrire en distance les valeurs de z qu'ils mesurent. Pour z très inférieur à 1, ils se contentent d'une simple règle de trois. Mais pour les objets célestes les plus éloignés, il faut passer par des équations bien plus complexes, mises en œuvre dans le cadre d'un modèle donné d'Univers en expansion. Pour notifier la distance d'un astre très éloigné, les astronomes s'en tiennent donc au seul décalage vers le rouge et évitent de le transcrire en unités de distance, du type années-lumière, car les valeurs ainsi obtenues dépendraient du modèle d'Univers choisi.

Pas moins de deux télescopes ont été mis à contribution pour attester la découverte de ce qui est aujourd'hui la galaxie la plus lointaine connue, identifiée à la périphérie de l'amas de galaxies Abell 1689, et dénommée pour la circonstance A1689-zD1. L'examen minutieux des images d'Abell 1689 enregistrées par deux caméras du télescope spatial Hubble avait d'abord permis de révéler une très pâle lueur au voisinage de l'amas, mais c'est le télescope spatial Spitzer qui, en détectant la source dans l'infrarouge, a apporté la preuve décisive qu'il s'agissait bien d'un objet céleste situé aux confins de l'Univers visible.

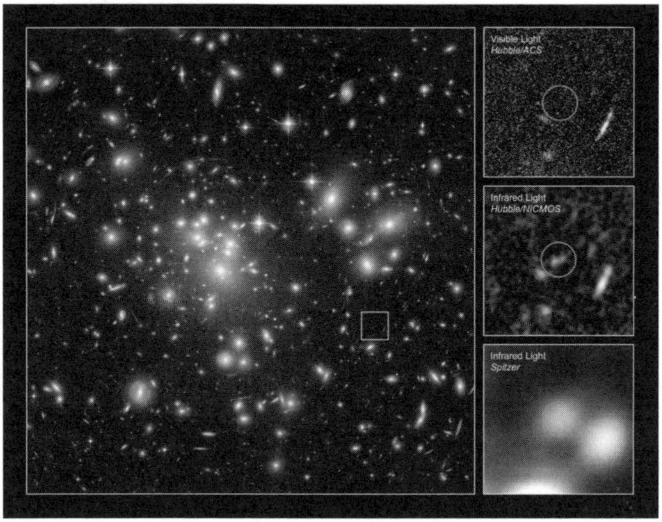

Vue de l'amas de galaxies Abell 1689 enregistrée par la caméra à grand champ du télescope spatial Hubble. Le petit carré blanc délimite le champ du ciel où se trouve A1689-zD1. Sur le côté droit, images enregistrées dans cette même petite zone de la voûte céleste dans trois registres spectraux : dans le visible (image Hubble, en haut), dans le proche infrarouge (image Hubble, au milieu), dans l'infrarouge (image Spitzer, en bas). Dans ces trois images, un petit cercle entoure la position de A1689-zD1. La source, non détecté dans le visible, produit un faible signal dans l'infrarouge proche et un signal notable dans l'infrarouge, ce qui atteste un très fort décalage vers le rouge. (Voir cahier couleur.) © NASA.

6

Les premiers âges de l'Univers

Renouant avec les mythes cosmologiques fondateurs de nombreuses cultures (comme ceux décrits dans la Bible des Hébreux ou dans les *puranas* des premiers Hindous), l'idée que l'Univers ait émergé d'un événement tout à la fois unique et prodigieux est aujourd'hui partagée par presque tous les astrophysiciens. Sous le nom de cosmologie physique, l'étude des questions fondamentales tenant à la formation et à l'évolution de l'Univers constitue désormais une des branches majeures de l'astrophysique, voire de toute la physique.

La cosmologie physique remonte au début du XXe siècle, quand Einstein énonça sa théorie de la relativité générale et quand furent menées les premières observations astronomiques du ciel profond avec les grands télescopes modernes. Près d'un siècle plus tard, la plupart des cosmologistes postulent que l'Univers actuel a évolué à partir d'un état extrêmement dense et chaud, une phase initiale qu'ils désignent sous le nom de *Big Bang*.

La théorie du *Big Bang*, l'une des plus grandes avancées scientifiques du XXe siècle, touche à l'origine même de la réalité. Du coup, dans l'esprit du plus grand nombre, elle est devenue bien plus qu'un corps de postulats et d'hypothèses qu'étaye un nombre croissant d'observations. En filtrant au plus profond de la pensée humaine, la théorie du *Big Bang* s'enchevêtre désormais de considérations philosophiques, voir religieuses.

Quel est le sens réel de l'expression Big Bang ?

Quoiqu'en laisse penser sa traduction littérale de « grand boum », le *Big Bang* n'est pas une explosion. En fait, cette expression est aussi célèbre qu'elle est impropre. Elle assimile en effet les premiers âges de l'Univers à une formidable déflagration dispersant de la matière tous azimuts pour emplir un espace supposé vide au préalable. Or c'est plutôt l'espace lui-même qui se dilate avec le temps et qui accroît du même coup les distances entre les objets qu'il entraîne dans son expansion.

Mais l'histoire a parfois des ironies étonnantes : c'est l'astrophysicien anglais Fred Hoyle qui, le 29 mars 1949, avait lancé ce terme de *Big Bang* au cours de l'émission radiodiffusée de la BBC, *The Nature of Things* (la nature des choses). Même s'il s'en est toujours défendu, Hoyle ne voulait-il pas ainsi jeter une touche de dérision sur une théorie cosmologique à laquelle il s'opposait avec vigueur ?

Mêmes les hommes politiques parlent du *Big Bang* !

Quelles qu'aient été les motivations profondes du cosmologiste britannique, l'expression qu'il avait forgée occupe aujourd'hui une place de choix parmi les rares termes astronomiques passés au rang de standard sémantique incontournable. Et, comme c'est souvent le cas, le sens que le grand public attribue à l'expression *Big Bang* est finalement assez proche la signification que les scientifiques lui accordent.

Un exemple parmi tant d'autres : dans un discours resté fameux, prononcé le 17 février 1993 à Montlouis-sur-Loire, Michel Rocard appelait de ses vœux un *Big Bang* politique. Dans son esprit, pas de doute ! *Big Bang* signifiait bien la naissance d'un monde nouveau…

Les indices en faveur de la théorie du Big Bang

Le succès de la théorie du *Big Bang* tient à son aptitude à expliquer trois séries d'observations indépendantes, toutes incontestables :

1. Les mesures du décalage vers le rouge des galaxies distantes ont permis d'estimer les vitesses radiales (le long de la ligne de visée) de ces galaxies et de constater qu'elles semblent s'éloigner d'autant plus rapidement de l'observateur qu'elles sont lointaines. Pris à rebours, ce phénomène d'expansion démontre que, dans son lointain passé, l'Univers était bien plus dense, et donc bien plus chaud, à l'instar d'un gaz qui s'échauffe quand on le comprime.
2. Les mesures du contenu en gaz des astres de l'Univers, à commencer par les plus lointains, ont permis d'estimer la fraction d'hélium qu'ils renferment et de constater que partout on retrouve la même proportion (8 %) en nombre d'atomes de cet élément. Un tel constat suggère que l'hélium est bel et bien primordial et que l'Univers est donc passé par une période durant laquelle sa densité et sa température étaient assez élevées pour permettre la synthèse de l'hélium.

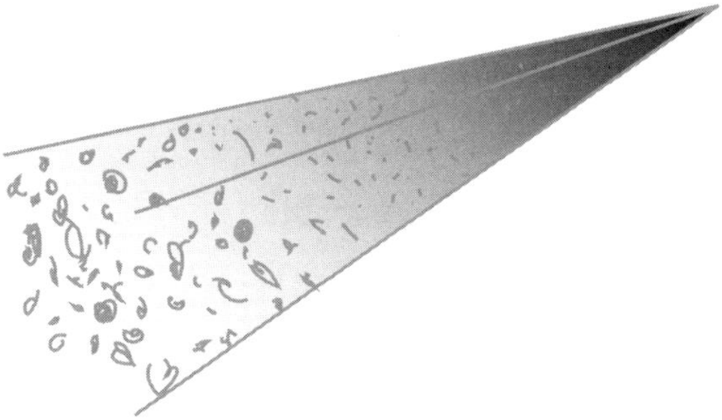

Dans le phénomène d'expansion de l'Univers, c'est l'espace lui-même qui se dilate en emportant les galaxies avec lui. Prise à rebours, l'expansion de l'Univers débouche sur un état très dense et très chaud.

3. Les mesures dans la bande des micro-ondes d'un rayonnement provenant d'une manière quasi uniforme de toutes les directions du ciel sont reconnues par les astrophysiciens comme portant témoignage de l'époque dense et chaude que l'Univers a connu au cours de ses premiers âges.

> **L'Univers est isotrope et homogène.**

La théorie du *Big Bang* s'est peu à peu bâtie sur ces trois piliers. Mais il convient de rappeler qu'elle dépend aussi de deux hypothèses :

– Hypothèse 1 : le principe cosmologique postule qu'à large échelle (des millions d'années-lumière et plus), l'Univers est isotrope et homogène. Pour les cosmologues, ces deux propriétés ont un sens bien particulier. Isotrope exprime que quelle que soit la direction où vous portez votre regard, vous ne verrez aucune différence dans la structure de l'Univers. Isotrope signifie donc que l'Univers n'a pas de centre. Homogène dénote qu'aux échelles les plus grandes, la densité de matière est partout la même. Vu dans son ensemble, l'Univers peut donc être qualifié de très lisse !

– Hypothèse 2 : les lois de la physique sont universelles, c'est-à-dire que les règles qui régissent les phénomènes naturels ici sur Terre sont à l'œuvre partout dans l'Univers. Il en découle que les constantes de la physique (comme la constante de la gravitation, la masse de l'électron ou la vitesse de la lumière) sont les mêmes partout et de tout temps.

> **Les lois de la physique sont universelles.**

La théorie du *Big Bang* a enfin le mérite d'apporter une solution au vieux paradoxe d'Olbers, à savoir que le ciel ne devrait pas apparaître noir la nuit dans un univers de très grandes dimensions (voire infini) et qui existerait de tout temps. Dans un tel univers, où que le regard porte, il devrait rencontrer une étoile. Tout le ciel devrait donc briller d'un vif éclat. Au début du XIXe siècle, l'astronome allemand Heinrich Olbers avait relevé cette situation apparemment paradoxale en reprenant une idée avancée près d'un siècle plus tôt par l'astronome suisse Jean-Philippe Loys de Chéseaux. Par contre, dans un univers conforme à la théorie du *Big Bang*, qui a donc commencé voici moins de quatorze milliards d'années, et où la célérité de la lumière n'est pas infinie, on ne peut voir que les étoiles dont la lumière s'est propagée pendant moins de quatorze milliards d'années.

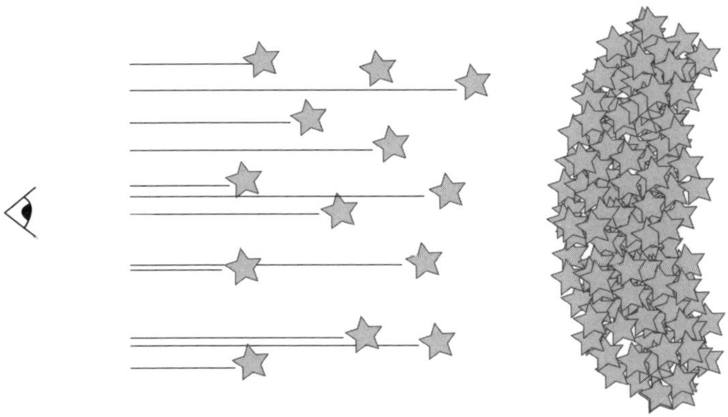

Dans un univers de très grandes dimensions qui existerait de tout temps, le regard devrait à tout coup rencontrer une étoile. La voûte céleste (ici à droite) devrait donc apparaître comme uniformément brillante.

Hubble découvre l'expansion de l'Univers

En 1919, à l'instigation de l'astronome américain George Hale, Edwin Hubble rejoignait l'observatoire du Mont Wilson, en Californie, peut après que le grand télescope Hooker soit entré en service. Nous avons vu au chapitre 4 que dès le début des années 1920, Hubble identifiait des étoiles du type céphéide dans plusieurs nébuleuses spiralées, dont M 31. En tirant avantage des travaux que Miss Leavitt avait menés dix ans plus tôt et qui montraient que les céphéides pouvaient être utilisées comme étalons de distance, Hubble a alors démontré que les nébuleuses spiralées, bien trop lointaines pour appartenir à notre galaxie, la Voie lactée, étaient en réalité des galaxies extérieures à la nôtre.

On attribue souvent à Hubble la découverte du décalage vers le rouge des galaxies. Pourtant, dès les années 1910, des astronomes (comme l'américain Vesto Slipher) avaient déjà entrepris ce type de mesure et avaient noté que presque toutes les nébuleuses spiralées semblaient s'éloigner de la Terre. Il n'en reste pas moins que c'est Edwin Hubble, en collaboration avec Milton Humason, qui a le premier établi la loi de dépendance entre les distances des galaxies et leurs vitesses d'éloignement, autrement dit, leurs décalages vers le rouge. En se basant sur un échantillon de quarante-six spécimens, les deux astronomes avaient en effet découvert une relation de proportionnalité entre ces deux paramètres. Elle était certes assez sommaire, mais suffisamment convaincante pour formuler dès 1929 la relation empirique connue aujourd'hui sous le nom de loi de Hubble.

À cette époque, les concepts qui sous-tendaient l'idée d'un univers en expansion étaient certes déjà bien compris. Mais c'est bel et bien la formulation de la loi de Hubble qui a peu à peu emporté l'adhésion des scientifiques à une cosmologie basée sur l'expansion de l'Univers. Le terrain était désormais préparé pour que la théorie du *Big Bang* finisse par s'imposer à tous (ou presque).

La loi de Hubble est parfois interprétée en termes d'effet Doppler. Il est vrai que ce dernier permet d'expliquer le décalage vers le rouge (l'accroissement de la longueur d'onde) du rayonnement émis par des galaxies qui, en raison de l'expansion de l'Univers, s'éloigneraient de l'observateur à des vitesses d'autant plus élevées qu'elles sont lointaines. En fait, il n'en est rien. Dans un univers en expansion, ce ne sont pas les galaxies qui se déplacent, c'est l'espace lui-même qui s'étend, emportant avec lui toutes les galaxies. Leur décalage vers le rouge tient plutôt à un effet de relativité générale. En admettant que les galaxies sont fixes dans un espace en expansion, la relativité générale, en allongeant tout l'Univers, accroît aussi la longueur d'onde du rayonnement des galaxies.

Qui a proposé la théorie du Big Bang ?

Il ne fait aucun doute que la découverte de l'expansion de l'Univers a été décisive pour que prenne corps la théorie du *Big Bang*. Ses prémices remontent pourtant aux considérations théoriques qui se sont développées dès les années 1920 à la lumière de la théorie de la relativité générale formulée quelques années plus tôt. Einstein lui-même avait bâti un modèle cosmologique dans le cadre de sa théorie de la gravitation, mais sur la base de préjugés d'ordre esthétique (il estimait que les distances entre les galaxies étaient fixées à jamais), il avait développé un modèle d'univers en équilibre statique.

Dès 1924 pourtant, le cosmologiste russe Alexander Friedman avait proposé une solution des équations de la relativité générale qui impliquait l'expansion de l'Univers. En 1927, Georges Lemaître, un ecclésiastique belge, qui avait indépendamment retrouvé la solution de Friedman, prédisait que les vitesses d'éloignement des nébuleuses spiralées étaient le résultat de l'expansion de l'Univers. Dès le début des années 1930, pour expliquer les débuts de l'Univers, conséquence inéluctable de son expansion, l'abbé Lemaître avait lancé l'hypothèse de l'atome primitif, une idée qui annonçait déjà la future théorie du *Big Bang*.

Georges Lemaître

Précurseur de la cosmologie moderne, il est né en 1894 à Charleroi, en Belgique. Sa formation secondaire chez les jésuites l'avait conduit à fréquenter à dix-sept ans l'Université catholique de Louvain, mais en 1914, il interrompait ses études d'ingénieur pour s'engager comme volontaire dans l'armée belge. À l'issue de la Grande Guerre, il s'orientait vers la physique et les mathématiques et soutenait en 1920 sa thèse de doctorat, mais profondément marqué par les horreurs du premier conflit mondial, il rejoignait le séminaire de Malines pour être ordonné prêtre en 1923. Sa vocation n'avait toutefois pas tari sa curiosité scientifique. Dès ses années de séminaire, il s'était initié aux arcanes de la relativité générale. Puis en 1924, l'abbé Lemaître avait décroché une bourse pour étudier l'astrophysique à Cambridge, en Angleterre, sous la férule d'Arthur Eddington. Les années suivantes, il se retrouvait aux États-Unis (au *Massachusetts Institute of Technology*, l'institut de technologie du Massachusetts, et au *Harvard College Observatory*, l'observatoire de l'université Harvard), où il s'est initié aux dernières avancées en matière d'observation du ciel profond. De retour à Louvain, où il avait été nommé professeur, Lemaître a poursuivi et approfondi ses travaux sur l'Univers en expansion au point de devenir l'un des chefs de file de la nouvelle cosmologie physique. Autant mathématicien que physicien, il a porté un intérêt croissant au calcul numérique au point d'en faire l'essentiel de ses activités scientifiques jusqu'à sa mort en 1966.

On a pu reprocher à Lemaître d'avoir mis en avant la question du commencement pour des raisons philosophiques, voire théologiques. Or il n'en est rien ! Sa motivation tenait plutôt à sa volonté de river le clou à l'astrophysicien anglais Arthur Eddington, son maître de l'époque, qui faisait alors connaître la répulsion que lui inspirait l'idée que l'Univers ait eu un début. S'attachant donc à démontrer que cette idée pouvait être abordée par les seules vertus des lois de la physique, le cosmologiste de Louvain avait développé un modèle où la matière, l'espace et le temps naissent de la désintégration d'un unique « atome » primordial.

Prêtre profondément croyant, l'abbé Lemaître s'est toujours attaché à maintenir la distinction la plus nette entre les deux chemins qu'il s'efforçait de suivre, celui de la science et celui de la Révélation. C'est ainsi qu'en 1952, il intervenait auprès du Pape Pie XII pour que le Vatican, dans ses discours officiels, renonce à faire l'amalgame entre la notion théologique de création et son hypothèse de l'atome primordial.

Les premières étapes de l'Univers

Prendre à rebours l'expansion de l'Univers avec les outils de la relativité générale conduit à une densité et une température infinie au bout d'un temps fini dans le passé. La théorie de la relativité générale aboutit donc à une situation intenable – les spécialistes parlent de singularité. Jusqu'à quel point pouvons-nous quand même décrire les principales étapes de l'Univers après son début, que les dernières estimations des cosmologistes situent voici 13,7 milliards d'années ?

Étape 1

Comme les lois de la physique dont nous disposons actuellement disjonctent aux tout premiers instants de l'Univers, nous ne pouvons rien dire de sensé de cette première phase. Elle est certes d'une durée infinitésimale, mais elle s'avère d'une importance si cruciale pour toute la physique qu'elle constitue à elle seule une ère à part entière de l'Univers que les cosmologistes ont dénommé ère de Planck.

Étape 2

Prendre à rebours l'expansion de l'Univers dans le cadre de la théorie du *Big Bang* conduit à un univers de plus en plus dense et de plus en plus chaud. De même, les échelles de distance deviennent de plus en plus courtes, au point d'atteindre une échelle de distance, la **longueur de Planck** ($l = 1{,}6\,10^{-35}$ m), à partir de laquelle la gravité, qui régit l'infiniment grand, doit être abordée avec les mêmes principes que ceux utilisés pour décrire l'infiniment petit. À **l'ère de Planck**, l'Univers serait alors dans un état où s'appliquerait une nouvelle théorie physique que les spécialistes désignent sous le nom de gravité quantique. À ce jour, les physiciens des laboratoires les plus huppés de la planète n'ont pas encore réussi à formuler une telle théorie.

Ce qui s'est passé ensuite dans le premier cent milliardième de seconde est encore l'objet de bien des spéculations. Les scénarios les plus courants décrivent l'Univers à l'issue de l'ère de Planck comme un milieu homogène en expansion très rapide, avec des conditions phénoménales de densité, de température et de pression. Ce milieu aurait alors connu une phase brutale d'expansion exponentielle, l'inflation. Après l'inflation, l'Univers était un plasma où les particules élémentaires et leurs antiparticules étaient entraînées dans une folle sarabande d'annihilation et de matérialisation.

Étape 3

À un certain point de ce processus de création et de disparition, une réaction de nature encore inconnue aurait un tant soit peu favorisé les particules par rapport à leurs antiparticules. Comme l'Univers continuait son expansion, il se refroidissait. Du coup, l'énergie des particules a diminué jusqu'à tomber au bout d'un cent milliardième de seconde à des niveaux qui peuvent être atteints dans les grands accélérateurs. La suite des événements est donc bien moins spéculative puisque des expériences de physique ont permis d'étudier les réactions mettant en jeu des particules élémentaires dotées d'une telle énergie.

Étape 4

Au bout d'un millionième de seconde, les particules élémentaires se sont combinées pour former les baryons (protons et neutrons) et les antibaryons (antiprotons et antineutrons), avec un tout petit excès de baryons par rapport aux antibaryons. Il s'en est aussitôt ensuivi une annihilation massive entre baryons et antibaryons, qui n'a laissé au bout du compte qu'une toute petite pincée de baryons (un dix milliardième de la quantité de départ) et aucun antibaryon.

Étape 5

Au bout d'une seconde, un processus similaire se produisait pour les électrons et leurs antiparticules, les positons. Il en résulte actuellement une prédominance de la matière sur l'antimatière.

> À chaque particule dotée d'une charge (comme la charge électrique) correspond une **antiparticule** de même masse et de charge opposée. Pour la dénommer, on adjoint à son nom le préfixe anti-, sauf dans le cas de l'électron dont l'antiparticule est dénommée positron (en anglais) ou **positon** (en français). La rencontre d'une particule et de son antiparticule aboutit à leur mutuelle annihilation, un processus qui libère l'énergie de masse des deux corpuscules sous forme de photons ou d'autres particules. La première antiparticule a été découverte en 1932 par le physicien américain Carl Anderson. Il s'agissait d'un positon produit par la collision entre un rayon cosmique et un noyau atomique de l'atmosphère. Récemment, en combinant des antiprotons et des positons, les physiciens sont parvenus à former des atomes d'antihydrogène et ils ont commencé à en étudier les propriétés.

Étape 6

Quelques minutes après le début de l'expansion, la température de l'Univers n'était plus que d'un milliard de kelvins et sa densité comparable à celle de l'air ambiant. C'est alors que des protons et des neutrons se sont combinés pour synthétiser en masse des noyaux d'hélium. Ce processus, connu sous le nom de nucléosynthèse primordiale, s'est poursuivi pendant une quinzaine de minutes, jusqu'au moment où sous l'effet de son expansion, l'Univers devienne trop froid et trop dilué pour que ces réactions de fusion nucléaire puissent encore se produire.

Étape 7

Cette situation s'est prolongée des centaines de milliers d'années, durant lesquelles l'Univers était quand même encore assez chaud pour rester un plasma mêlant électrons libres et noyaux atomiques. Il était toujours opaque au rayonnement que ce plasma chauffé « à blanc » produisait en masse. Ces radiations ne demandaient en effet qu'à interagir avec les électrons libres dont l'Univers était alors farci.

Étape 8

Le refroidissement de l'Univers aidant, les électrons sont parvenus à se combiner durablement avec les noyaux atomiques pour former les premiers atomes. Ce processus, la recombinaison, est survenu un peu moins de quatre cent mille ans après le début de l'expansion. À cette époque, la température de l'Univers était tombée vers les trois mille kelvins. Le milieu, dépourvu d'électrons libres, est alors devenu transparent à son propre rayonnement qui s'est donc propagé librement dans tout l'espace pour constituer cette relique du *Big Bang* connue sous le nom de rayonnement cosmologique.

Qu'appelle-t-on nucléosynthèse primordiale ?

Pour les cosmologistes, le terme de nucléosynthèse primordiale (auquel ils préfèrent parfois celui de nucléosynthèse du *Big Bang*) est la production au cours des premières phases de l'Univers des noyaux atomiques autres que ceux de l'hydrogène-1, à savoir l'isotope le plus léger (et de très loin le plus courant) de l'hydrogène, avec un unique proton comme noyau.

Les isotopes

La nature chimique d'un élément dépend du nombre de protons qu'incorpore le noyau de son atome. Au sein du noyau, les protons sont collés les uns aux autres par l'interaction forte. Mais si forte qu'elle soit, cette force ne suffit pas à contrebalancer les effets de répulsion électromagnétique entre protons, tous porteurs d'une charge électrique du même signe. Pour assurer sa stabilité, le noyau agrège aussi des neutrons, particules d'une masse semblable à celle des protons, dépourvues de charge électrique (d'où leur nom), mais détentrices de l'interaction forte. À nombre égal de protons, un noyau peut très bien s'avérer plus ou moins stable en incorporant un nombre différent de neutrons. Deux ou plusieurs noyaux atomiques ayant le même nombre de protons et des nombres différents de neutrons sont dits isotopes du même élément. Pour distinguer les isotopes d'un même élément, les physiciens nucléaires ont pris l'habitude de faire suivre leur nom du nombre de nucléons (protons et neutrons) qui composent leur noyau. C'est ainsi que l'isotope du carbone à six protons et six neutrons est dénommé carbone-12, celui à sept neutrons, carbone-13.

Dès sa première seconde, l'Univers était un bain de photons où s'agitaient électrons, protons et neutrons, avec environ un neutron pour sept protons. Telles sont les conditions initiales de la nucléosynthèse, un processus qui procède par adjonction de neutrons ou de protons sur les noyaux existants. Dans une première phase, un proton et un neutron s'approche suffisamment près l'un de l'autre pour que l'interaction forte, à très courte portée, s'empresse de les coller l'un à l'autre pour former un noyau atomique composé d'un proton et d'un neutron. C'est un noyau de deutérium, un isotope lourd et stable de l'hydrogène.

Avec un seul proton dans son noyau, le deutérium présente les mêmes propriétés chimiques que l'hydrogène. Un ou deux atomes de deutérium peuvent ainsi se combiner à un atome d'oxygène pour former une molécule d'eau. On la baptise eau lourde, en raison de la masse double du deutérium par rapport à celle de l'hydrogène.

Aux premiers temps de cette phase, l'Univers était encore tellement chaud que les noyaux de deutérium à peine formés étaient promptement désintégrés par des photons énergétiques. Il faudra attendre trois minutes pour que, sous l'effet de l'expansion, la température de l'Univers descende à un niveau tel que les noyaux de deutérium ne soient plus détruits.

Intéressons-nous à nouveau aux collisions entre particules, mais cette fois dans le cas d'un noyau de deutérium et d'un proton se précipitant l'un vers l'autre. Ce sont trois nucléons qui exercent l'interaction forte, à savoir le proton et le neutron du noyau de deutérium et le proton libre. Quant à la répulsion électrostatique, elle n'est soutenue que par les deux particules porteuses d'une même charge électrique, le proton du noyau de deutérium et le proton libre. L'interaction forte surmonte alors sans trop de peine la répulsion électrostatique pour former un nouveau noyau fait de deux protons et d'un neutron. Pas de doute, c'est bel et bien un noyau d'hélium. Il s'agit toutefois d'un noyau d'hélium-3, un isotope de l'hélium, excessivement peu abondant. En effet, la chaleur du fourneau cosmique aidant, les noyaux d'hélium-3, à peine formés, ne demandent qu'à fusionner avec un neutron libre pour former un noyau d'hélium-4, incorporant deux protons et deux neutrons.

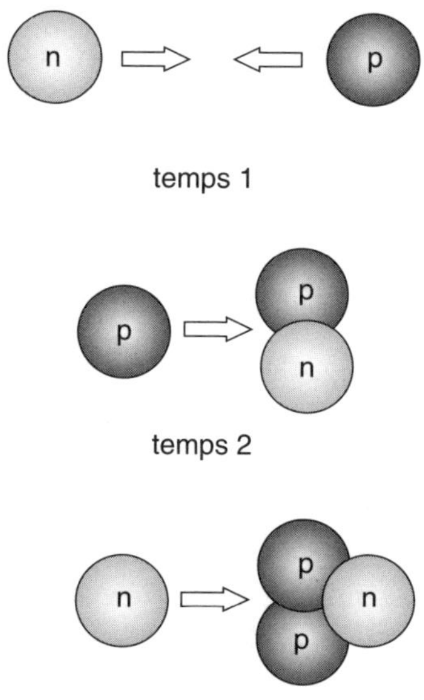

Les trois temps de la synthèse de l'hélium.

Temps 1 : un proton fusionne avec un neutron pour former un noyau de deutérium ; temps 2 : un proton fusionne avec le deutérium pour former un hélium-3 ; temps 3 : un proton fusionne avec l'hélium-3 pour former un hélium-4.

L'Univers s'est ensuite peu à peu refroidi, tant et si bien que vingt minutes après le début de l'expansion, aucune réaction de fusion nucléaire ne pouvait plus se produire. À la fin de la nucléosynthèse primordiale, une phase qui n'a duré qu'une bonne quinzaine de minutes, les abondances relatives des isotopes dans l'Univers étaient alors fixées pour des dizaines de millions d'années.

Le plus abondant, et de beaucoup, était bien sûr l'hydrogène-1 (92 % des noyaux), suivi d'assez loin par l'hélium-4 (8 % des noyaux). À l'issue de la nucléosynthèse primordiale, l'Univers renfermait certes d'autres isotopes, mais à l'état de trace. Par exemple, l'abondance des noyaux de deutérium (ou hydrogène-2) n'était que de un pour cent mille, et bien moins encore s'agissant des autres isotopes légers stables (hélium-3, lithium-6 et lithium-7).

Pour être complet, soulignons que la nucléosynthèse primordiale a aussi produit quelques isotopes instables (ou radioactifs), comme le tritium (ou hydrogène-3), isotope radioactif de l'hydrogène, le béryllium-7 et le béryllium-8. Ces isotopes instables se sont promptement désintégrés, ou alors ils ont fusionné, produisant dans tous les cas un des isotopes stables listés plus haut.

À propos, c'est précisément parce que le béryllium-8 est instable, que la nucléosynthèse primordiale n'a pas produit tous les autres éléments de l'Univers. Impossible en effet de faire fusionner des noyaux aussi inconstants pour former des noyaux plus complexes. Pas question donc d'envisager des réactions où fusionneraient par exemple noyaux de béryllium-8 et noyaux d'hélium-4 pour former des noyaux de carbone-12.

Et pourtant, les astronomes ont détecté beaucoup de carbone dans de nombreux sites cosmiques, à commencer par notre propre planète. Hormis l'hydrogène et l'hélium, c'est même l'élément le plus abondant dans l'Univers actuel. Mais ce carbone a été produit au cœur des étoiles massives, par des réactions nucléaires aptes à faire fusionner trois noyaux d'hélium-4. Il s'agit là d'un processus beaucoup trop lent pour avoir pu se dérouler dans un univers primordial qui se refroidissait beaucoup trop vite. Et c'est heureux, car sinon, les processus de nucléosynthèse se seraient peut-être enchaînés au point d'aboutir à un univers où tous les noyaux atomiques seraient des noyaux de fer…

Qu'appelle-t-on rayonnement cosmologique ?

C'est la radiation électromagnétique (donc de même nature que la lumière) que l'Univers a laissé filtrer quand noyaux et électrons du plasma primordial se sont combinés pour former les atomes, environ quatre cent mille ans après le début de l'expansion. Un tel rayonnement était alors typique de celui que doit produire un corps porté à trois mille kelvins, la température de l'Univers à l'époque de la recombinaison. En application des lois qui régissent les émissions de rayonnement électromagnétique par des corps chauffés, la longueur d'onde préférentielle de celui produit à cette étape du jeune Univers se situait donc vers les mille nanomètres.

Ce rayonnement baigne tout l'Univers. Il est perçu comme semblant provenir avec la même intensité de toutes les directions. Solidaire du tissu même de l'Univers, sa longueur d'onde s'est donc allongée au fur et à mesure que l'espace s'étirait sous l'effet de l'expansion. Du coup, il est détecté aujourd'hui dans les bandes des ondes radio millimétriques (autour de 1,9 mm) et il apparaît comme typique du rayonnement que produirait un corps dont la température serait de moins de trois kelvins (2,725 K précisément).

Le physicien américain d'origine russe, George Gamow, avait dès 1948 prédit que le *Big Bang* avait produit un rayonnement rémanent qui, sous l'effet de l'expansion, devrait emplir tout l'Univers d'une radiation typique d'un corps porté à une température de quelques kelvins. Les astrophysiciens de l'époque n'ont pas tenté de détecter ce rayonnement, moins par manque de moyens de détection que par absence d'intérêt pour ce qu'ils considéraient comme une élucubration d'un physicien trop porté sur la vulgarisation scientifique.

En 1964, le physicien américain d'origine allemande Arno Penzias et l'astronome américain Robert Wilson, tous deux des laboratoires de la compagnie Bell Telephone, expérimentaient un nouveau type d'antenne développé pour la radioastronomie et les communications par satellite. Ils ont alors vite constaté que leur appareil enregistrait dans la bande des micro-ondes un bruit de fond apparemment inexplicable, sauf à l'identifier avec ce rayonnement cosmologique que Gamow avait prévu seize ans plus tôt. Cette découverte, au demeurant assez fortuite, a valu à Penzias et Wilson le prix Nobel de physique 1978.

Au moment même où les deux spécialistes en détection radio découvraient le fond cosmologique, l'astrophysicien Robert Dicke et ses collègues de l'Université de Princeton construisaient une antenne avec l'objectif avoué de détecter ce même rayonnement. On raconte que lorsque Dicke apprit la découverte de Penzias et Wilson, il aurait dit à son équipe : « eh bien les gars, nous nous sommes fait doubler ». Ce n'est que l'année suivante que les astrophysiciens de Princeton détectèrent à leur tour le fond diffus cosmologique dans les bandes centimétriques.

> **La mise en évidence d'un rayonnement isotrope a été vite considérée comme un argument décisif en faveur de la théorie du Big Bang.**

La mise en évidence d'un rayonnement isotrope de nature thermique a été vite considérée comme un argument décisif en faveur de la théorie du *Big Bang*, d'autant plus que les théories cosmologiques rivales ne parvenaient pas à fournir une explication satisfaisante à ce fond cosmique. Il est resté ce terme de « bruit de fond cosmique micro-onde », dont on affuble souvent le rayonnement cosmologique, comme pour mieux rappeler les circonstances de sa découverte. Depuis les années 1960, le rayonnement cosmologique a été l'objet de campagnes d'observation sans précédent menées dans les bandes spectrales où le fond cosmique se manifeste avec le plus d'intensité, à savoir les bandes des rayonnements radio à haute fréquence et celle de l'infrarouge à grande longueur d'onde. Dans les deux cas, effectuer de telles études est un véritable défi pour les astronomes.

La mesure d'un rayonnement thermique à très basse température est en effet affectée par le bruit, lui aussi de nature thermique, que rayonne le dispositif expérimental. De plus, il faut aussi s'assurer que l'on mesure bien une radiation isotrope, censée provenir de toutes les régions du ciel avec la même intensité. Il convient donc de mettre en œuvre des appareils à grand champ de vue et, si possible, être capable de balayer toute la voûte céleste avec le même instrument.

Autant de contraintes notablement allégées pour peu que les mesures soient menées à bord de véhicules spatiaux. Ces dernières ne sont plus en butte à l'émission thermique que produit l'atmosphère terrestre, une source de bruit qui affecte tous les télescopes, même ceux placés dans les sites les plus favorables de ce point de vue, comme le pôle Sud. Il est également plus facile de maintenir à très basse température un appareil qui fonctionne dans le vide spatial. Un observatoire spatial est enfin le mieux placé pour balayer toute la voûte céleste.

Une image de la voûte céleste bâtie avec les données recueillies pendant les trois premières années d'observation du rayonnement cosmologique menées avec la sonde WMAP (*Wilkinson Microwave Anisotropy Probe*, sonde Wilkinson de l'anisotropie micro-onde). Elle révèle les infimes fluctuations de température de l'Univers (symbolisées par des nuances de couleurs) quatre cent mille ans après le début de l'expansion, dans une gamme de plus ou moins deux cents microkelvins autour de T = 2,725 K. (Voir cahier couleur.) © NASA.

En dépit du coût très élevé des missions spatiales, c'est donc à bord de véhicules spatiaux qu'ont été recueillies les données les plus pertinentes sur le rayonnement cosmologique. Les plus récentes sont à porter au crédit de la sonde spatiale américaine WMAP, en attendant celles, encore plus précises, que fournira la mission européenne Planck.

Évolution de l'Univers après la recombinaison

Quand les astrophysiciens traduisent en termes de fluctuations de densité les infimes disparités de température autour de la valeur moyenne (T = 2,725 K) que dénote l'image produite par WMAP, ils en concluent qu'à l'époque de la recombinaison, l'Univers était d'une remarquable homogénéité. L'Univers actuel est certes réputé homogène, du moins à très large échelle. C'est même un des postulats du principe cosmologique sur lequel se fonde la théorie du *Big Bang*. Situation fort différente à des échelles plus petites : les grands relevés astronomiques font en effet apparaître de vastes structures bordant d'immenses zones de vides profonds.

Comment un univers aussi homogène, quatre cent mille ans après le début de l'expansion, a-t-il pu évoluer vers un état des plus hétérogènes, où la matière s'est condensée en étoiles et galaxies, elles-mêmes arrangées en amas et filaments creusées d'immenses cavités ? Voilà des lustres que les astrophysiciens tentent de comprendre cette évolution dont ils connaissent l'état initial et l'état final, mais dont ils ignorent bien des épisodes. Mais aujourd'hui, à coup de simulations numériques impliquant les ordinateurs les plus performants de la planète, ils semblent désormais en mesure de nous en décrire à grands traits les principales péripéties.

Avant la recombinaison, les interactions entre matière et rayonnement bloquaient le développement de ces fluctuations de densité qu'ont révélées les observations du rayonnement cosmologique. Mais dès que noyaux et électrons ont composé les atomes, les fluctuations initiales de densité ont pu alors se développer dans un univers devenu neutre. Elles vont alors croître jusqu'à former d'énormes grumeaux dont la taille est celle d'une galaxie naine. Comme aucune source de lumière ne s'est encore allumée, les astrophysiciens ont dénommé « âges sombres » cette phase où l'Univers a construit ses premières structures.

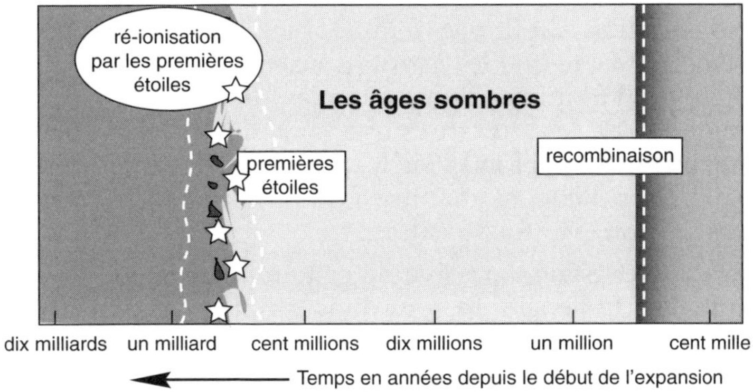

L'évolution de l'Univers débute (à droite sur le schéma) à partir d'un état ionisé et très homogène, qui, au bout de quatre cent mille ans, devient neutre après la recombinaison. Au cours des âges sombres qui s'ensuivent, des grumeaux de matière se constituent à partir des fluctuations initiales de densité jusqu'à former des entités de la taille d'une galaxie naine. Après cent millions d'années, les premières étoiles qui se sont alors formées dans les galaxies embryonnaires contribuent à ioniser à nouveau l'Univers, un état qui prévaut encore de nos jours, plus de treize milliards d'années après le début de l'expansion.

> **L'Univers est avant tout rempli de matière noire.**

Cette période mérite bien d'être qualifiée de sombre, tant les processus qui ont conduit à la formation de ces premières structures nous semblent encore mystérieux. Certes les astrophysiciens parviennent à simuler cette évolution par le calcul. Mais pour parvenir à un état final conforme aux observations, ils doivent postuler que l'Univers est avant tout rempli de matière noire, une forme de matière bien plus abondante que la matière baryonique, celle dont sont faits les noyaux des atomes.

Les spécialistes en évolution de l'Univers prétendent que cette entité mystérieuse, pour jouer le rôle qu'ils lui assignent, doit être faite de particules très massives, mais très lentes. Qui dit faible degré d'agitation dit basse température, d'où l'appellation de matière noire froide que les astrophysiciens attribuent à ce sombre ingrédient qu'il faut injecter massivement dans l'Univers pour que ce dernier bâtisse les structures que nous découvrons aujourd'hui en sondant le ciel profond. Sachez que cette matière noire fera à nouveau parler d'elle au chapitre 8 où nous apporterons quelques lumières sur son éventuelle nature.

Grâce à la présence massive de cette matière noire, les fluctuations initiales de densité se sont donc rapidement densifiées sous l'effet de leur propre gravité. Au bout de cent millions d'années à peine, des agencements de la taille d'une galaxie naine avaient déjà pris forme. Le temps passant, ces derniers ont peu à peu fusionné pour constituer de plus grandes structures, à savoir les galaxies qui peuplent l'Univers. Les galaxies modernes, comme la Voie lactée, sont donc le résultat de la coalescence d'un grand nombre de ces caillots, constitués essentiellement de matière noire.

Piégée dans les galaxies embryonnaires, la matière baryonique s'est alors condensée et fragmentée jusqu'à créer des étoiles. Les astrophysiciens estiment que cette première génération d'astres comportait surtout des objets très massifs, particulièrement aptes à produire des flots de rayons ultraviolets. Ces derniers sont bien connus des montagnards pour être des plus mordants. Filtrant partout dans l'espace environnant, ce rayonnement au fort pouvoir ionisant a donc rompu sur son passage les liens unissant électrons et noyaux. De proche en proche, tout l'Univers s'est retrouvé à nouveau ionisé. Et c'est précisément dans cet état qu'il se trouve aujourd'hui.

Les rivales de la théorie du Big Bang

Presque tous les astrophysiciens considèrent aujourd'hui que la théorie du *Big Bang* est la meilleure manière de décrire l'origine de l'Univers. Mais cela n'a pas toujours été le cas. Dans l'immédiat après-guerre, un débat faisait rage entre les tenants de la théorie du *Big Bang* (à ce moment basée avant tout sur la seule expansion de l'Univers), et la théorie de l'état stationnaire, défendue par nombre de physiciens.

Connue aussi sous le nom de théorie de la création continue, cette alternative au *Big Bang* avait été développée en 1948 par le mathématicien et cosmologiste anglais d'origine autrichienne, Hermann Bondi, par un autre astrophysicien d'origine autrichienne, Thomas Gold, et par l'astronome anglais Fred Hoyle. Nous vous avons décrit plus haut dans quelles circonstances ce dernier avait lancé l'expression de *Big Bang* pour mieux brocarder la théorie rivale de celle qu'il défendait.

L'idée d'un univers statique était depuis longtemps considérée comme intenable dans le cadre de la relativité générale. Einstein avait pourtant introduit dans ses équations les additifs propres à équilibrer un univers qu'il voulait statique (voir le chapitre 8 et l'encadré sur la constante cosmologique), mais en vain. À la fin des années 1940, l'expansion de l'Univers était devenue un fait admis par tous. Bondi, Gold et Hoyle avaient alors lancé l'idée que l'Univers était certes en expansion, mais qu'il ne changeait pas d'aspect avec le temps.

Conséquence d'un principe cosmologique poussé ainsi à l'extrême, l'Univers n'aurait ni début, ni fin. Mais pour éviter que sous l'effet de l'expansion, la densité moyenne de l'Univers ne diminue, les trois scientifiques avaient postulé que de la matière devait être créée en continu. Les quantités requises étaient certes minimes : de l'ordre d'un atome d'hydrogène par mètre cube et par milliards d'années !

Mais plus les mesures s'accumulaient, plus ce processus de création continue collectionnait les problèmes, à commencer par la teneur de l'Univers en éléments légers. Cette fameuse matière, dont la théorie de l'état stationnaire postulait la création spontanée, devait en effet être composée, entre autres, de deutérium, d'hélium-3 et d'hélium-4 dans les proportions requises par les observations. Or aucun processus connu, hormis la théorie du *Big Bang*, ne permet de reproduire les abondances observées de ces isotopes…

C'est finalement la découverte du rayonnement de fond cosmique micro-onde qui devait faire basculer en faveur du *Big Bang* l'opinion des astrophysiciens les plus sceptiques. Autant ce rayonnement s'expliquait tout naturellement dans le cadre de la théorie du *Big Bang*, autant la théorie de l'Univers stationnaire peinait à en fournir une explication convaincante. Comme le physicien et cosmologiste anglais Stephen Hawking se plaît à le répéter, la découverte du fond cosmique micro-onde a planté le dernier clou dans le cercueil de la théorie de l'état stationnaire.

Bien triste fin pour la théorie de l'état stationnaire.

Pourquoi la théorie de l'Univers stationnaire a-t-elle connu un tel succès dans les années 1950, en dépit de bases théoriques assez peu solides ? C'était sans doute parce qu'elle évitait de se poser des questions gênantes sur la création de l'Univers. À cette époque, beaucoup de scientifiques refusaient d'instinct l'idée que l'Univers ait eu un début, une vision que d'aucuns auraient pu taxer de créationniste... Ils craignaient en effet que la science s'effondre à cet instant précis et qu'il faille invoquer la main de Dieu... Pas étonnant qu'au plus fort de la guerre froide, la théorie du *Big Bang* ait été alors considérée avec réticence par les physiciens soviétiques alors qu'elle emportait déjà l'adhésion des Américains !

Le créationnisme

Cette théorie postule que le monde est la création d'un dieu omnipotent. C'est une des croyances fondamentales des trois grandes religions monothéistes qui font référence à la Bible et à son Livre de la Genèse. Le créationnisme moderne recouvre aujourd'hui l'opposition à la théorie de l'Évolution issue des travaux de Lamarck et de Darwin au XIXe siècle, théorie admise par l'ensemble de la communauté scientifique actuelle. Les créationnistes affirment que la création du monde par Dieu en six jours est la seule vérité scientifique et récusent toute théorie de l'évolution, invoquant l'intervention miraculeuse de Dieu durant la « semaine de la création ». Aux États-Unis en particulier, le créationnisme s'est d'abord répandu dans certains états agricoles du sud, pénétrant également par la suite des franges instruites ou lettrées de la population des états du nord ou d'Australie. Le conflit entre le créationnisme et l'évolutionnisme se situe d'abord dans le domaine sensible de l'enseignement scolaire, étant à l'origine de plusieurs procédures juridiques, entraînant des affrontements qui mobilisent à chaque fois l'opinion publique à travers des procès très médiatisés. Certains états américains ont même obtenu de la Cour Suprême que les deux théories soient enseignées aux élèves à parité, comme deux théories scientifiques équivalentes.

Et avant le Big Bang ?

Nous avons vu que les meilleurs cosmologistes ne sont pas encore en mesure de nous décrire les tout premiers instants de l'Univers. Il serait donc assez vain d'exiger d'eux qu'ils nous fournissent ne serait-ce qu'une esquisse des conditions qui prévalaient avant le *Big Bang*. Place donc aux spéculations. En la matière, les spécialistes ne manquent pas de propositions, mais il serait certainement fastidieux de les détailler, d'autant que chacune d'elles comporte son lot d'hypothèses n'ayant pas encore été mises à l'épreuve. Il convient toutefois de noter que certaines de ces spéculations tiennent le *Big Bang* pour un type d'événement qui se produirait ici ou là, dans une entité plus vaste, une sorte de méta-univers, le multivers.

Pour le physicien russe Andrei Linde et les tenants du multivers, cette usine à *Big Bang* serait une écume quantique, un milieu où les lois de la physique telles que nous les connaissons ne sont plus de mise. La notion de temps pourrait ainsi n'avoir plus de sens : impossible de dire qu'un événement se situe auparavant, après ou pendant un autre. La notion d'espace deviendrait elle aussi difficile à appréhender : l'espace n'est plus qu'un objet quantique, à savoir une superposition d'états observables avec une certaine probabilité dans une topologie donnée. Selon les cas, il serait tour à tour perçu comme plat, courbe, avec des trous, avec des bosses…

À très petite échelle, sous l'emprise de fluctuations d'énergie, l'écume quantique prend l'aspect d'une sorte de mousse dont chaque minuscule bulle serait un univers en devenir. À une petite fluctuation d'énergie correspondrait une bulle qui pourrait connaître une phase d'expansion mais qui finirait par se contracter et disparaître. Mais si la fluctuation d'énergie dépasse une certaine valeur critique, la bulle subirait une phase d'expansion à long terme débouchant sur un univers armé d'une physique qui lui serait propre et qui pourrait éventuellement conduire à la formation de matière. Bref, à l'éclosion d'un univers comme le nôtre !

Le point faible de ces spéculations est qu'elles échappent à toute vérification. Elles se situent donc en dehors de la méthode scientifique proprement dite. Mais elles offrent une manière élégante de régler une des questions les plus lancinantes que pose notre univers, à savoir que les constantes de notre physique (comme la constante de la gravitation ou la masse de l'électron, entre autres) semblent avoir été ajustées de manière à ce que l'évolution de notre univers aboutisse à la pensée intelligente. Si la formation de l'Univers devient un processus banal au sein du multivers, rien d'étonnant en effet que celui dans lequel nous nous trouvons ait été doté des constantes de la physique propres à faire émerger des êtres pensants… Voilà évacué en douceur un nouvel avatar du créationnisme. Mais attention, quand le créationnisme sort part la porte, il revient par la fenêtre…

7

Les trous noirs

Trou noir… On en conviendra, c'est le plus fascinant et le plus mystérieux de tous les termes que les astrophysiciens aient jamais mis en circulation… Mais sans mauvais jeu de mot, c'est aussi le plus obscur ! Pour preuve, la disparité des définitions qui abondent dans la littérature. En fait, l'idée que tout un chacun se fait d'un trou noir est assez proche de sa définition la plus correcte, à savoir celle d'un astre si dense que rien ne peut en sortir, même pas la lumière. En poussant le bouchon un peu plus loin, il serait même possible de dire qu'un trou noir est un astre si dense et si compact qu'il retient tout, à commencer par la preuve de sa propre existence ! C'est certes paradoxal, mais ce n'est pas très satisfaisant. Une telle définition est tout juste digne d'un café du commerce – quand bien même on le rebaptiserait bar des sciences. Mais alors, c'est quoi, un trou noir ?

Un astre qui retient la lumière

Après avoir précisé qu'un trou noir est une région de l'Univers d'où rien ne peut s'échapper, ni matière, ni lumière, reste à en saisir la nature profonde. Au préalable, il est bon de rappeler que les trous noirs sont des enfants de la théorie de la relativité d'Einstein – enfants non désirés, à vrai dire. Doit-on pour autant être diplômé en physique relativiste pour appréhender la nature véritable des trous noirs ? Si ce n'est pas votre cas, voici, en guise de boîte à outils, un petit abrégé de relativité générale propre à faciliter la compréhension des astres les plus extrêmes de l'Univers. Rassurez-vous, ce petit aide-mémoire ne comportera qu'une seule formule, et vous la connaissez déjà… mais n'anticipons pas.

À titre d'apéritif, il convient d'admettre que l'espace et le temps sont les entités les plus fondamentales de l'Univers. Ils sont les mêmes pour tous et partagés par tous. Ils doivent donc être placés sur un pied d'égalité, ce qui explique pourquoi le tissu même de l'Univers doit être qualifié d'espace-temps, à savoir un espace à quatre dimensions, les trois de notre espace familier auxquelles s'ajoute la flèche du temps.

C'est bien joli, mais qu'en est-il de la vitesse, autrement dit, de la mesure de l'espace divisée par la mesure du temps ? Tout naturellement, le caractère universel de l'espace et du temps implique l'existence d'une vitesse universelle, la même pour tous les observateurs, quels que soient leurs mouvements relatifs. Tout observateur cherchant à mesurer la vitesse d'une entité se mouvant à la vitesse universelle trouve donc toujours la même valeur. Ce constat peut vous sembler assez banal, mais ses conséquences le sont beaucoup moins. Voyez plutôt :

- La vitesse universelle est une vitesse limite. Pas question d'aller plus vite que la vitesse universelle, on ne peut que l'atteindre.
- Une particule animée de la vitesse universelle n'est jamais au repos par rapport à quoi que ce soit. Son repos n'existe pas. Sa masse au repos pas d'avantage, qui de ce fait ne peut être que nulle.

L'existence même de la vitesse universelle signifie qu'il existe des particules de masse nulle. La plus célèbre d'entre elles, c'est le photon, la particule de lumière. Du coup, il devient possible de confondre vitesse universelle et vitesse de la lumière, une constante de la physique dénotée par la lettre c (comme célérité).

Passons maintenant à la gravité. Aucun doute quant à l'universalité de cette force. Rien ne lui échappe. Bien sûr, toutes les particules dotées d'une masse sont tenues de subir son emprise. Mais même le photon, particule de masse nulle, doit aussi courber l'échine devant la gravité. En effet, en tant que particule de masse nulle, le photon ne peut être qu'en mouvement, et un mouvement c'est une énergie, donc une masse, en vertu de la loi d'équivalence masse-énergie $E = mc^2$ que nous avons déjà mise en avant quand il s'agissait d'expliquer pourquoi le Soleil brille.

Le principe de base des lois de Newton est que l'action de la gravité sur quoi que ce soit se traduit par une altération de vitesse. D'autre part, nous venons de postuler que le photon subit la gravité. Le photon est une particule de masse nulle. De ce fait, il est tenu de se propager à la vitesse universelle c. Puisque la gravité agit sur le photon, une telle action doit donc impérativement s'exercer sans en modifier la vitesse…

Nous voilà face à une contradiction, et elle est de taille. Comment la lumière ressent-elle la gravité ? Peut-on représenter l'action de la gravité sur un photon sans remettre en cause le fait qu'il se propage à la vitesse universelle ? Tentons une image, celle d'un bouchon emporté par un cours d'eau. Ce dernier s'incurve, le bouchon suit. Le bouchon est-il pour autant soumis à l'action d'une force ? Non, bien sûr ! Et pourtant, sa trajectoire se courbe à l'instar de celle du cours d'eau où il flotte librement…

Bouchon emporté au fil de l'eau.

Passons au photon. Pas de doute : le photon se propage librement dans l'espace. Pour que l'analogie soit complète, disons qu'il « flotte » dans l'espace. Il suffit alors de postuler que la gravité découle de la géométrie même de l'espace-temps. Plus forte serait la gravité, plus forte serait la courbure de l'espace-temps. Or la gravité s'accroît quand une masse de plus en plus grande se concentre dans un volume de plus en plus petit. Il est donc tout à fait concevable qu'à proximité d'un astre très dense, l'espace se courbe au point où la lumière ne puisse plus s'échapper…

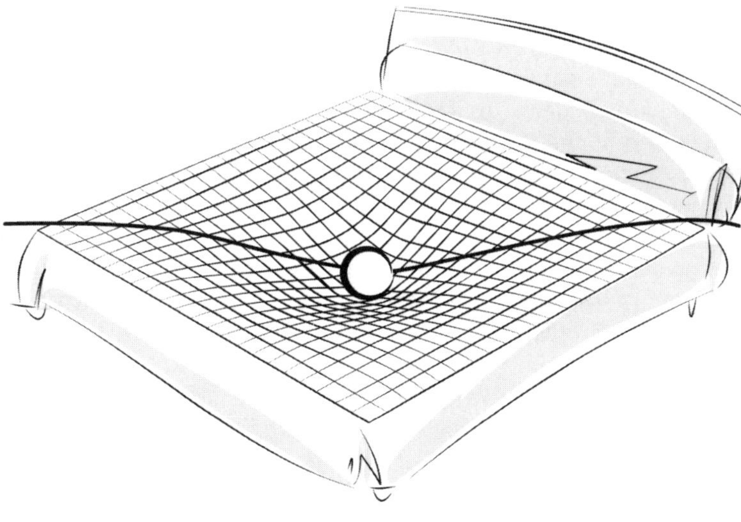

Un corps massif étire et distord l'espace (représenté ici à deux dimensions), à l'instar d'une boule de pétanque posée sur un édredon bien tendu. Épousant les déformations l'espace, un rayon lumineux qui se propage au voisinage du corps massif infléchit sa trajectoire, signe qu'il en subit bien la gravité.

Nous y voilà ! En nous appropriant les préceptes à la base de la théorie de la relativité générale d'Einstein, nous ne pouvons pas nous soustraire à la notion même de trou noir, à savoir un astre si dense qu'il retient tout, même la lumière.

Albert Einstein

Il naquit à Ulm, en Allemagne, en 1879. L'année suivante, sa famille s'installait à Munich où son père et son oncle avaient fondé une petite entreprise d'équipement électrique. À l'école élémentaire, il fut un très bon élève, bien que présentant des difficultés d'élocution. Après des études secondaires chaotiques, en raison du départ de ses parents en Italie à la suite de la faillite de l'entreprise familiale, Einstein obtenait finalement son baccalauréat à Aarau, en Suisse. À dix-sept ans, après avoir renoncé à la nationalité allemande pour échapper au service militaire, il s'inscrivait à l'Institut Fédéral de Technologie de Zurich dont il sortait en 1900 avec en poche un diplôme de physique. Devenu citoyen suisse en 1901, Albert Einstein devait deux ans plus tard obtenir un poste permanent au bureau fédéral des brevets, à Berne. Il n'avait alors aucun contact avec la communauté scientifique, mais une grande partie de son travail au bureau des brevets consistait à examiner des innovations sur la transmission de signaux électriques et des dispositifs propres à synchroniser les horloges. Ces activités ont certainement contribué à faire germer dans l'esprit d'Einstein les expériences par la pensée qui devaient le conduire à ses conclusions radicales sur la nature de la lumière et sur les rapports entre l'espace et le temps. En 1905, il publiait dans *Annalen der Physik* (les annales de la physique), la grande revue allemande de physique, quatre fameux papiers considérés aujourd'hui comme ayant révolutionné la physique. La même année, il se voyait décerné le titre de docteur de l'Université de Zurich. Jusqu'au début des années 1930, Einstein allait alors partager ses activités scientifiques entre Zurich, Prague, et surtout Berlin où il formulait en 1915 sa théorie de la relativité générale. Après avoir repris la nationalité allemande en 1919 et s'être vu décerner le Prix Nobel de physique en 1921, Einstein allait connaître une période de célébrité croissante jusqu'à son exil aux États-Unis motivé par la montée du nazisme en Allemagne et l'annonce des lois excluant les juifs de toutes fonctions universitaires. Installé à Princeton, dans le New Jersey, Einstein révélait en août 1939 au président Roosevelt la possibilité de réaliser une arme nouvelle utilisant la fission de l'atome et lui signalant les progrès allemands en la matière. Einstein, pacifiste sincère, sera ainsi à l'origine de la première bombe atomique. Devenu citoyen américain en 1940, Einstein allait mettre après la guerre sa popularité mondiale au service d'un pacifisme sans faille. Mort en 1955 à l'hôpital de Princeton, Einstein est considéré comme le plus grand scientifique du XXe siècle.

Qui a « inventé » les trous noirs ?

Einstein n'était pas d'humeur à accepter l'existence d'astres aussi extravagants. C'est un de ses contemporains, l'astronome allemand Karl Schwarzschild, membre comme lui de l'Académie Royale des Sciences de Prusse, qui a été le premier à comprendre que la théorie de la relativité générale conduisait tout droit au trou noir. Voici l'histoire insolite de cette découverte…

> **Le temps, infiniment dilaté, apparaît comme gelé.**

Automne 1915 : la guerre avait étendu son emprise à toute l'Europe. Officier d'artillerie sur le front germano-russe, Karl Schwarzschild – dans le civil, directeur de l'observatoire de Postdam, près de Berlin –, meublait ses loisirs en lisant les Comptes Rendus de l'Académie Royale des Sciences de Prusse. Dès qu'il avait eu entre les mains le numéro du 25 novembre 1915, Schwarzschild avait bien sûr remarqué ce fameux article où Einstein avait formulé sa théorie de la relativité générale. En bon astronome, il s'était aussitôt interrogé sur ce que pouvait bien prédire la théorie de la relativité quant à la géométrie de l'espace autour d'un corps massif, une étoile par exemple. En quelques jours à peine, tout en assurant son service d'officier d'artillerie, Karl Schwarzschild était parvenu à calculer la courbure de l'espace-temps qui prévaut à l'extérieur d'une étoile. Malheureusement, à peine quatre mois plus tard, Schwarzschild décédait des suites d'une pneumonie contractée sur le front.

Comme paramètre clé de sa géométrie, Schwarzschild avait introduit une sphère critique, dont le rayon est connu depuis sous le nom de rayon de Schwarzschild. Il s'agit d'un paramètre qui ne dépend que de la masse de l'étoile considérée. À chaque étoile, son rayon de Schwarzschild. Plus l'étoile est dense, plus son rayon est proche de son rayon de Schwarzschild et plus grande est la distorsion de l'espace-temps alentour. Si le rayon de l'étoile devient égal à son rayon de Schwarzschild, la distorsion de l'espace-temps est alors telle qu'à la surface de l'astre, le temps, infiniment dilaté, apparaît comme gelé. Or la longueur d'onde de la lumière qu'émet l'étoile augmente dans la même proportion que le temps est distendu. À la surface de l'astre, la longueur d'onde s'accroît indéfiniment : la lumière cesse d'exister. Un observateur extérieur ne voit plus aucune lumière lui provenir de l'étoile…

Nous pourrions tout aussi bien dire qu'un astre très dense « creuse » dans l'espace-temps un trou si profond que la lumière elle-même ne peut plus s'en extraire. D'où ce nom de trou noir que le physicien américain John Wheeler lui a décerné en 1967. Rien ne caractérise mieux un trou noir que la sphère de rayon égal à son rayon de Schwarzschild.

> Les **trous noirs** sont des astres dont le rayon est inférieur à leur rayon de Schwarzschild et qui creusent dans la structure même de l'espace-temps un trou si profond que rien, même la lumière, ne peut s'en échapper.

Portant le nom fort évocateur d'horizon des événements, la surface de cette sphère sépare notre univers d'une région dont il est déconnecté. Ce qui se passe en deçà de l'horizon ne pourra jamais exercer une influence sur l'extérieur où seule persiste la courbure de l'espace-temps qu'imprime le trou noir. En effet, un événement se produisant en un point A ne peut être dit cause d'un autre événement survenant en un point B que si la distance entre A et B peut être parcourue par la lumière dans un temps inférieur à l'âge de l'Univers. Puisque la lumière ne peut pas franchir l'horizon d'un trou noir, ce dernier rompt à jamais tout lien de causalité entre l'intérieur et l'extérieur…

Pour en terminer avec l'histoire de ces astres les plus singuliers de l'Univers, sachez qu'à l'époque même où les physiciens retrouvaient la piste des trous noirs, les historiens des sciences réalisaient que cette notion issue de la théorie de la relativité d'Einstein, n'était pas sans rapport avec celle de « corps obscur », chère à certains des savants adeptes de Newton à la fin du XVIIIe siècle. Quelques beaux esprits, comme le révérend anglais John Michell et le mathématicien français Pierre-Simon de Laplace, avaient alors montré qu'il pouvait exister des corps dont « toute la lumière émise y retournerait par sa gravité propre ».

Un trou noir divise l'espace en deux régions séparées par une surface immatérielle, l'**horizon**, dont le rayon est égal au rayon de Schwarzschild du trou noir en question. La région interne ne peut pas communiquer avec l'extérieur et rien de ce qui franchit l'horizon ne peut revenir en arrière.

Ce n'était cependant là que pures spéculations, menées sous couvert d'une autre hypothèse du grand Newton. Cette dernière conjecture, très en vogue à l'époque, mais qui s'avéra fausse par la suite, était que la lumière se composait de grains de matière. Dès le début du XIXe siècle, l'engouement des savants pour une nature ondulatoire de la lumière avait contribué à mettre au rancart l'hypothèse d'une lumière faite de corpuscules pesants. Du même coup, l'idée qu'un corps massif puisse emprisonner la lumière avait été abandonnée...

Les trous noirs existent-ils vraiment ?

La notion de trou noir ne s'oppose pas aux lois de la physique, comme Schwarzschild l'a démontré. Mais des astres aussi insensés existent-ils bien dans l'Univers ? Ne seraient-ils pas que pure spéculation de l'esprit ? Et de fait, pendant des lustres, la grande majorité des physiciens a nié la réalité des trous noirs ! En 1939, plus de deux décennies après avoir posé les fondements de la théorie de la relativité, Einstein lui-même publiait un article dans une revue scientifique réputée où il s'ingéniait à démontrer qu'un trou noir ne pouvait pas se former. Il est quand même piquant de voir le père de la relativité générale – la théorie à l'origine de la notion même de trou noir – utiliser sa propre théorie pour nier l'existence de tels astres !

Pourtant, en se basant aussi sur cette même théorie de la relativité, l'américain Robert Oppenheimer démontrait à la même époque que l'effondrement du cœur d'une étoile pouvait conduire à la formation d'un trou noir. Mais les astronomes n'avaient pas encore isolé le moindre objet céleste susceptible d'attester l'existence d'astres effondrés. Du coup, ces travaux purement théoriques avaient été délaissés, la deuxième guerre mondiale et le projet Manhattan se chargeant de détourner Oppenheimer de ses travaux sur les étoiles effondrées.

Au cours des années 1950 et 1960, les progrès de la technique, en particulier dans le domaine des fusées, offraient aux astronomes l'opportunité d'explorer le cosmos du domaine des ondes radio jusqu'à ceux des rayons X et des rayons gamma. Cette révolution de l'astronomie n'a pas tardé à porter ses fruits en révélant une série d'objets célestes, tous plus formidables les uns que les autres. Les radioastronomes avaient ouvert le bal avec les quasars, astres ultra lumineux que nous avons déjà croisés au chapitre 5. Les astronomes opérant dans la bande des rayons X avaient suivi de près avec les binaires X, les sources les plus énergétiques de la Voie lactée. Partis plus tard, les astronomes du domaine des rayons gamma se sont rattrapés avec les sursauts gamma, les explosions cosmiques les plus violentes de l'Univers, que nous aborderons dans les pages suivantes.

Les binaires X

Dans un système binaire – couple de deux étoiles orbitant autour d'un centre de gravité commun – les conditions sont parfois réunies pour l'un des deux astres capture les couches externes de son compagnon, un processus que les astronomes dénomment accrétion. Pour peu qu'elle soit animée d'un mouvement de rotation sur elle-même, la matière ainsi accrétée tombe en tourbillonnant, à la manière de l'eau s'écoulant au fond d'un lavabo. Elle ceinture alors l'astre compact d'une couronne massive, le disque d'accrétion. À l'instar des anneaux de Saturne, un disque d'accrétion ne tourne pas d'une manière rigide : en vertu des lois de Kepler, la vitesse de rotation d'une cellule de matière proche du centre est plus élevée que celle d'une cellule périphérique. On imagine sans peine que, se déplaçant ainsi l'une à côté de l'autre à des vitesses différentes, toutes ces cellules soient le siège de violents phénomènes de friction. Sous l'effet de cette forme de viscosité, chaque cellule évacue son trop plein de rotation et tombe en spirale vers l'intérieur. En même temps, la viscosité contribue à élever la température du disque. C'est en particulier le cas des zones les plus internes qui produisent les rayonnements les plus intenses. Pour peu que l'astre accrétant soit très compact et très dense (une étoile à neutrons ou un trou noir stellaire), le bord interne du disque est si chaud qu'il brille d'un vif éclat se manifestant surtout dans la bande des rayons X, d'où ce nom de binaire X attribué à ce type de sources de rayons X parmi les plus intenses de la Galaxie.

Point commun entre tous ces phénomènes : la présence d'un trou noir semble le moyen le plus plausible, voire le seul, pour expliquer l'intensité des émissions observées. Sous la baguette magique des astrophysiciens, ces trous sans fond dans l'espace-temps, a priori passifs et invisibles, mais aptes à susciter dans leur proche environnement les phénomènes les plus énergétiques, sont devenus les moteurs des sources les plus extrêmes de l'Univers…

Comment « voir » un trou noir ?

Dès la fin des années 1960, les astronomes avaient été sommés de chasser le trou noir. Mais comment battre les buissons cosmiques pour débusquer des objets aussi proprement invisibles, puisque rejetés au-delà de l'horizon des événements ? Une piste : traquer les effets que le champ de gravitation d'un trou noir continue d'exercer sur la matière alentour.

Quand un grain de matière de masse m tombe en chute libre sur un astre, sa vitesse augmente. Du coup, il gagne un surcroît d'énergie sous forme d'énergie cinétique. Si l'astre vers lequel le grain de matière se précipite est un trou noir, sa vitesse s'accroît au point d'atteindre au voisinage immédiat de l'horizon une valeur proche de la vitesse de la lumière. L'énergie E que gagne alors notre grain de matière est du même ordre que son énergie de masse, celle que lui confère la relation masse-énergie $E = mc^2$. Mais comment éviter que toute cette énergie se perde à jamais au-delà de l'horizon du trou noir ? Il suffit par exemple que le processus d'accrétion passe par la formation d'un disque dont nous savons qu'il nous restitue une bonne partie de l'énergie cinétique qu'emporte la matière en s'échauffant à très haute température et donc en rayonnant alentour des flots d'énergie.

> **« Fort de ce processus d'accrétion, un trou noir peut briller d'un éclat formidable.**

Fort de ce processus d'accrétion, un trou noir peut briller d'un éclat formidable. Placé dans un environnement favorable, un trou noir d'une masse égale à trois masses solaires peut ainsi rayonner jusqu'à cent mille fois plus d'énergie que notre Soleil. Mais attention ! En raison même des températures très élevées des disques d'accrétion, l'essentiel de la lumière ainsi rayonnée tombe dans des gammes de rayonnement loin de la lumière visible. Par exemple, un trou noir dont la masse est de l'ordre de quelques masses solaires ne suscitera un flux particulièrement abondant que dans le seul domaine des rayons X. C'est bien pourquoi la détection des premiers trous noirs a suivi l'avènement des observations spatiales, les seules qui permettent aux astronomes de détecter les rayonnements X venant du ciel mais bloqués dans la haute atmosphère.

La découverte du premier trou noir

Dès les premières observations spatiales, les astronomes se sont vite convaincus que bien des sources de rayons X parmi les plus brillantes étaient ces fameuses binaires X, où un astre effondré, étoile à neutrons ou trou noir stellaire, accrète la matière de son étoile compagnon et se nimbe d'un disque d'accrétion apte à produire des rayons X. La découverte d'une binaire X est donc l'un des moyens les plus efficaces pour découvrir une étoile effondrée. Reste à en déterminer sans ambiguïté la nature : étoile à neutrons ou trou noir ? Le critère considéré comme le plus objectif est sans conteste l'estimation de sa masse. Les spécialistes sont en effet d'avis que l'effondrement d'un cœur stellaire d'une masse supérieure à trois fois la masse du Soleil se poursuit jusqu'au point où son rayon passe sous la valeur critique de Schwarzschild. Tout astre effondré dont la masse est supérieure à trois masses solaires est donc un trou noir. Or les astronomes disposent d'une palette d'outils pour estimer la masse d'un astre compact en système binaire, ou du moins pour lui imposer une limite inférieure. Prenons le cas de Cyg X-1, la source X la plus brillante de la constellation du Cygne, découverte en 1964 avec un détecteur rudimentaire de rayons X monté dans la pointe d'une fusée tirée depuis la base de White Sand, au Nouveau Mexique. Dans les années suivantes, les astronomes sont parvenus à établir que Cyg X-1 était une binaire X, associant HDE 226868, une étoile super-géante bleue et un objet céleste massif, mais invisible. Dès le début des années 1970, des observations de HDE 226868 attestaient que la masse de son compagnon obscur était bien supérieure à plus de trois masses solaires. Pas de doute : Cyg X-1 était une binaire X dont l'une des composantes était un authentique trou noir, le premier à avoir été formellement authentifié. L'estimation de la masse d'un astre compact en système binaire n'en reste pas moins une entreprise des plus ardues, au point qu'aujourd'hui la liste des candidats trous noirs ainsi avérés n'est forte que de quelques dizaines de spécimens.

La formation d'un trou noir en direct

Les observations menées dans la bande des rayons gamma nous offrent l'occasion d'assister en direct à la formation d'un grand nombre de trous noirs stellaires. Au chapitre 4, nous avons suivi les phases finales d'une étoile massive où les réactions nucléaires ne sont plus en mesure de s'opposer à la gravité. Nous avons alors accompagné l'effondrement de son cœur jusqu'à ce point où il forme un trou noir. Dans certaines conditions, il peut alors se produire un phénomène que nous avons déjà vu à l'œuvre quand notre voyage nous a conduits auprès des trous noirs massifs tapis au sein des noyaux actifs de galaxie.

Notre trou noir tout neuf, encore nimbé des débris de l'étoile au sein de laquelle il vient de se former, suscite alors un système bipolaire de deux jets de matière accélérée à des vitesses ultra-relativistes. Il s'ensuit deux bouffées consécutives de rayonnement, toutes deux comptant parmi les plus lumineuses de l'Univers. La première, l'émission prompte, se manifeste pour l'essentiel dans le domaine gamma, d'où ce nom de sursaut gamma dont on a affublé ce phénomène, bien avant d'en comprendre la nature même. Cette émission très brève, mais ultra énergétique, signe la dissipation de chocs relativistes très violents au sein même des jets. Elle est suivie par un deuxième épisode émissif, l'émission rémanente, dont l'éclat décroît peu à peu, et qui se produit quand les jets entrent en collision avec le milieu alentour.

L'émission prompte est si intense que des instruments gamma spatiaux l'ont détectée dès le début des années 1970. Il a fallu attendre la fin des années 1990 pour que la découverte de l'émission rémanente, qui se manifeste dans de nombreuses gammes spectrales, des ondes radio aux rayons X, ouvre la voie aux observations permettant de percer la véritable nature des sursauts gamma. Les astrophysiciens détiennent aujourd'hui des données portant sur des milliers d'événements, autant d'actes de naissance de trous noirs dans l'effondrement tumultueux d'une étoile massive très loin dans l'Univers. En raison de leur extrême luminosité, les sursauts gamma sont visibles en effet au plus profond du ciel.

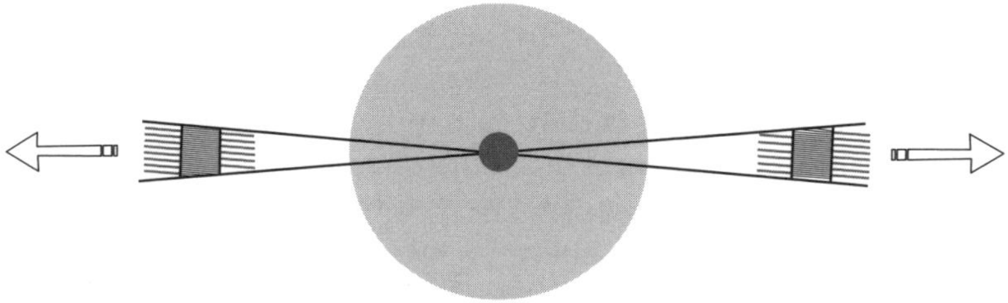

Un trou noir qui vient de se former au cœur d'une étoile massive a lancé deux jets de matière accélérée à des vitesses ultra relativistes. Des chocs très violents au sein de la matière éjectée produisent des faisceaux très intenses de rayons gamma focalisés dans l'axe des deux jets.

> **Les sursauts gamma sont les explosions cosmiques les plus violentes de l'Univers.**

Le sursaut le plus lointain jamais repéré à ce jour porte le numéro matricule GRB 080913, GRB pour *Gamma-Ray Burst*, sursauts de rayons gamma, suivi de la date à laquelle l'événement a été repéré (année, mois, jours). L'étoile à l'origine de cet événement s'est formée alors que l'Univers n'était vieux que de neuf cents millions d'années, juste après la fin des âges sombres, alors que les premières étoiles commençaient à ioniser à nouveau tout le cosmos. GRB 050904, un autre spécimen presque aussi distant (dans le temps comme dans l'espace), a été repéré dans le proche infrarouge par un modeste télescope de 25 cm… Pas de doute, les sursauts gamma sont bien les explosions cosmiques les plus violentes de l'Univers.

Existe-t-il plusieurs types de trous noirs ?

La définition même d'un trou noir, à savoir celle d'un objet confiné à l'intérieur d'une sphère d'un rayon égale à son rayon de Schwarzschild, permet d'envisager des spécimens de toutes les masses possibles. Tout au bas de l'échelle, vous avez les mini trous noirs, avec une masse d'un milliard de tonnes et un horizon qui aurait la taille d'un proton. Au milieu, les trous noirs stellaires, avec une masse comprise entre trois et dix masses solaires et un horizon dont le rayon se mesure en kilomètres. À l'autre bout de l'échelle, les individus les plus massifs, avec plusieurs milliards de fois la masse du Soleil confinées derrière un horizon dont le rayon se compte en dizaines d'unités astronomiques.

Les astrophysiciens sont désormais d'accord pour affirmer que l'Univers contient bel et bien des trous noirs stellaires (comme Cyg X-1), ainsi que des individus bien plus massifs, comme celui tapi au cœur de la Voie lactée. Certains cosmologistes postulent que les premiers âges de l'Univers auraient produit des ribambelles de mini trous noirs, mais à ce jour, pas la moindre observation pour étayer ces spéculations.

Les trous noirs sont à juste titre considérés comme le moteur des sources d'énergie extrême. Mais attention ! Ces individus hyper actifs ne sont que l'avant-garde d'une immense population de trous noirs inertes. Dans notre galaxie, les trous noirs stellaires se comptent par millions alors que seules quelques centaines attirent l'attention des astronomes en suscitant les rayonnements les plus intenses. C'est aussi le cas dans l'Univers. La formation d'un trou noir stellaire peut éventuellement se manifester jusqu'aux confins du cosmos par une bouffée de rayonnement aussi intense que brève – un sursaut gamma –, mais passée cette phase paroxysmique, ce trou noir reste en général à jamais enfoui derrière son horizon, donc totalement coupé du monde. À noter enfin dans la même ligne de raisonnement, qu'abriter un trou noir ultra-massif semble être la norme pour les noyaux des galaxies elliptiques où à disque, mais qu'en définitive, fort peu de ces trous noirs suscitent une grande activité dans leur proche environnement.

Quelle est la forme d'un trou noir ?

La question n'a pas vraiment de sens s'agissant d'un astre dépourvu de surface matérielle. Nous bottons donc en touche en constatant que pour un observateur extérieur, un trou noir se résume à son horizon, cette surface sphérique à l'intérieur de laquelle il se dissimule à jamais. Confondu avec son horizon, un trou noir est donc parfaitement rond. Et d'ailleurs, il n'est pas étonnant qu'une étoile sphérique qui s'effondre produise un trou noir rond. On peut quand même se poser la question suivante : une étoile déformée produirait-elle un trou noir à l'horizon déformé ?

> ***Les trous noirs n'ont pas de cheveux.***

À vrai dire, c'est tout sauf une question farfelue. Elle a même agité les physiciens les plus huppés des années 1960, quand ils ont repris l'étude des étoiles effondrées. Les brillants physiciens de l'école russe, sous la houlette de Yakov Zeldovitch, étaient d'avis qu'un trou noir ne gardait aucune mémoire des particularités de l'astre qui l'avait créé.

> Pour un physicien, les **lois de conservation** s'appliquent à certaines quantités mesurables d'un système isolé (comme par exemple la charge électrique) qui ne changent pas tout au long de l'évolution du système en question.

Il s'en est ensuivi une foule de travaux théoriques montrant que par rayonnement d'ondes gravitationnelles, une étoile qui s'effondre évacue toutes ses caractéristiques, hormis les quantités soumises aux lois de conservation : la masse, la rotation et la charge électrique. Tout le reste à disparu. Il ne subsiste donc que trois quantités pour caractériser un trou noir : sa masse, sa rotation et la charge électrique dont il est porteur. Rien d'autre ne pourra nous renseigner sur les propriétés de l'étoile dont il est issu. Passé à l'Ouest, ce constat a été popularisé sous une formulation très imagée, due encore à John Wheeler : « les trous noirs n'ont pas de cheveux ».

Plongée en « live » dans un trou noir

L'espace-temps est-il vraiment courbe à l'approche d'un trou noir ? Est-il concevable que l'espace soit en fait plat autour du trou noir, mais qu'à son approche, les horloges ralentissent et les règles s'allongent ? Espace plat et mètre-étalon déformé, ou espace courbe et mètre-étalon inflexible, les deux manières de décrire le voisinage immédiat d'un trou noir prédisent des résultats rigoureusement identiques. Savoir lequel des deux correspond à la réalité vraie n'a pas de conséquence expérimentale, ce n'est donc pas l'affaire des physiciens ! Ceci dit, s'agissant du temps, cette quatrième dimension de l'espace-temps avec laquelle nous entretenons des rapports très intimes, que donnerait une perception plus directe ? Que ressentirait un voyageur plongeant dans un trou noir ?

Si cette plongée vous tente, ne choisissez pas un trou noir de type stellaire ! Ils sont pourtant si nombreux dans la Voie lactée que le plus proche du Soleil ne doit pas être si lointain. Le disque de la Galaxie en contiendrait des centaines de milliers. Le diamètre du disque étant de cent vingt mille années-lumière, il y aurait ainsi, en moyenne, un trou noir toutes les cent années-lumière. Il n'est donc pas utopique d'imaginer qu'une telle distance soit à la portée des voyages interstellaires dans un avenir pas trop lointain. Mais le problème, avec les trous noirs de type stellaire, ce sont les forces de marées gigantesques qui prévalent dans leur voisinage immédiat.

Savant plongeant les pieds les premiers dans un trou noir.

Plongez par exemple les pieds les premiers vers un trou noir stellaire. Plus l'horizon s'approchera, plus grande sera la différence entre la force de gravité qui s'exercera sur vos pieds et celle qui s'exercera sur votre tête. Votre corps subira un tel étirement qu'il finira rapidement par se rompre… Mais plus un trou noir est massif, plus faibles sont les forces de marée qu'il suscite. Une capsule spatiale classique pourrait ainsi s'approcher sans risque d'un trou noir super-massif. Hélas, dans notre galaxie, le seul est Sgr A*, le trou noir de plus de trois millions de masses solaires tapis au cœur de la Voie lactée. Ne désespérons pas ! Dans des milliers de siècles, par le biais de sauts de puce d'une étoile à l'autre, l'humanité atteindra peut-être les régions centrales de la Galaxie. Gageons qu'il ne manquera pas alors de spationautes assez intrépides pour tenter le grand voyage vers Sgr A*.

Nous pouvons sans peine imaginer les notes qu'ils griffonneront sur le livre de bord de leur module de reconnaissance. Le temps de chaque note est exprimé par rapport à l'instant où le module a été largué du vaisseau amiral. Ce dernier est resté en orbite autour de Sgr A*, à deux cents millions de kilomètres du trou noir. Il communique avec le module de reconnaissance grâce à un émetteur opérant dans la gamme des rayonnements visible, à la longueur d'onde de cinq cents nanomètres.

- **Note 1.** 13 minutes 30 secondes. Nous captons les signaux du vaisseau amiral à une longueur d'onde de six cents nanomètres.
- **Note 2.** 17 minutes 30 secondes. Nous sommes à quarante-deux millions de kilomètres de Sgr A*. Nos détecteurs enregistrent un flux intense de rayons X. C'est sans doute ceux que rayonne la matière accrétée.
- **Note 3.** 21 minutes. Nous captons les signaux du vaisseau amiral dans le proche infrarouge.
- **Note 4.** 21 minutes 20 secondes. Nous sommes à treize millions de kilomètres de Sgr A*. Nous avons dépassé le niveau de la dernière orbite stable. Même avec les propulseurs à pleine puissance, plus possible de tenter une ultime mise en orbite autour du trou noir.
- **Note 5.** 21 minutes 40 secondes. Nous captons les signaux du vaisseau amiral dans le domaine radio.
- **Note 6.** 22 minutes. Nous sommes sur le point de franchir l'horizon. Nous ne captons plus les signaux du vaisseau amiral. Tout va bien à bord...

Du point de vue des spationautes restés à bord du vaisseau amiral, le module de reconnaissance a mis un temps qui semblait infini à atteindre l'horizon du trou noir. Par contre, à bord de ce dernier, les spationautes n'ont rien signalé de notable au passage de l'horizon, si ce n'est l'interruption des liaisons avec le vaisseau amiral. Mais quelques dizaines de secondes plus tard, leur situation s'est brutalement dégradée. Tiraillé par les forces de marée gigantesques qui règne au sein du trou noir, le module a fini par se disloquer... Le module s'approchait alors de la singularité centrale, un cauchemar quantique, semblable à celui des tout premiers instants de l'Univers, où la notion de temps n'a plus de sens, pas plus que celle d'espace d'ailleurs...

8

Matière et énergie noires

À en croire les bons dictionnaires, noir se dit de la sensation produite par l'absence ou par l'absorption complète de rayons lumineux ; noir se dit aussi des objets produisant cette sensation. Mais à écouter nos astrophysiciens, noir devient aujourd'hui synonyme de tout ce qui échappe à leur entendement. Les trous noirs en sont un premier exemple… Mais depuis une décennie, les cosmologues se sont rendu compte que la plus grande partie de ce qui constitue notre cosmos est une mystérieuse force agissante – l'énergie noire – dont l'action serait d'accélérer l'expansion de l'Univers. Les trois quarts de l'Univers seraient ainsi de nature inconnue. Quant au quart restant, il semble qu'il soit fait de matière… Mais l'essentiel de cette matière est aussi de nature inconnue, bonne raison pour la qualifier de noire…

C'est quoi, la matière noire ?

C'est une forme de matière, tout à fait hypothétique, très différente de la matière atomique, celle dont les étoiles et les hommes sont pétris. Tout ce que nous croyons savoir d'elle, c'est qu'il s'agit d'une substance invisible, sans doute constituée de particules non moins hypothétiques, inventées pour les besoins de la cause afin de combler les évidentes lacunes d'un modèle cosmologique strictement atomique.

Jouant le rôle de liant universel, la matière noire ne serait là que pour faire masse. Mais du coup, en ne suscitant que l'interaction gravitationnelle, elle a essentiellement pour vertu de retenir ce qui s'échappe, comme la Terre retient la pierre que vous lancez en l'air. La matière noire a donc pour vertu de s'opposer efficacement à la dispersion. Voilà une propriété fort utile, car elle suscite le rassemblement dans un univers peu propice à cela, puisque précisément en expansion. Pas facile en effet d'aller ainsi à contre-courant, en favorisant les rassemblements au sein d'un univers qui s'écartèle ! Sans la matière noire, les galaxies ne se seraient pas formées…

La question de la matière noire est à l'ordre du jour depuis bien des décennies, mais ce n'est que depuis peu qu'elle s'impose comme l'une des plus brûlantes de l'astrophysique, voire de toute la physique. Mais en astrophysique, rien n'est jamais ni tout blanc, ni tout noir. L'hypothétique matière noire n'est nécessaire que si les lois de la gravitation s'appliquent telles quelles à l'échelle des plus grandes structures cosmiques, ce qui n'est pas encore prouvé…

Qui a « inventé » la matière noire ?

L'idée de matière noire n'est pas nouvelle, elle est apparue voici des lustres. Le mérite en est revenu à Fritz Zwicky. Dès 1933, il avait annoncé que l'amas de Coma devait renfermer bien plus de matière que celle estimée par le truchement des grands télescopes.

Fritz Zwicky

Génie méconnu de l'astronomie du XXe siècle, il est né en 1898 à Varna, en Bulgarie. En 1904, son père, un prospère commerçant helvétique, désireux que le jeune Fritz mène sa scolarité en Suisse, l'avait envoyé chez ses grands parents, à Mollis, dans le canton de Glaris. Après ses études supérieures à l'Institut Fédéral de Technologie de Zurich, Zwicky rejoignait en 1925 le

Caltech, l'Institut de Technologie de Californie, où il devait mener l'essentiel de sa carrière scientifique sans pour autant renoncer à sa citoyenneté suisse. Bien que recruté pour travailler en physique du solide, Zwicky avait été vite attiré par l'astrophysique. Cette discipline était alors en plein boom à Caltech. L'institut avait en effet reçu en 1928 une dotation de la Fondation Rockefeller pour la construction d'un grand observatoire astronomique qui devait être installé au sommet du Mont Palomar. Au cours des années 1930, Zwicky s'est affirmé comme un astronome visionnaire, très en avance sur son temps. N'a-t-il pas été le premier à concevoir les supernovas, les étoiles à neutrons, les sources des rayons cosmiques, la matière noire, les lentilles gravitationnelles ? Excusez du peu ! Chacun des travaux qu'il a menés sur ces sujets, souvent en collaboration avec Walter Baade, aurait suffi à assurer la réputation d'un scientifique plus conventionnel. Mais Zwicky était tout sauf conventionnel. S'il a fait preuve d'une perspicacité hors du commun dans bien des sujets où l'avenir devait lui donner raison, il s'est aussi risqué dans des voies par trop excentriques. L'attitude arrogante, voire agressive, qu'il manifestait à l'encontre de la plupart de ses collègues astronomes a expliqué en grande partie que Zwicky soit resté pratiquement inconnu du grand public, en dépit de ses contributions majeures à l'astronomie. Pendant le second conflit mondial, Zwicky a contribué au développement des premiers propulseurs à réaction, travaux pour lesquels il est parfois cité comme le père des propulseurs modernes. Fritz Zwicky est mort en 1974 à Pasadena, en Californie.

La quantité de lumière que nous recevons d'une galaxie est en effet proportionnelle au nombre d'étoiles qu'elle renferme. La luminosité d'une galaxie serait donc proportionnelle à sa masse, à condition que l'essentiel de la matière qu'elle contient soit piégé dans les étoiles, donc sous une forme atomique apte à rayonner. Si c'était le cas, le rapport masse sur luminosité, exprimé en luminosité solaire par masse solaire, deux unités chères aux astronomes, devrait s'établir entre cinq et dix.

Dans un amas de galaxies, comme l'amas de Coma, chaque individu est animé d'une vitesse d'autant plus importante que la masse totale de l'amas est élevée. C'est précisément en étudiant le mouvement des galaxies individuelles dans Coma que Zwicky s'est rendu compte que la masse visible de l'amas, celle déduite de la luminosité des galaxies, était très inférieure, de plus d'un facteur dix, à celle qu'il faudrait pour rendre compte des mouvements observés.

Dans la foulée des travaux de Zwicky, les astronomes se sont peu à peu persuadés que les amas de galaxies devaient renfermer une grande quantité de matière indétectable au télescope. Cette dernière fut alors fort justement qualifiée de « masse manquante ». On ne disposait pas encore d'instruments capables de décortiquer le ciel sous toutes les longueurs d'onde. Il n'était donc pas possible d'exclure que cette matière – qu'elle soit trop froide ou trop chaude – rayonne pour l'essentiel loin du domaine visible, le seul accessible à l'époque aux observations astronomiques.

Au début des années 1970, les astronomes qui observaient dans le domaine des ondes radio ont noté que les nuages d'hydrogène répandus dans les disques des galaxies spirales se mouvaient avec des vitesses pratiquement uniformes, même ceux qui se trouvaient loin à la périphérie des disques en question. Sur la foi de la gravitation de Newton, cette constatation impliquait que, dans ces galaxies, la quantité de matière ne décroît pas avec la distance au centre, alors qu'il en va tout autrement de la lumière émise par les étoiles.

Tout se passe donc comme si les galaxies étaient enveloppées d'un halo massif de matière indétectable qui s'étendrait bien au-delà du disque des étoiles. Preuve supplémentaire de l'existence d'un tel halo massif : la stabilité des disques des galaxies spirales, qui, vus par la tranche, apparaissent comme remarquablement minces. En effet, de tels disques seraient particulièrement instables vis-à-vis de leur propre gravité, sauf à être enchâssés dans un halo sphérique de matière bien plus massif.

Depuis deux décennies, les arguments astronomiques en faveur de ces halos massifs se sont multipliés. Les signes les plus convaincants sont à porter au crédit des grands relevés astronomiques. Comme nous l'avons vu au chapitre 5, la lumière d'une galaxie lointaine passant auprès d'un amas de galaxies plus proche est infléchie par la gravité de ce dernier. L'effet de distorsion induit par ces lentilles gravitationnelles est généralement très faible, sauf si la lumière passe à proximité de l'amas lentille. Les grands relevés astronomiques, qui comptabilisent des centaines de milliers de galaxies, ont permis de mettre ainsi en évidence les effets de ces lentilles gravitationnelles.

Pour peu que soit connue la distance de ces amas lentille, l'amplitude des distorsions qu'ils induisent permet d'estimer le rapport masse-luminosité des galaxies que renferment ces amas. La valeur moyenne de ce rapport, telle que suggéré à partir des grands relevés, s'établit autour d'une valeur plus de dix fois plus élevée que celle qui prévaudrait si les galaxies ne renfermaient que des étoiles.

On a pris peu à peu l'habitude, à tort sans doute, de qualifier de noire cette matière dont l'influence majeure est gravitationnelle, et qui a donc été introduite comme un liant, un élément additionnel, invisible mais prépondérant, se mêlant à notre monde purement atomique, au bénéfice de la cohésion et de la stabilité des grands systèmes. Il aurait été sans doute plus approprié de l'appeler invisible, voire transparente…

De quoi est faite la matière noire ?

Vous l'avez bien compris, la matière noire, aussi nécessaire qu'elle soit pour stabiliser les plus grandes structures cosmiques, reste une entité encore hypothétique. Se pourrait-il qu'il s'agisse d'une forme de matière « classique » ayant échappé à l'observation ?

Voilà maintenant près de cinquante ans que les astronomes ont entamé l'inventaire du cosmos sur toute la gamme des rayonnements, en particulier avec les télescopes spatiaux placés au-delà de l'atmosphère, cet épais rideau qui bloque la plupart des messages que le ciel nous envoie. Il est donc désormais bien établi que la matière noire n'est pas un milieu très chaud, rayonnant pour l'essentiel dans le domaine des rayons X, qui aurait échappé à la vigilance des télescopes terrestres. Nous avons vu au chapitre 5 que ces gaz surchauffés existent bien au sein des amas de galaxies. En attestent les observations des télescopes à rayons X. Mais ce gaz inter-amas est en quantité bien trop insuffisante ! Il ne s'agit pas non plus d'un milieu très froid, ni d'éventuelles étoiles avortées, trop peu massives pour briller par elles-mêmes, ni même de trous noirs, certes massifs et invisibles, mais trop peu nombreux pour que le compte y soit.

Il faut donc, à contrecœur, se rabattre sur des formes de matière différente de la matière atomique, celle qui constitue notre environnement. À défaut de connaître la nature de la matière noire, on peut essayer de savoir ce qu'elle n'est pas. Par exemple, si elle est faite de particules, il doit s'agir de particules stables, sinon la matière noire aurait disparu. Ces particules doivent être aussi totalement insensibles à l'interaction électromagnétique, sinon la matière noire ne serait pas invisible. De même, elles ne doivent pas subir l'interaction forte, sinon ces particules surchargeraient les noyaux d'atomes en s'y amalgamant. Leur panoplie relationnelle est donc des plus réduite : l'interaction gravitationnelle, évidemment, et, éventuellement, l'interaction faible.

Pour comprendre l'évolution de l'Univers, il est apparu au chapitre 6 que ces éventuelles particules devraient être massives et peu agitées, sinon les fluctuations de l'Univers primordial n'auraient pas pu grossir au point de former les protogalaxies. Du coup, on a pris l'habitude d'affubler ces particules hypothétiques du doux nom de wimp (sigle pour *Weekly Interacting Massive Particles*, particules massives interagissant faiblement). Bien des physiciens soupçonnent aujourd'hui que l'Univers serait rempli de telles particules, tout à la fois fort massives et fortement insipides, au point qu'elles pourraient traverser les détecteurs les plus performants sans laisser la moindre trace de leur passage.

« Du coup, on a pris l'habitude d'affubler ces particules hypothétiques du doux nom de wimp.

Constituée de wimps, donc privée de forces et ne souscrivant qu'aux interactions les plus faibles, la matière noire ne saurait rivaliser, en tant qu'architecte, avec la matière atomique. Au moyen des interactions forte et électromagnétique, la matière atomique construit et façonne mille et une structures – un noyau atomique, une molécule organique, un grain de poussière interstellaire, un être humain. De plus, la matière atomique sait à l'occasion jouer de l'interaction faible pour accroître ici ou là la cohésion d'un noyau atomique. Elle s'appuie enfin sur la gravitation pour donner une dimension cosmique à ses édifices.

On doit admettre que, pour l'instant, la matière noire reste le parent pauvre de l'Univers, incapable de rivaliser avec la matière atomique, habile, elle, à construire des structures et à les doter d'intelligence.

Vous avez dit wimp ?

La **supersymétrie** est une forme de symétrie entre force et matière dans laquelle chaque particule de la classe des bosons - particules aptes à transmettre une force, comme le photon - aurait un partenaire de la classe des fermions - particules associées à la matière, comme l'électron -, et vice versa. En supersymétrie, les partenaires des particules usuelles sont dénommés superpartenaires, comme le photino, superpartenaire du photon, ou le sélectron, superpartenaire de l'électron. Notons que jusqu'ici, les physiciens n'ont pas découvert la moindre particule supersymétrique...

On a cru un temps que les neutrinos pouvaient être de bons candidats wimp. Ils répondent en effet à bien des aspects du cahier des charges de la matière noire. Ne sont-ils pas universellement répandus, invisibles et dotés d'une masse ? Mais l'hypothèse neutrinos pose bien des problèmes. Leur masse, d'abord. Même si les physiciens n'ont pas encore déterminé la masse des neutrinos, ils admettent aujourd'hui qu'elle est notoirement insuffisante pour remplir le contrat. Autre difficulté, les neutrinos sont des particules très agitées, que l'on dit donc chaudes. De ce fait, elles n'auraient de cesse de détruire ce que l'Univers construit. Or, à en croire les simulations numériques, une matière noire froide est nécessaire à la construction des galaxies. Il faut donc se tourner vers des particules bien plus massives, peu agitées au sortir du *Big Bang*.

Comme aucune particule connue ne semble convenir, la balle est dans le camp des théoriciens en physique des particules. Au XXe siècle, ils s'étaient illustrés en proposant l'existence des antiparticules, de même masse que les particules élémentaires, mais porteuses d'une charge électrique opposée. Cette théorie fut rapidement attestée quand Anderson découvrit le positon, l'antiparticule de l'électron. Au XXIe siècle, les physiciens explorent une théorie du même tonneau, la supersymétrie, selon laquelle chaque particule connue aurait un partenaire caché, plus massif.

La supersymétrie n'a pas été inventée pour résoudre un quelconque problème en physique des particules. C'est une émanation purement gratuite de l'esprit géométrique et mathématique. Elle a cependant le mérite de nous proposer un bon candidat wimp, le neutralino. Il est neutre, massif et stable, autant de qualités qui en feraient une excellente particule de matière noire.

Le **neutralino** est un mélange de contreparties supersymétriques de nos bosons élémentaires neutres. Il panache en effet le photino, partenaire supersymétrique du photon, le zino, partenaire supersymétrique du boson neutre porteur de l'interaction faible, et deux higgsinos neutres, chacun étant le partenaire supersymétrique du boson de Higgs neutre.

Mieux encore, dans le monde des particules supersymétriques, les fermions sont leur propre antiparticule. Le neutralino hérite donc de cette propriété : quand deux neutralinos se rencontrent, ils s'annihilent mutuellement, produisant une cascade de particules plus légères. Mais, cerise sur le gâteau, le neutralino, bien qu'assez massif pour être un bon wimp, n'en serait pas moins la plus légère des particules supersymétriques. Or son annihilation ne peut qu'engendrer des particules plus légères. Le choc de deux neutralinos ne produira donc pas d'autres particules supersymétriques, mais des particules usuelles dans notre bas monde, avec, entre autres, des couples électron-positon, des photons gamma, des neutrinos…

Peut-on détecter les particules de matière noire ?

Si les particules de matière noire les plus activement recherchées, à savoir les neutralinos, envahissent vraiment tout l'Univers, commençons déjà par détecter ceux qui doivent se trouver tout autour de nous. Malheureusement, en bonnes particules supersymétriques, les neutralinos ne se soumettent qu'à l'interaction gravitationnelle et à l'interaction faible. Ils méritent bien leur surnom de wimp ! Pas question de les détecter comme de banales particules électrisées. Mais comme ils sont massifs, la faible capacité des neutralinos à interagir laisse peut-être une signature, surtout quand ils cognent une particule dotée d'une charge électrique, le noyau d'un atome par exemple.

Comment se fait-il qu'une telle signature n'ait pas encore été reconnue ? Prenez un détecteur classique de particules chargées, un brave cristal semi conducteur par exemple. À l'intérieur, ce ne sont pas les atomes qui manquent. Mais encore faut-il identifier le « bruit » d'un noyau atomique bousculé par un neutralino parmi les multiples bruits qui affectent le détecteur.

Une des sources principales de bruit est le bombardement du détecteur par la pluie de particules que les rayons cosmiques font naître dans les hautes couches de l'atmosphère. Pour s'en protéger, le mieux est d'installer le détecteur sous des montagnes de roche, dans un de ces laboratoires souterrains creusés à l'occasion du percement des grands tunnels routiers.

Autre source importante de bruit, l'agitation thermique des particules qui composent le détecteur. Pour s'en prémunir, il faut refroidir l'appareil à la température la plus basse possible. Et puis n'oubliez pas la radioactivité naturelle des roches où sont creusés les laboratoires souterrains. Un bon blindage de plomb peut protéger efficacement le détecteur de cette insidieuse source de bruit, encore faut-il choisir un plomb très peu radioactif. Certains expérimentateurs n'ont pas hésité à utiliser du plomb extrait à l'époque de l'Empire romain ! Les impuretés radioactives qu'il renfermait ayant décru depuis belle lurette, ce plomb romain joue son rôle de blindage à la perfection, sans dommages collatéraux.

Une fois que l'on est parvenu à limiter au maximum toutes les sources de bruit, reste à authentifier les éventuelles signatures des interactions mettant en jeu les seules particules de matière noire. La manière la plus simple serait de noter une variation saisonnière entre les mesures enregistrées en hiver et en été. Tout au long de son mouvement orbital autour du Soleil, la Terre se déplace au sein du halo de matière noire enveloppant notre galaxie. Elle subit ainsi un vent de wimps. Vu la position relative de l'orbite terrestre par rapport à ce halo, la force de ce vent devrait varier d'environ dix pour cent entre juin et décembre. Or, dans le détecteur, le taux de détection de la matière noire dépend au premier chef de la vitesse relative des wimps. Pour peu que le détecteur enregistre un nombre significatif d'interactions induites par des particules de matière noire, son taux de comptage global devrait présenter une modulation annuelle.

Une telle modulation aurait été mise en évidence dans les données que l'expérience Dama (*DArk MAtter*, matière noire) collecte depuis 1996 dans le laboratoire souterrain édifié dans les années 1980 à l'occasion du percement du tunnel routier long de 10 km sous le massif du Gran Sasso dans les Abruzzes, à 80 km à l'est de Rome.

En revanche, ce résultat ne semble pas compatible avec les mesures de l'expérience Edelweiss (Expérience pour DEtecter Les Wimps En Site Souterrain), installée sous 1 700 m de roche dans le laboratoire souterrain de Modane, au beau milieu du tunnel routier long de 13 km creusé sous le massif du Fréjus pour améliorer les liaisons entre la France et l'Italie. La communauté scientifique a donc accueilli avec le plus grand scepticisme les résultats de Dama. Il n'en reste pas moins que les physiciens de la collaboration Dama persistent et signent…

La traque des neutralinos

Les neutralinos étant leurs propres antiparticules, les astrophysiciens qui traquent la matière noire ont entrepris d'observer les sites cosmiques où les wimps pourraient éventuellement se concentrer. Leur but : détecter les messagers de haute énergie censés jaillir de l'annihilation mutuelle des neutralinos. Ceux qui recherchent les photons gamma de haute énergie qui signeraient ces éventuelles annihilations évitent les sites trop opaques d'où les photons gamma ne peuvent pas s'échapper, comme le cœur des astres massifs. Ce n'est pas le cas du centre de la Galaxie, un milieu suffisamment dilué pour que les photons gamma de haute énergie s'en échappent sans entrave.

De plus, si un halo de matière noire enveloppe la Galaxie, les wimps devraient s'accumuler en son cœur, d'autant que s'y trouve un trou noir ultra-massif qui pourrait bien en accroître la concentration. Il est donc judicieux de chercher à savoir si le centre galactique est une source de photons gamma de haute énergie. Précisément, les premières observations des régions centrales de la Galaxie menées par le télescope Hess ont révélé qu'une source de photons de très haute énergie coïncide bien avec le centre galactique.

Malheureusement, rien ne prouve que cette émission de photons gamma de haute énergie soit produite par annihilation de neutralinos. On connaît en effet de nombreux types d'astres aptes à susciter des rayonnements comparables. C'est ainsi que les vestiges de supernova sont connus pour produire des émissions gamma à très haute énergie. Prenons par exemple le cas de la nébuleuse du Crabe, la source la plus brillante du ciel à haute énergie. Ce n'est qu'un banal vestige de supernova, dont le seul mérite est sa jeunesse. Imaginez maintenant qu'une source du même calibre se trouve au voisinage du centre galactique, ce qui ne serait pas étonnant, vu le grand nombre d'étoiles massives qui se pressent dans cette région. L'éclat gamma apparent de ce vestige serait précisément le même que celui de la source que Hess a identifié au cœur de la Voie lactée…

L'existence des neutralinos pourrait en définitive être attestée sans le moindre doute si les physiciens du Centre Européen pour la Recherche Nucléaire (Cern) parvenaient à les fabriquer en grand nombre. C'est l'un des objectifs du LHC (*Large Hadron Collider*, grand collisionneur à hadrons), l'accélérateur de particules le plus performant au monde. Avec un LHC tournant à pleine puissance, les physiciens seront en mesure de recréer le temps d'une collision entre particules accélérées les conditions physiques qui régnèrent au temps premier de la création, quand les neutralinos auraient été synthétisés. Les physiciens escomptent bien identifier des neutralinos dans les flots de particules qui jailliront de ces collisions à très haute énergie dès que le LHC aura atteint son régime de croisière.

Vue aérienne du site du Cern, dans l'arrière-pays genevois, avec la chaîne du Jura à l'arrière-plan. Le grand cercle marque l'emplacement du tunnel circulaire de vingt-sept kilomètres de circonférence où est installé le LHC. La ligne pointillée suit le tracé de la frontière franco-suisse. © CERN.

Et l'énergie noire ?

C'est une force agissante qui emplit tout l'espace et qui joue un rôle prépondérant dans l'Univers dont elle accélère l'expansion. L'énergie noire est désormais reconnue par la grande majorité des astrophysiciens comme le principal constituant du cosmos. En effet, au vu des recensements les plus récents, la répartition relative des différentes composantes de l'Univers s'établirait comme suit :

– En tête, l'énergie noire. À elle seule, c'est plus de soixante-dix pour cent de la masse de l'Univers, pour peu que l'on mette une fois de plus à contribution la célèbre équation $E = mc^2$ qui codifie l'équivalence entre masse et énergie.

- En deux, loin derrière, la matière noire, pesante mais inerte. Très nettement surclassée, elle ne compte que pour à peine plus de vingt pour cent de la masse de l'Univers.
- En troisième position, la matière que nous avons qualifiée d'atomique, la seule que nous sommes pour l'instant capables d'observer et donc de comprendre. C'est la matière usuelle dont sont faites les étoiles et tout ce qui tourne autour, nous compris. Il reste quand même très présomptueux de qualifier d'usuelle cette matière qui contribue pour si peu (moins de cinq pour cent) à la masse de l'Univers, et encore, à condition de tenir compte du gaz intergalactique !

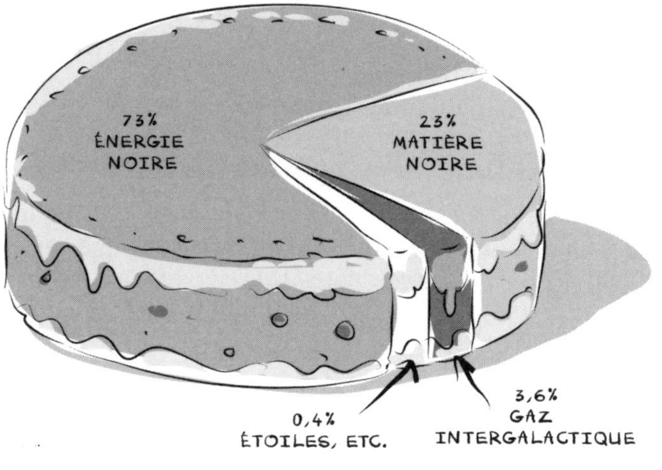

Répartition relative des principaux constituants de l'Univers.

Comment a-t-on découvert l'énergie noire ?

Quand un joueur de tennis est au service, il lance sa balle en l'air et il compte bien qu'elle redescende devant lui afin de la frapper le plus violemment possible pour la mettre hors de portée de son adversaire. Voici une dizaine d'années, les astrophysiciens se sont rendu compte que ce qui est vrai pour une balle de tennis ne l'est pas forcément pour les galaxies.

Comme la balle de tennis, les galaxies sont bel et bien projetées au loin sous l'effet de l'expansion. Mais depuis qu'ils avaient découvert cette propriété de l'Univers, les astrophysiciens affirmaient qu'elle devait se ralentir, chaque galaxie étant comme attirée par la gravité du reste de l'Univers, de la même manière que la balle de tennis retombe, attirée par la gravité terrestre.

À la fin des années 1990, deux équipes d'astrophysiciens s'étaient lancées chacune de son côté dans la recherche de supernovas les plus distantes possible afin de mesurer comment le taux d'expansion de l'Univers évolue en fonction du temps. Les supernovas sont en effet des astres si brillants qu'il est possible de les détecter même si elles sont situées très loin dans l'Univers, donc très loin dans le passé.

Les deux groupes avaient en plus pris soin de concentrer leurs recherches sur les supernovas thermonucléaires. Les chasseurs de supernovas avaient de bonnes raisons de penser que, causées par l'explosion de naines blanches ayant toutes la même masse (la masse limite dite de Chandrasekhar), toutes les supernovas thermonucléaires présenteraient en gros le même éclat absolu. Comme l'éclat apparent d'un astre donné diminue comme le carré de sa distance, il suffit donc de mesurer l'éclat apparent d'une supernova thermonucléaire pour obtenir une bonne estimation de la distance à laquelle elle se situe.

Novas et supernovas thermonucléaires

Dans un couple d'étoiles dont l'une des composantes est une naine blanche, les conditions sont parfois réunies pour que cette dernière capture les couches externes de son étoile compagnon. En tombant à la surface de la naine blanche, la matière ainsi accrétée s'échauffe et se comprime au point de déclencher des réactions thermonucléaires explosives. Quand ces dernières n'affectent que la périphérie de la naine blanche, une quantité de matière de l'ordre d'un cent millième de masse solaire est éjectée à des vitesses comprises entre quelques centaines et quelques milliers de kilomètres par seconde. La matière ainsi expulsée étant portée à très haute température, l'éruption s'accompagne d'un accroissement brutal de luminosité pouvant faire penser à l'apparition d'une étoile nouvelle, d'où le nom de nova. Pour peu que la masse de la naine blanche soit voisine de 1,44 fois la masse du Soleil (la limite de Chandrasekhar), le même mécanisme d'accrétion peu conduire à une conflagration thermonucléaire générale débouchant sur l'explosion de l'étoile dont toute la matière est éjectée à plus de 20 000 kilomètres par seconde. Comme dans le cas des novas, la matière expulsée est portée à très haute température, mais l'éjection étant beaucoup plus massive, l'accroissement de luminosité est beaucoup plus considérable, justifiant la dénomination de supernova thermonucléaire.

Par ailleurs, plus un astre est situé loin dans l'Univers, plus la lumière que nous en captons est affectée par ce phénomène de décalage vers le rouge que nous avons déjà croisé au chapitre 6. Cet accroissement de longueur d'onde, qui n'est rien d'autre qu'un effet de la relativité générale d'Einstein, est d'autant plus marqué que l'astre en question est loin de nous.

> **« En étudiant un grand nombre de supernovas thermonucléaires, nous pouvons reconstituer l'histoire de l'Univers.**

En mesurant l'éclat apparent d'une supernova thermonucléaire dont nous connaissons l'éclat absolu, nous pouvons en estimer la distance. En mesurant le décalage vers le rouge de la lumière que nous recevons d'elle, nous pouvons déterminer de combien l'Univers s'est dilaté depuis l'explosion. En étudiant un grand nombre de supernovas thermonucléaires situées à différentes distances, nous pouvons donc reconstituer l'histoire de l'Univers et de son expansion.

C'est précisément la tâche à laquelle s'étaient attelées nos deux équipes de chasseurs de supernovas thermonucléaires. Ils étaient persuadés que l'expansion de l'Univers se ralentissant, les supernovas seraient plus brillantes que ce que laissait croire leur décalage vers le rouge. Après avoir compilé les résultats portant sur plus d'une centaine de spécimens, quelle ne fut pas la surprise des astrophysiciens des deux groupes quand ils ont constaté que contrairement à toute attente, les supernovas à grand décalage vers le rouge faisaient montre d'un éclat plus faible – elles étaient donc plus lointaines – qu'attendu dans un univers dont l'étirement se ralentirait !

Les deux équipes de chercheurs avaient ainsi découvert que c'était tout le contraire, que l'expansion de l'Univers s'accélérait, ce qui rendait donc nécessaire la présence dans tout le cosmos d'une entité propre à contrebalancer l'action de la gravité. On s'accorda alors pour dénommer énergie noire cette mystérieuse force agissante, comme pour mieux signifier à quel point sa véritable nature nous est obscure…

Depuis lors, les supernovas thermonucléaires sont devenues l'objet de toutes les attentions. Les moyens d'observations les plus performants, le télescope spatial Hubble en tête, s'attachent désormais à suivre l'évolution de l'éclat des supernovas thermonucléaires les plus lointaines, tandis que des appareils plus modestes font l'inventaire des spécimens plus proches. Le tableau de chasse est désormais fort de plusieurs centaines d'objets, les données portant sur un bien plus grand nombre sont en cours d'analyse. Au vu des données déjà engrangées, il se confirme désormais que l'Univers accélère bel et bien son expansion, et ce depuis plusieurs milliards d'années.

Les mesures du fond cosmique dans la bande des micro-ondes apportent une autre pièce au dossier. Les observations du satellite WMAP ont en effet confirmé qu'à très large échelle, la géométrie de l'Univers est du type plat. Or il n'y a pas assez de matière dans l'Univers – matière usuelle et matière noire – pour produire ce type de géométrie. La présence massive d'énergie noire dans tout l'Univers est donc la bienvenue. Reste aux physiciens et astrophysiciens à faire de leur mieux pour nous révéler ce qui pourrait bien causer l'accélération de l'Univers…

Quelle est la nature de l'énergie noire ?

Hormis ce rôle clé qu'elle joue partout dans l'Univers dont elle accélère l'expansion, nous ne savons rien de l'énergie noire. En cerner la nature est un nouveau défi pour les physiciens et les astrophysiciens en ce début de XXIe siècle. Dans les pages qui précèdent, nous avons vu comment la matière noire a laissé filtrer quelques indices sur sa nature véritable en induisant par gravitation des effets perceptibles sur la matière atomique, la seule détectable.

L'énergie noire, bien plus insaisissable, nous laisse beaucoup moins d'indices palpables. La seule chose que nous savons d'elle, c'est que pour être en mesure d'accélérer l'expansion de l'Univers, c'est une entité qui doit remplir tout l'espace, vide compris. De ce fait, certains ont identifié l'énergie noire avec la fameuse constante cosmologique qu'Einstein avait introduite dans son équation du monde.

La constante cosmologique

En 1917, quand Einstein avait bâti le premier modèle cosmologique dans le cadre de sa théorie de la gravitation, l'expansion de l'Univers n'avait pas encore été découverte. Voulant maintenir statique un univers contenant de la matière, Einstein avait donc introduit dans son équation un facteur *ad hoc*, la constante cosmologique. Son effet équivalait à remplir le cosmos d'une mer d'énergie négative propre à contrebalancer la gravité et garantir ainsi son équilibre. Au début des années 1930, la découverte de l'expansion de l'Univers avait rendu superflu l'adjonction d'une telle constante. Dans une discussion avec George Gamow, Einstein avait même qualifié l'introduction de cette constante comme la plus grande ânerie de sa vie. Quelques décennies plus tard, des physiciens des particules suggéraient que l'espace vide devait être baigné d'une forme d'énergie dont les propriétés évoquaient celle de la constante cosmologique. Vu par ces physiciens férus de mécanique quantique, le vide serait un vivier frétillant de particules virtuelles apparaissant et disparaissant tour à tour. Mais quand ils se risquent à évaluer cette énergie du vide, les théoriciens obtiennent des valeurs démesurées. Si la valeur de l'énergie noire qui emplit l'Univers était si considérable, le contenu même de l'Univers se serait volatilisé avant que puisse se former étoiles et galaxies. Il n'en reste pas moins que l'énergie du vide existe bel et bien et qu'elle se présente aujourd'hui comme l'explication la plus naturelle de l'énergie noire. Mais comprendre comment un paramètre physique peut être aussi petit sans être nul est l'un des défis majeurs proposés aux meilleurs physiciens du moment.

D'autres seraient plutôt tentés de décrire l'énergie noire comme une nouvelle sorte de fluide dynamique qui emplirait tout l'espace, mais dont les effets sur l'expansion de l'Univers seraient opposés à ceux de la matière sous toutes ses formes. Certains physiciens l'ont désigné du terme de quintessence, en hommage au cinquième élément cher aux philosophes de l'ancienne Grèce. Mais si la quintessence est la solution, nul ne sait à quoi elle ressemble, avec quoi elle interagit, ni même pourquoi elle existe. Une seule certitude : contrairement à la constante cosmologique, la quintessence est une entité dynamique variant dans l'espace et dans le temps.

Mais si la quintessence est la solution, nul ne sait à quoi elle ressemble, avec quoi elle interagit, ni même pourquoi elle existe.

L'énergie noire et le destin de l'Univers

Si l'accélération continue indéfiniment, la vitesse à laquelle toutes les galaxies situées au-delà du superamas local semblent s'éloigner de nous deviendra supérieure à la célérité de la lumière.

Ne voyez pas là une quelconque violation de la théorie d'Einstein qui spécifie que la vitesse de la lumière est une limite ultime qu'une particule dotée d'une masse ne peut qu'approcher. Si donc l'expansion de l'Univers s'accélère, les galaxies ne se déplaceront pas pour autant à des vitesses croissantes dans l'espace, c'est l'espace lui-même qui s'étendra d'une manière de plus en plus marquée emportant avec lui toutes les galaxies.

Le résultat le plus saillant d'une expansion accélérée est donc que les galaxies s'éloigneront tellement de nous que leur lumière devrait, pour nous rejoindre, se propager pendant un temps supérieur à l'âge de l'Univers. Autrement dit, elles passeront l'une après l'autre au-delà de l'horizon cosmique. Dans plus de mille milliards d'années, le jour viendra donc où les astronomes n'auront plus rien à se mettre sous la dent, le ciel étant devenu parfaitement vide (et noir), hormis les galaxies qui constituent le superamas local, une entité que l'accélération de l'expansion ne serait pas en mesure de perturber.

D'autres prédictions, encore plus spéculatives, laissent entrevoir un futur de l'Univers bien plus cauchemardesque. Certains spécialistes suggèrent en effet que l'énergie noire finira par déchirer toutes les structures liées par la gravitation, y compris les galaxies et les systèmes planétaires. À la longue, l'effet de l'énergie noire pourrait même surpasser celui de toutes les autres forces de la nature, y compris la force électromagnétique et les forces nucléaires. Atomes et noyaux seraient déchirés à leur tour, précipitant la fin de l'Univers. Ce serait le *Big Rip* (la grande déchirure) que certains théoriciens nous prédisent dans un avenir somme toute assez proche, à peine deux dizaines de milliards d'années !

D'autres physiciens spéculent enfin que l'énergie noire pourrait bien se dissiper avec le temps, voire devenir une force attractive. La gravité reprendrait alors le dessus pour conduire l'Univers tout droit vers l'effondrement final, le *Big Crunch* (le grand craquement), véritable *Big Bang* à l'envers. Même si aucune observation ne corrobore de telles spéculations, il faudra multiplier les observations et les études théoriques pour envisager ce que pourrait être le destin ultime d'un univers soumis à la dictature de l'énergie noire. Autant d'éventuels destins, tous plus funestes les uns que les autres, qui s'ajoutent aux mille et un dangers que l'Univers fait peser sur nos têtes et que nous aborderons au chapitre suivant.

Et si matière noire et énergie noire n'étaient qu'illusion ?

Matière noire et énergie noire n'ont pas grand-chose en commun, si ce n'est que toutes deux ont été attestées dans le cadre de la théorie de la gravitation d'Einstein. Si vous modifiez cette dernière, l'expansion de l'Univers en serait affectée, ainsi d'ailleurs que la manière dont la matière se comporte dans les galaxies et les amas de galaxies. On peut toujours essayer de gommer les preuves apportées en faveur de la matière noire et de l'énergie noire en altérant ici ou là, d'une manière plus où moins *ad hoc*, la théorie de la gravitation. Mais attention ! La moindre modification de la théorie peut engendrer des effets collatéraux aux conséquences indésirables. À ce jour, des théories alternatives ont certes été proposées, mais aucune ne semble encore donner satisfaction. Affaire à suivre !

9

Les dangers du cosmos

Un étrange bombardement céleste…

L'espace, que ce soit entre les étoiles ou entre les galaxies, est traversé en permanence par des rayonnements électromagnétiques de fréquences diverses, allant des ondes radio aux rayons gamma. La dualité – ou mieux, l'association – onde-particule chère au prince de Broglie, nous engage à considérer ces rayonnements comme des particules, les photons. Mais l'espace est aussi parcouru par d'autres « voyageurs » multiples et variés… D'innombrables particules très énergétiques, certaines massives, comme les protons ou les noyaux de fer, d'autres plus légères, comme les électrons ou les neutrinos, font subir à la Terre un véritable bombardement. L'intensité de ces « rayons cosmiques », dont l'origine reste encore un mystère aujourd'hui, décroît fortement à mesure que leur énergie augmente. Pour l'essentiel, il s'agit de protons, accélérés à des vitesses proches de celle de la lumière. Certains d'entre eux affichent des énergies extrêmement élevées, largement supérieures à celles des protons qui tournent dans les accélérateurs de particules les plus puissants du monde.

En pénétrant dans les hautes couches de l'atmosphère terrestre, les rayons cosmiques interagissent avec des noyaux d'oxygène ou d'azote. Ils produisent ainsi des générations successives de particules secondaires qui, dans certains cas, peuvent atteindre la surface du globe terrestre et parfois s'enfoncer profondément dans le sol. À la suite de Pierre Auger, le physicien français qui les avait découvertes à la fin de l'année 1938, ces cascades de particules secondaires portent le nom de « gerbes atmosphériques ». En raison de la succession d'interactions et de collisions qui les produisent, les particules d'une gerbe s'écartent de la trajectoire du rayon cosmique primaire au point qu'une cascade typique ressemble à une « galette » de particules se propageant avec une vitesse proche de celle de la lumière.

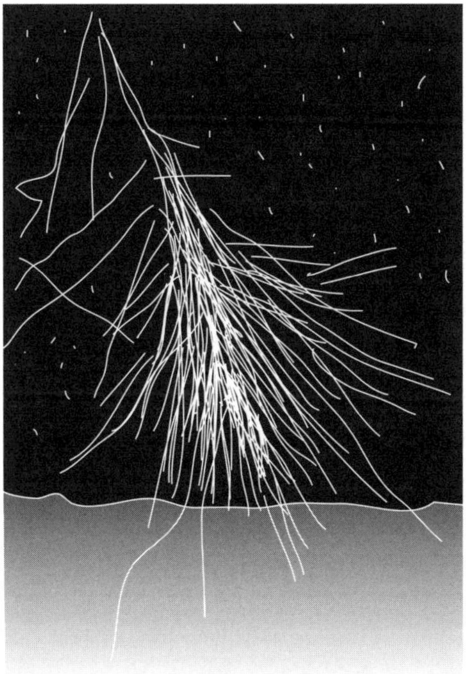

Une gerbe atmosphérique.

Du fait de l'énergie qu'elles emportent, les particules de la gerbe possèdent un fort pouvoir ionisant, une propriété qui précipita leur découverte. À l'orée du XXe siècle, les physiciens qui menaient les premières expériences de physique nucléaire avaient remarqué que leurs détecteurs devaient baigner dans un « bruit » de particules ionisantes. En 1912, le physicien autrichien Viktor Hess démontrait que les plus pénétrantes d'entre elles étaient d'origine extraterrestre.

La découverte des rayons cosmiques

À la Belle Époque, détecter les particules ionisantes passait par la mise en œuvre d'électroscopes. Certains physiciens étaient alors surpris du fait que leurs appareils se déchargeaient spontanément, même quand ils les rangeaient soigneusement dans une armoire bien close pour éviter l'action de la lumière. Certains ont alors postulé (à juste titre) qu'il devait émaner du sol une sorte de rayonnement ionisant, peut-être de même nature que celui découvert par le physicien français Henri Becquerel. En 1909, un jésuite allemand, Théodore Wulf, a développé un électroscope ultra-stable. Pour démontrer l'origine terrestre de ce mystérieux rayonnement ionisant, il monta avec son appareil en haut de la Tour Eiffel. Le taux d'ionisation qu'il mesura ainsi à trois cents mètres du sol était plus élevé que prévu en supposant que tout l'effet ionisant était dû à un rayonnement d'origine tellurique. Viktor Hess, un physicien autrichien, au courant de l'expérience du Père Wulf, se persuada alors que seule une expérience menée lors d'une ascension en ballon permettrait d'en savoir plus sur l'origine de ces rayonnements. De 1911 à 1913, Hess n'effectua pas moins de dix ascensions à bord d'une nacelle portée par ballon. Son appareillage scientifique : des électroscopes du type de celui développé par Wulf, mais modifiés pour résister à la baisse de pression atmosphérique et à la chute de température que l'on rencontre à haute altitude. Le résultat de cette première mission de physique spatiale fut sans appel. Et Hess de conclure : « la seule manière d'interpréter mes résultats expérimentaux fut d'admettre l'existence d'un rayonnement très pénétrant, d'une nature encore inconnue, venant principalement d'en haut, et étant très probablement d'origine extraterrestre ».

Devenu très à la mode après le premier conflit mondial ce rayonnement ionisant qui tombait du ciel avait alors retenu l'attention des meilleurs scientifiques de la planète. C'était ainsi le cas de Robert Millikan, prix Nobel de physique 1923, l'un des plus grands physiciens américains de son temps. Il s'était alors persuadé qu'avant d'aborder la haute atmosphère, ce rayonnement extraterrestre encore si mystérieux était composé de photons gamma très énergétiques. En témoigne le terme impropre de rayon cosmique dont Millikan les avait affublés dès 1925 et qui s'est imposé par la suite !

Depuis les débuts de l'ère spatiale, des détecteurs de particules en orbite se sont consacrés à l'étude directe des particules cosmiques, comme les satellites soviétiques Proton qui, au milieu des années 1960, ont mesuré leur intensité sur une vaste gamme en énergie. L'étude des grandes gerbes a permis de compléter celle des spécimens les plus énergétiques, en nombre insuffisant pour être détectés par satellite. Mais bien des énigmes subsistent, à commencer par les sources des rayons cosmiques, même s'il est maintenant admis que les explosions de supernova doivent jouer un rôle important. Dans la foulée des travaux d'Enrico Fermi, un physicien italien installé aux États-Unis en 1939, les astrophysiciens postulent en effet que les chocs violents produits par les supernovas seraient aptes à accélérer des particules. Ce mécanisme n'est toutefois pas en mesure d'expliquer l'accélération des rayons cosmiques ultra-énergétiques.

Pour découvrir les sites célestes où les rayons cosmiques peuvent acquérir leur fabuleuse énergie, les astrophysiciens ont étudié les rayons gamma que les rayons cosmiques produisent en parcourant les espaces interstellaires. Mais ces photons sont bloqués dans la haute atmosphère, à l'exception des spécimens les plus énergétiques qui laissent quelques traces visibles depuis le sol. Les études des rayons gamma pour pister les rayons cosmiques jusqu'à leurs sources ont donc débuté avec des détecteurs montés à bord de véhicules spatiaux.

Au tournant des années 1980, le satellite européen Cos-B de l'Esa a été le premier à cartographier la Voie lactée dans le domaine gamma. Cette tâche sera poursuivie tout au long des années 1990 par l'observatoire américain à rayons gamma Compton, et depuis juin 2008, par le satellite Fermi, lui aussi de la Nasa. La traque des sources qui répandent dans la Galaxie le gros des rayons cosmiques est semble-t-il en bonne voie, surtout que les observatoires terrestres des rayons gamma de très haute énergie, comme le réseau Hess, en Namibie, donnent aujourd'hui un très sérieux coup de main aux observations spatiales.

Reste le cas des rayons cosmiques d'ultra-haute énergie. Quelle en est donc l'origine ? Certains astrophysiciens ont fait l'hypothèse qu'ils proviennent des sursauts gamma, les explosions cosmiques les plus violentes de l'Univers. Des physiciens envisagent par contre qu'ils puissent provenir de la désintégration de particules dont certains théoriciens postulent l'existence. Les études du rayonnement cosmique déclencheront-elles la prochaine révolution de la physique ? C'est d'ailleurs pour collecter assez de ces rayons cosmiques d'ultra-haute énergie qu'une collaboration mondiale a construit en Argentine l'observatoire Pierre Auger que nous décrirons au chapitre suivant. La lumière nous viendra-t-elle des pampas ? Nouvelle affaire à suivre…

Faut-il avoir peur des rayons cosmiques ?

En pénétrant au sein des organismes vivants, les rayonnements ionisants les plus pénétrants, comme les rayons cosmiques, peuvent perturber les processus biologiques les plus fondamentaux à l'œuvre au cœur même des cellules. Une exposition à des rayonnements ionisants peut ainsi conduire à briser les chaînes d'ADN, les chefs d'orchestre de la vie cellulaire. On explique ainsi qu'à Hiroshima ou à Tchernobyl, on ait vu apparaître des malformations génétiques dues à des irradiations de grande intensité. Les rayons cosmiques contribuent pour une bonne partie à ce qu'il est convenu d'appeler la radioactivité « naturelle », autrement dit, l'ensemble des rayonnements ionisants que notre environnement produit d'une manière tout à fait naturelle.

> **Pour évaluer les effets des expositions aux rayonnements ionisants, les physiciens ont développé un indicateur, appelé « dose efficace », qui dans le système international est mesurée en sievert, symbole Sv, du nom du physicien suédois Rolf Sievert, pionnier dès les années 1930 de l'étude des dommages causés au corps humain par une dose donnée de radiations ionisantes.**

Parlons chiffre. En France, au niveau de la mer, notre exposition imputable aux rayons cosmiques atteint trois dixièmes de millisievert par an. Quant à notre exposition aux autres sources de rayonnements ionisants naturels (les roches, pour l'essentiel), elle varie de deux à huit dixièmes de millisievert par an. Elle est surtout élevée dans les régions granitiques de Bretagne et du Massif Central. Ces valeurs sont à comparer aux limites d'exposition du public à des sources industrielles ou médicales fixées, en France, à un millisievert par an.

À première vue, les rayons cosmiques ne semblent donc pas si virulents, même s'ils participent notablement à la radioactivité naturelle. Et pourtant, dans l'espace, assez loin de notre planète, les doses dues au rayonnement cosmique sont de l'ordre de plusieurs centaines de millisieverts par an ! Comment expliquer une telle différence ? Elle tient pour l'essentiel au cocon protecteur que la nature a tissé tout autour de la Terre. Il est constitué d'un premier écran : les couches les plus basses et les plus denses de l'atmosphère. Elles absorbent le gros des particules ionisantes tombant du ciel. Un bon conseil : évitez les longs séjours à haute altitude… Ce premier blindage est fortement secondé par le champ magnétique terrestre, qui renvoie vers l'espace les particules cosmiques, avec d'autant plus de vigueur qu'elles se présentent vers les basses latitudes. Deuxième bon conseil : évitez les longs séjours dans le nord de la Scandinavie…

Pour être complet, notre arsenal de protection contre cette radioactivité dont le ciel nous abreuve inclut aussi le vent solaire. Ce flot de plasma que le Soleil souffle à raison de sept milliards de tonnes par heure à une vitesse de 400 kilomètres par seconde repousse en effet les particules de plus basse énergie du rayonnement cosmique et les empêche de pénétrer à l'intérieur du système solaire. Protégé par ce troisième bouclier, l'héliosphère se trouve préservée des rayons cosmiques de basse énergie. La Terre est ainsi à l'abri de la composante la plus nocive du rayonnement cosmique. La protection du vent solaire est d'autant plus efficace qu'il souffle fort. C'est bien pour cette raison que le flux du rayonnement cosmique de basse énergie dépend de l'activité du Soleil qui varie avec un cycle de onze ans. Le vent solaire repousse en effet les particules de basse énergie avec plus d'efficacité en période de Soleil actif qu'en période calme. Nous avons franchi au chapitre 3 la limite de l'héliosphère, à environ 100 UA du Soleil et nous avons alors mesuré toute la fragilité de cette mince baudruche que gonfle le souffle solaire.

C'est donc notre environnement cosmique proche qui détermine les doses de rayonnement ionisant que nous recevons quotidiennement, sans que nous ayons notre mot à dire... Il suffirait que notre arsenal de protection faiblisse dans des proportions loin d'être démesurées pour que le taux de radioactivité naturelle sur Terre dépasse la limite légale en France, sans que le gouvernement n'y puisse rien !

Imaginons ainsi que l'héliosphère se ratatine. C'est tout à fait envisageable : il suffirait par exemple que le Soleil traverse une zone plus dense du milieu interstellaire, ou qu'il prenne de plein fouet l'onde de choc engendrée par l'explosion d'une supernova relativement proche. Notre planète subirait alors un bombardement plus intense de rayons cosmiques plus nocifs, entraînant un accroissement sensible de la radioactivité naturelle. Ce genre de phénomène s'est déjà produit dans le passé, peut-être même il n'y a pas si longtemps. En étudiant les carottages prélevés dans les glaces de l'Antarctique, les spécialistes ont en effet noté, à plusieurs niveaux de profondeur, des excès de béryllium-10, un élément radioactif que les rayons cosmiques produisent dans la haute atmosphère. C'est le signe qu'à plusieurs reprises au cours des dernières centaines de milliers d'années, la pluie des rayons cosmiques est tombée plus drue.

Les rayons cosmiques : anges ou démons ?

Les rayons cosmiques sont donc d'efficaces pourvoyeurs de radioactivité à la surface du globe terrestre. Est-ce grave, Docteur ? Sans doute non, puisque voilà des milliards d'années que la vie cohabite sur Terre avec cette fameuse radioactivité ambiante. Et justement, puisqu'il est question de la vie sur Terre, intéressons-nous à son évolution. On sait aujourd'hui que l'évolution des espèces tient à un enchaînement de mutations, la sélection chère au naturaliste anglais Charles Darwin faisant le reste. Or les rayonnements ionisants ont un grand impact sur les mutations :

- Les rayonnements ionisants induisent des mutations chez toutes les formes de vie, des bactéries et des virus jusqu'aux insectes et aux mammifères.
- Il n'y a pas de seuil à l'action génétique des radiations. Un seul photon énergétique, un seul quantum d'énergie, est encore capable de provoquer une transformation héréditaire chez une bactérie.
- La fréquence des mutations est directement proportionnelle à la dose reçue.
- Les effets de petites doses successives sont additifs, une petite irradiation régulière qui se produit pendant de longues années, même si elle est bien tolérée, est génétiquement aussi active qu'une irradiation du même ordre assénée brutalement. Un tel risque frappe ainsi les personnels navigants de l'aviation, exposés jour après jour à des taux de rayonnement plus élevés du fait de l'altitude.

Les rayons cosmiques se retrouvent en bonne place parmi les principaux facteurs de l'évolution. Ils auraient ainsi contribué au fait que, de mutations en mutations, de microscopiques algues bleues, apparues voici plus de trois milliards d'années dans les océans primitifs, auraient évolué vers la formidable diversité biologique qui peuple aujourd'hui la planète. De toute évidence, l'évolution des espèces sous l'effet des rayons cosmiques implique un ajustement minutieux entre impacts positifs et nocivité. Force est de constater que cet équilibre délicat a prévalu sur Terre pour que la vie s'y développe d'une manière aussi prolifique. Du coup, il semble bien que le flux des rayons cosmiques n'a pas dû connaître trop d'excès depuis l'apparition des espèces vivantes à la surface du globe.

Faut-il se protéger de la pluie des rayons cosmiques ?

Rayons cosmiques et voyages interplanétaires

Dans les années 1950, quelques pilotes militaires qui volaient à haute altitude, à plus de dix mille mètres, avaient entrevu des lueurs aussi brutales que soudaines. Ils s'étaient alors imaginés, de bonne foi, qu'ils avaient été attaqués. Certains avaient même riposté à ces assaillants invisibles ! On a compris depuis que les rayons cosmiques étaient les responsables de ces flashs, en induisant des bouffées de lumière dans l'humeur aqueuse des yeux des pilotes. Ce même phénomène a pu être étudié au cours d'expériences menées sur certains astronautes lors de vols spatiaux habités.

Cet épisode n'était que le signe avant coureur de tous les problèmes à prendre en considération dès qu'un être humain s'élève au-dessus des couches les plus basses de l'atmosphère, celles qui constituent notre plus solide ligne de défense contre les rayons cosmiques et leurs redoutables effets ionisants. Hors de cette protection, les doses encaissées du fait des rayons cosmiques sont rapidement prohibitives. Quelques pages plus haut, nous vous avons signalé que, dans l'espace, au-delà de la deuxième ligne de défense, celle que dresse le champ magnétique terrestre, les doses reçues sont des centaines de fois plus élevées que la limite légale en France. Elles sont certes bien moindres à bord d'un véhicule spatial en orbite basse, déjà bien protégé d'un côté par la Terre, et de l'autre par le bouclier tendu par le champ magnétique.

Pire encore : en plus des rayons cosmiques *bona fide*, les voyageurs spatiaux qui évoluent loin de la Terre doivent aussi prendre en compte les rayonnements ionisants relâchés lors des éruptions solaires. Ces dernières surviennent dans des zones de la couronne solaire où la structure du champ magnétique adopte la forme de boucles dont les pieds sont ancrés dans la photosphère solaire. Confinés par le champ magnétique, électrons, protons et autres noyaux sont peu à peu stockés dans les boucles. Une instabilité détermine alors l'éruption. Tel un élastique qui se détend, la boucle projette à grande vitesse les particules qu'elle renfermait. Le système solaire est alors sillonné de particules aux effets pernicieux similaires à ceux des rayons cosmiques pur sucre qui eux, nous viennent de la Galaxie.

Les risques encourus à cause des rayons cosmiques et autres particules ionisantes restent donc l'un des handicaps majeurs des voyages spatiaux au long cours. Chacun connaît le paradoxe des jumeaux de Langevin : l'un a entrepris un long voyage à travers l'espace à une vitesse proche de celle de la lumière, l'autre est resté sur Terre. À son retour, le premier a constaté qu'il a moins vieilli que son frère ! C'est très dérangeant, mais conforme à la théorie de la relativité… S'embarquer dans l'espace à bord d'une fusée relativiste serait-il le meilleur moyen de ralentir le vieillissement ? C'est sans compter sur l'effet des rayons cosmiques sur le jumeau voyageur dont le moindre des méfaits serait sans aucun doute un vieillissement prématuré. Au bout du compte, c'est peut-être le jumeau resté sur Terre qui donnerait l'impression d'être le mieux conservé...

Aujourd'hui, il est question de nouvelles missions d'astronautes vers la Lune. Sans parler du fameux voyage vers Mars... Dans ce dernier cas, il faudra prendre en compte toutes les doses reçues au cours du long voyage interplanétaire, que ce soit sous l'effet des rayons cosmiques ou à la suite d'éruptions solaires. S'y ajoutent bien sûr les doses reçues lors du séjour sur une planète dépourvue d'atmosphère et de bouclier magnétique. Une estimation à la louche fait apparaître que les intrépides astronautes qui un beau jour s'envoleront vers Mars devront s'attendre à encaisser de l'ordre de mille millisieverts ! À coup sûr, l'exposition des astronautes à des doses aussi massive sera sans doute le principal facteur qui pourrait différer le rêve du voyage vers la « planète rouge ».

« Mais alors, que faire si les rayons cosmiques constituent un tel danger pour les missions interplanétaires ?

Mais alors, que faire si les rayons cosmiques constituent un tel danger pour les missions interplanétaires ? La solution qui vient tout de suite à l'esprit serait de doter les modules spatiaux d'un système de protection contre les rayonnements pénétrants. Hélas, tous les dispositifs envisagés à ce jour sont d'une masse beaucoup trop élevée. On peut certes ne prévoir qu'un petit volume protégé où les spationautes se blottiraient à l'annonce d'une éruption solaire majeure. Cet abri pourrait par exemple se trouver au milieu de la réserve d'eau du vaisseau spatial. Une fois sur la planète, les spationautes pourraient à peu de frais utiliser le régolithe dont le sol martien est couvert pour se faire un abri propre à atténuer les radiations et s'y réfugier en cas d'un déferlement de particules solaires.

Se pose alors la question de prévoir les colères du Soleil et de signaler l'arrivée des particules qu'elles projettent alentour. En la matière, nous disposons déjà de ce qui peut s'apparenter à un embryon de météorologie spatiale. L'observation régulière du Soleil, celle menée dans la bande des ondes radio à la station de Nançay, en Sologne, et dans les domaines de l'ultraviolet et des rayons X à bord du satellite Esa/Nasa Soho (*Solar and Heliospheric Observatory*, observatoire du Soleil et de l'héliosphère), permet, en principe, de détecter tout déclenchement d'une éruption solaire. Puis, en étudiant les données que fournissent des détecteurs à bord de sondes placées dans l'espace interplanétaire proche, il devient aussi possible de prévoir l'arrivée de la bouffée de particules ionisantes que l'éruption a relâchée.

Ce système d'alerte n'a toutefois pas été mis en place pour des spationautes qui évoluent pour l'instant sur des orbites basses bien moins exposées aux particules, qu'elles soient cosmiques ou solaires. Il a pour première fonction de nous prévenir de l'arrivée imminente d'un flux intense de particules ionisantes. Nous passerons en revue dans quelques pages les dégâts que peuvent nous infliger les éruptions solaires. Le réseau d'alarme a déjà fait ses preuves. Le jour où la conquête de Mars sera d'actualité, il suffira d'étendre les services de cette météorologie spatiale au bénéfice des astronautes en route vers la « planète rouge ».

Le ciel peut-il nous tomber sur la tête ?

En juin 2004, l'astronome américain Roy Tucker et son équipe ont identifié un astéroïde géocroiseur de 320 mètres de large à qui avait été attribuée la désignation provisoire de 2004 MN4. C'est sous ce sec matricule qu'il a alors connu en décembre de la même année une bouffée de célébrité. Dans un premier temps en effet, une collision avec la Terre avait été estimée possible par le système *Sentry* (sentinelle) de la Nasa (probabilité : 3 %) pour le vendredi 13 avril 2029 ! Vu la masse estimée de l'objet (plus de vingt millions de tonnes), son impact entraînerait une catastrophe pouvant s'étendre à tout un continent, ou encore des tsunamis gigantesques si l'impact se produisait sur un océan.

Apophis n'en passera pas moins à environ 30 000 km de notre planète, frôlant l'orbite de nos précieux satellites géostationnaires.

En 2005, les paramètres de son orbite ayant été précisés, ce charmant bolide se vit attribuer un matricule définitif, 99942, une distinction qui lui permettait d'avoir un vrai nom. Il fut alors baptisé Apophis, le nom grec d'un dieu égyptien du chaos. Une telle désignation est certes peu conforme à la tradition astronomique des noms de la mythologie grecque, mais il est vrai que ses découvreurs seraient des fans de la série TV Stargate SG-1 où Apophis est le nom d'un personnage décidé à détruire la Terre. Mais après de nouveaux calculs, l'hypothèse d'un impact en 2029 a été écartée. Apophis n'en passera pas moins à environ 30 000 km de notre planète, frôlant l'orbite de nos précieux satellites géostationnaires. Phénomène rarissime, il sera alors visible à l'œil nu depuis l'Afrique, l'Europe et l'Asie. Compte tenu des incidences gravitationnelles sur Apophis de ce premier passage près de notre planète, une possibilité de collision en 2036 n'est pas à écarter. Des opportunités d'observation en 2013 et 2021 permettront d'affiner sa trajectoire jusqu'en 2070…

Les astéroïdes de ce type sont repérables à plus ou moins long terme, permettant théoriquement d'anticiper un éventuel impact. Mais plus que les astéroïdes, ce sont les comètes qui représentent le danger le plus grand, dans la mesure où leur prédictibilité est très faible… Une nouvelle comète de grande taille, à l'orbite fortement elliptique et qui n'aurait encore jamais été observée peut très bien être détectée comme se précipitant vers notre planète. Dans ce cas, le délai entre la détection et l'impact ne serait, au mieux, que de quelques semaines…

Les collisions d'objets célestes avec notre planète ne datent pas d'hier et les traces d'impacts majeurs sont là pour nous le rappeler. Les observations nous démontrent par ailleurs qu'il existe un grand nombre d'objets géocroiseurs qui ont une bonne probabilité de venir heurter la Terre. À chaque nouvelle découverte, comme ce fut le cas avec Apophis, alias 2004 MN4, nous avons droit aux mêmes scénarios catastrophe propagés par les médias... Pourtant, quel que soit le nombre de ces géocroiseurs identifiés, la probabilité d'impact reste la même : elle est très faible pour les très gros objets (comme celui d'il y a 65 millions d'années), relativement faible pour ceux de quelques dizaines de mètres de diamètre (qui peuvent provoquer des dégâts spectaculaires mais limités, comme ceux dus à l'événement de la Tunguska, décrits au chapitre 2). Elle est enfin élevée pour les petits objets qui ne causent presque aucun dégât. Aucune mort d'homme due à la chute d'une météorite n'a été répertoriée jusqu'à présent.

L'UAI a créé un groupe de travail chargé de coordonner les observations, de déterminer les probabilités d'impact et d'évaluer les conséquences possibles de telles collisions. C'est ainsi que l'astronome américain Richard Binzel a présenté en 1999, lors d'un congrès scientifique qui se tenait à Turin, une échelle des risques, analogue à l'échelle de Richter pour les tremblements de Terre, décrivant les conséquences qu'un impact météoritique pourrait occasionner dans un avenir plus ou moins proche. Cette échelle, dite de Turin, classe les événements de 0 à 10.

L'échelle de Turin

Degré 0 : L'objet est trop petit pour atteindre la surface de la Terre ou bien la probabilité de collision est proche de zéro.

Événement sans conséquences réelles

Degré 1 : La probabilité de collision est très faible, du même ordre que celle d'une collision avec un objet non détecté.

Événement à surveiller

Degré 2 : La probabilité de collision est très faible mais pas nulle, avec des dégâts très limités en cas de collision.

Degré 3 : La probabilité de collision est de l'ordre de 1% avec des dégâts qui restent très localisés.

Degré 4 : La probabilité de collision est de l'ordre de 1 % avec dégâts importants, mais localisés.

Événement nécessitant des précautions

Degré 5 : Probabilité importante de destructions restant localisées.

Degré 6 : La probabilité de catastrophe générale est grande.

Degré 7 : La probabilité de catastrophe générale est très grande.

Impact très probable et dangereux

Degré 8 : Collision avec destructions localisées. Probabilité une fois tous les 50 à 1 000 ans.

Degré 9 : Collision capable de détruire une partie de la surface terrestre. Probabilité une fois tous les 1 000 à 100 000 ans.

Degré 10 : Collision capable de provoquer une catastrophe climatique pour toute la Terre. Probabilité une fois tous les 100 000 ans.

Catastrophe sûre et très importante

Aujourd'hui, plusieurs programmes d'observation sont en cours et nous connaissons environ la moitié des géocroiseurs de plus d'un kilomètre. Nous savons qu'aucun de ces objets ne présente de risque pour la Terre à court terme, mais l'inventaire des géocroiseurs potentiellement dangereux reste une priorité, bien que les façons de réagir en cas de danger à court ou moyen terme restent très hypothétiques…

Si les calculs de trajectoires prévoient un événement de degré 8 à 10 sur l'échelle de Turin, que pourrions-nous faire ? Que l'impact se produise sur le sol ou en mer, les conséquences en seraient catastrophiques. Les déplacements de populations à l'échelle de dizaines de millions d'habitants dans un délai court restent très problématiques. La possibilité de détruire ou de dévier l'objet avant l'impact, telle que les nombreux films catastrophe l'ont imaginée, reste pour l'instant hors de notre portée ou complètement irréaliste. Faire éclater l'objet en plusieurs morceaux de taille moindre, pourrait se révéler pire que l'impact d'un seul objet. La seule solution éventuellement envisageable serait celle de la déviation, à condition de connaître la trajectoire du géocroiseur des années avant la date de l'impact. Un petit moteur ionique ou une voile solaire, si l'objet n'est pas de trop grosses dimensions, serait-il susceptible de modifier suffisamment sa trajectoire pour qu'il évite la

Terre ? Pour nous rassurer, disons que le risque de collision majeure reste très faible... même s'il se produira nécessairement un jour.

Une saute de vent en attendant la tempête

Fin août 1859, il se produisait sur Terre une série d'événements tout à fait spectaculaires : aurores boréales visibles jusque dans les Antilles faisant croire à un gigantesque incendie, dérèglement des instruments de mesure du champ magnétique, télégraphes saturés par une surcharge massive de courant électrique dans les lignes... Deux jours plus tard, une nouvelle vague d'aurores boréales se manifestait encore dans des régions tropicales ; en Amérique Centrale, on pouvait lire un journal en pleine nuit. Elles étaient accompagnées de la mise hors service de télégraphes dans l'hémisphère nord !

Au début de cette seconde vague d'événements hors du commun, l'astronome anglais Richard Carrington, qui observait le Soleil, notait l'apparition d'un phénomène très lumineux qui persista pendant cinq minutes. C'était la première observation de ce qu'il est convenu depuis d'appeler une éruption solaire. Carrington avait alors postulé qu'un tel phénomène était sans doute lié à cette suite d'épisodes si spectaculaires. Nous savons aujourd'hui que toutes ces manifestations sont produites par l'arrivée sur Terre d'une bouffée de particules ionisantes relâchée lors d'une éruption solaire. Mais nous savons aussi que si les conséquences des éruptions de 1859 furent finalement assez limitées, c'est qu'à l'époque la technologie était fort peu sensible aux perturbations électromagnétiques qu'induit l'arrivée de particules ionisantes dans notre atmosphère.

En 1989, nous avons déjà eu un avant-goût des conséquences inéluctables qu'aurait une éruption solaire de grand style : débâcle du réseau électrique sur la côte est de l'Amérique du nord, sérieuses désorganisations des liaisons radio sur l'ensemble de la planète.

Autre conséquence, plus inattendue, celle d'un pic des naissances qui aurait été constaté neuf mois plus tard, dans les régions qui avaient été touchées par la panne de lumière… Et pourtant, cet événement était sans commune mesure avec l'éruption solaire de 1859 !

Un tel événement se produisant de nos jours aurait bien plus d'effets pernicieux tant nos satellites, nos réseaux de communication, nos réseaux informatiques, nos bases de données, sont, entre autres, autant de points des plus vulnérables à une tempête solaire de très forte intensité. Heureusement pour nous, des éruptions aussi paroxystiques ne se produisent que relativement rarement, deux fois par millénaire selon toute vraisemblance. Ces éjections massives de particules ne sont pourtant qu'une manifestation un peu trop violente de l'activité de notre étoile, un phénomène qui nous protège des rayons cosmiques les plus nocifs. Quitte à choisir, il vaut sans doute mieux que l'activité solaire ne faiblisse pas, et pas uniquement pour nous protéger du rayonnement cosmique…

Scénario catastrophe

Pour terminer, faisons-nous un peu peur en suivant le déroulement d'une éruption du style de celle de 1859 qui pourrait survenir dans un avenir proche. Ce sera d'abord l'éjection d'une titanesque bouffée de particules ionisantes. Elle sera accompagnée d'émissions lumineuses violentes, avec une intense composante de rayons X et gamma. Ce rayonnement sera le premier à atteindre la Terre, huit minutes après son émission, provoquant les premiers désordres. Les particules ionisantes les plus rapides, virevoltant au gré des champs magnétiques interplanétaires, atteindront ensuite la Terre, en avant-garde du gros du nuage de plasma solaire, qui lui, nous frappera quelques dizaines d'heures après l'éruption. Ce nuage, fortement magnétisé, libérera une partie de son magnétisme dans notre proche environnement. C'est à ce point que les perturbations majeures commenceront. Quarante-huit heures plus tard, le nuage ayant poursuivi son chemin, l'environnement terrestre sera revenu à la normale, mais entre-temps, quels dégâts !

Satellites hors d'usage ou devenus incontrôlables, ordinateurs hors d'usage, mémoires effacées, GPS et systèmes de navigation des avions inutilisables, interférences dans les communications radio, réseaux de transport électriques fortement perturbés, avec, par endroits, un effondrement du réseau, particules ionisantes mettant en danger astronautes ou passagers aériens, etc. Ces événements auraient bien évidemment un coût considérable, se chiffrant en dizaines de milliards d'euros. Nous savons déjà que des programmes de surveillance et de prévention se montent ici et là. Mais trop parcellaires et mal coordonnés entre les différentes agences, ils semblent encore inadaptés pour répondre à la vulnérabilité de nos sociétés à ce type de phénomènes naturels.

Des étoiles inquiétantes ?

Si le Soleil peut s'avérer si nocif, alors qu'il ne s'agit que d'une étoile des plus calmes, c'est bien sûr parce que nous sommes tout à côté de lui. Il existe certes de par le vaste univers des étoiles infiniment plus virulentes, mais les distances qui nous en séparent sont telles que leurs colères ne nous inquiètent pas trop. Sans conteste, les explosions de supernova figurent en tête du hit-parade des manifestations potentiellement les plus nuisibles que l'on peut attendre d'une étoile. Que se passerait-il donc si une supernova explosait à proximité de notre système solaire ? Nous avons déjà noté qu'un tel événement, pour peu qu'il ne soit pas trop distant, comprimerait notre héliosphère au point de nous exposer au gros du rayonnement cosmique galactique.

On estime qu'une explosion de supernova se produit environ tous les trente ans dans notre Voie lactée. Nous connaissons suffisamment bien les étoiles qui constituent notre voisinage galactique pour exclure que l'une d'entre elles explose à plus ou moins brefs délais. Les candidats les plus proches, comme Antarès, dans le Scorpion, sont encore trop lointains pour que leurs éventuelles explosions produisent plus qu'un merveilleux spectacle céleste qui pourra même s'admirer en plein jour, tant une supernova brille d'un indicible éclat. Un tel événement se serait-il produit dans un passé pas trop lointain ? Pour le savoir, une solution : rechercher les étoiles à neutrons, vestiges durables d'une supernova gravitationnelle, stade final de l'évolution des étoiles massives, dont nous avons suivi les affres au chapitre 4.

« Elle n'est pas là »

Les astronomes, après une battue homérique, en ont débusqué une, à quatre cent cinquante années-lumière. Son nom : Geminga, que nous vous invitons à prononcer gué-minga, car c'est la transcription phonétique de l'exclamation en dialecte milanais (el) gh'é minga, littéralement : « (elle) n'est pas là ». À la fin des années 1970, cette expression de dépit avait été proférée par les astronomes milanais de l'équipe du satellite Cos-B à l'encontre d'une mystérieuse source céleste de rayons gamma. En dépit de leurs efforts, ils ne parvenaient pas à la localiser avec une précision suffisante pour en déterminer la nature avec un astre repéré à d'autres longueurs d'onde. Elle semblait donc à la fois partout et nulle part.

Après une quête de vingt ans, l'astrophysicien italien Giovanni Bignami en avait percé tous les secrets. Il s'agit d'une étoile à neutrons en rotation rapide – un pulsar –, tournant sur elle-même en un quart de seconde, qui se serait donc formé voici moins de quatre cent mille ans. L'étoile à neutrons est animée d'un mouvement propre qui laisse penser que la supernova dont elle est le vestige compact a explosé à plus de quinze degrés de la position où Geminga se trouve aujourd'hui ! Mais à quelle distance ? C'est là le hic ! Il est en effet très difficile de déterminer si Geminga s'éloigne ou s'approche, et donc de savoir à quelle distance du Soleil est survenue l'explosion de supernova…

Une des deux distances plausibles pourrait être inférieure à une centaine d'années-lumière. Si c'est bien le cas, une formidable fulgurance aurait embrasé le ciel voici moins de quatre cent mille ans à peine. Cette supernova aurait alors été cinquante mille fois plus resplendissante que Sirius, l'étoile la plus brillante du ciel ! En ce temps-là, au paléolithique inférieur, nos lointains ancêtres se frayaient patiemment leur voie dans le maquis de l'évolution des espèces. Et comme nous sommes toujours là pour en parler, c'est sans doute que cette éventuelle explosion proche n'a pas affecté l'ordre des choses sur Terre, à moins que justement, ce petit coup de pouce cosmique ait provoqué les ultimes mutations qui ont conduit à l'apparition d'*Homo sapiens*…

Bien sûr, une explosion beaucoup plus proche aurait des conséquences bien plus redoutables. La coquille soufflée par la supernova balaierait le système solaire quelques centaines d'années seulement après l'explosion. Ce passage d'un vestige de supernova encore si jeune et actif ne serait pas sans conséquence : pluie diluvienne de rayons cosmiques, perturbation du fragile équilibre de la haute atmosphère. La pauvre couche d'ozone n'y résisterait pas ! S'y ajouteraient des retombées radioactives encore très virulentes, propagées par les débris stellaires sévèrement contaminés lors de l'explosion du fourneau thermonucléaire… Il n'est donc pas recommandé de se trouver trop près d'une étoile qui explose !

Un dernier sursaut ?

Si nous voulons vraiment vous faire peur avec les explosions d'étoiles, nous avons en rayon l'astre idéal, à savoir le sursaut gamma, cette formidable éjection de matière que déclenche l'effondrement de certains cœurs d'étoiles massives. Imaginons par exemple qu'un événement de ce type survienne à moins de dix-mille années-lumière du Soleil et que l'un de ses deux jets suive une trajectoire telle que le système solaire le prendrait de plein fouet. Notre pauvre planète encaisserait alors une quantité d'énergie comparable à celle que relâcheraient des millions de bombes atomiques modèle Hiroshima !

Le **muon** est une particule de masse intermédiaire entre celle du proton et celle de l'électron, ne subissant pas l'interaction forte, porteuse d'une charge électrique élémentaire – comme l'électron ou le proton – et d'une durée de vie très brève. On connaît deux types de muons, de charge opposée.

Un dépôt d'énergie aussi titanesque détruirait la couche d'ozone, provoquerait des ondes de chocs dévastatrices s'enfonçant au plus profond de l'atmosphère où elles allumeraient d'immenses incendies et provoqueraient des tempêtes gigantesques. Mais le pire se serait déjà produit, pour peu que le jet renferme un fort contingent de photons gamma de très haute énergie. En interagissant avec les hautes couches de l'atmosphère, ces derniers produiraient des doses létales de particules ionisantes ultra pénétrantes, les muons, qui détruiraient la vie sur terre, sous terre et dans la mer.

> **Existe-t-il dans notre galaxie une étoile susceptible de finir son évolution en produisant un sursaut gamma ?**

Existe-t-il dans notre galaxie une étoile susceptible de finir son évolution en produisant un sursaut gamma ? Oui, assurément. À en croire certains astrophysiciens, l'étoile éta de la Carène, assez proche (7 500 a.l), une des plus massives de la Galaxie (cent masses solaires), serait celle qui présenterait les meilleures dispositions pour que son évolution s'achève à court terme – à l'échelle des temps cosmiques – en enclenchant un sursaut gamma. La fin du monde est-elle pour bientôt ? Encore faudrait-il que l'un des deux jets se propage dans la direction où la Terre se trouvera quand la formidable bouffée de rayons gamma aura parcouru la distance qui nous sépare de l'étoile de la mort. Or les observations les plus précises laissent à penser que ce n'est pas le cas… Sommes-nous donc sauvés ? Ne nous réjouissons pas trop vite ! On peut compter sur les astronomes pour trouver quelque part dans la Voie lactée un autre candidat au sursaut gamma, passé inaperçu jusqu'à présent.

Les petits hommes verts

Si vous demandez à un astrophysicien et à un biologiste leur opinion sur la possibilité d'une vie extraterrestre, attendez-vous à recevoir des avis divergents, voire radicalement opposés.

Pour notre astrophysicien, il semble bien improbable que la vie ne soit pas présente ailleurs dans notre univers, un point de vue que l'astronome américain Frank Drake avait mis en équation pour évaluer les chances du programme Seti (*Search for Extra-Terrestrial Intelligence*, recherche d'une intelligence extraterrestre), à savoir détecter un signal radio qu'aurait émis une éventuelle civilisation extraterrestre.

L'**équation de Drake** s'écrit $N = R^* \times f_p \times n_e \times f_l \times f_i \times f_c \times L$, où N est le nombre de civilisations extraterrestres dans notre galaxie avec lesquelles une forme de communication serait possible, R^* est le taux de formation d'étoiles par an dans la Galaxie, f_p est la fraction de ces étoiles qui ont des planètes, n_e est le nombre moyen de planètes par étoile propices à la vie, f_l est la fraction de ces dernières où la vie se développe, f_i est la fraction de ces dernières où apparaît une vie intelligente, f_c est la fraction des civilisations capables de développer une technologie qui les rendrait apte à relâcher des ondes radio, L est la durée de vie moyenne d'une telle civilisation.

Drake, qui n'avait pas manqué de proposer une solution à sa propre équation, avait alors abouti à un total d'environ dix mille civilisations dans la Voie lactée avec lesquelles une communication pourrait s'établir. Mais Drake, qui avait organisé en 1961 la première conférence Seti, avait sans doute employé pour résoudre son équation les valeurs des paramètres qui semblaient les plus favorables à sa thèse.

Les astronomes ont d'ailleurs été nombreux à manifester leur désaccord avec les valeurs que Drake avaient adoptées. Il faut en effet tenir compte de nombreux facteurs aléatoires, comme la présence de notre satellite, la Lune, qui stabilise l'inclinaison de l'axe des pôles, et permet le retour des saisons. Et puis il y a aussi les rayons cosmiques, assez abondants pour permettre les mutations nécessaires à l'évolution, mais pas trop mordants pour que la vie n'en pâtisse pas trop, un équilibre qu'il n'est pas évident de rencontrer ailleurs que sur Terre.

Un jugement de Pâris extraterrestre.

Pour notre biologiste, beaucoup plus circonspect, il serait très étonnant que la vie, quelle que soit sa forme, ait pu se développer ailleurs, compte tenu des contraintes nécessaires pour qu'elle apparaisse, et plus encore, pour qu'elle évolue. Lui aussi, amateur de statistique, prétend que la vie « ailleurs » est bien improbable, compte tenu du concours de circonstances qui a été nécessaire pour que la vie apparaisse sur notre planète. Pour répondre à l'équation que l'astrophysicien met en avant, le biologiste se lance à son tour dans le débat :

– « Avec la même équation que celle de Drake, je pourrais sans peine arriver à un résultat bien différent ! Prenez par exemple la question du développement d'une vie organisée. Sur notre propre planète, nous savons que la vie est apparue très tôt. Or des formes développées de vie n'ont émergé qu'à l'explosion du Cambrien, dont l'apogée a culminé voici cinq cents millions d'années à peine. L'évolution a donc été très lente, il a fallu trois bons milliards d'années avant que n'explose la biodiversité. Je suis convaincu que des conditions très particulières sont nécessaires pour que cela se produise. Ajoutons que les très nombreuses possibilités d'extinction, comme l'autodestruction, suggèrent que la vie sur Terre est relativement fragile. »

Puis pour enfoncer le clou, Le biologiste, qui se veut aussi sociologue, se lance sur les problèmes que pose l'utilisation des statistiques :

– « L'équation de Drake consiste à essayer de déterminer une quantité inconnue à partir d'autres quantités tout aussi inconnues… Cette estimation est donc parfaitement aléatoire. Et puis vous savez bien que l'esprit humain n'est taillé ni pour les grands nombres, ni pour les tout petits. Pas facile d'appréhender ce que signifie une probabilité de moins de un pour cent. Dans le langage de tous les jours, quand on parle d'une probabilité de un sur mille ou de un sur cent mille, on ne parle en fait que d'une probabilité très faible. Et c'est bien parce que nous évaluons mal les probabilités très faibles que les jeux de hasard continuent à proliférer… Précisément, pour le biologiste que je suis, la probabilité que s'enchaînent les conditions nécessaires à l'apparition puis au développement de la vie intelligente est vraiment très faible ! »

Pas démonté par cette longue tirade, l'astrophysicien rétorque :

– « Fermi avait déjà bien compris, dix ans avant Drake, qu'en adoptant pour les différents paramètres en jeu les valeurs les plus sensées, notre galaxie devrait contenir assez de civilisations pour que leur présence se soit déjà signalée à notre attention. Le paradoxe de Fermi – si les extraterrestres existent, où sont-ils ? Ils devraient déjà être là ! – peut certes s'expliquer par le côté très incertain des estimations. Mais il n'implique pas pour autant que l'équation de Drake conduise à des probabilités aussi infimes que celles auxquelles vous vous attachez ! »

Puis, pour conclure, notre astrophysicien lance un dernier trait :

- « Et par ailleurs, s'il était confirmé qu'une forme de vie a pu exister sur Mars, admettez que ça changerait bigrement la donne ! »

Voulant prendre l'astrophysicien à son propre jeu, le biologiste répond :

- « Si aujourd'hui une hypothétique forme de vie a disparu de Mars c'est d'abord parce que l'atmosphère martienne a disparu. Mars était de masse trop faible pour retenir une atmosphère dès lors que son activité volcanique avait cessé. Cela confirme bien que même si une forme de vie embryonnaire peut apparaître sur une planète, il lui faut aussi le temps de se développer, rayons cosmiques ou pas… »

Voici bien des décennies que ce type de débat agite la communauté scientifique : peut-il exister une vie extraterrestre ? Entre ceux qui sont persuadés que d'autres planètes peuvent être habitées et les sceptiques convaincus de l'impossibilité d'une forme de vie ailleurs que sur Terre, le débat ne saurait être tranché que par l'arrivée du premier être vivant venu d'ailleurs, qu'il soit vert, doté de tentacules et couvert de pustules, ou rouge, muni de quatre pieds et d'un seul œil au milieu du front… Par contre, la possibilité inverse, que nous sommes seuls dans l'Univers, ne pourra jamais être démontrée en vertu du vieil adage que l'absence de preuve n'est pas la preuve de l'absence !

Quant au danger que des « visiteurs » pourraient représenter pour la Terre, et surtout pour les terriens, un thème rebattu de la science-fiction, on peut penser que si ces émissaires d'un autre monde ont la capacité technologique de parvenir jusqu'à notre planète, ils seront capables de nous faire entendre leurs arguments, quels qu'ils soient… Au bout du compte, c'est sans doute nous qui serons la principale source de danger pour l'Univers, quand nous déciderons une bonne fois pour toutes de partir à la conquête d'autres mondes. Nous serons alors bel et bien devenus des extraterrestres…

10

Voir l'invisible

Les messagers de l'Univers

À la différence de presque toutes les disciplines de la physique, fondées sur la réalisation et l'analyse d'expériences, l'astronomie est avant tout une science du regard, basée pour l'essentiel sur l'observation et l'étude du rayonnement électromagnétique que les corps célestes nous adressent. Il est vrai que les astronomes disposent aussi d'autres moyens pour étendre et compléter leurs investigations. Ils commencent ainsi à collecter les neutrinos et les ondes gravitationnelles afin de sonder certains sites célestes qui se dérobent à jamais aux recherches menées avec les seules ondes électromagnétiques.

Le ciel nous envoie encore d'autres messagers, beaucoup moins impalpables : les rayons cosmiques et les météorites. Les rayons cosmiques véhiculent de précieux indices sur les sites où ils sont accélérés et sur les milieux où ils se propagent. Quant aux météorites, ils constituent eux aussi une mine irremplaçable d'informations, limités toutefois à l'étude du système solaire. Il en est d'ailleurs de même des explorations *in situ* menées à l'occasion de quelques missions planétaires.

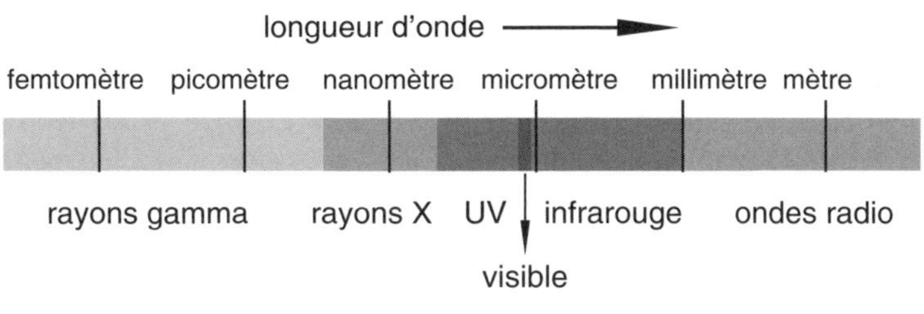

Les différents domaines du rayonnement électromagnétique, des rayons gamma aux ondes radio, classés par longueur d'onde croissante.

Tributaires des ondes électromagnétiques, les astronomes n'avaient jusqu'au milieu du XXe siècle qu'une vision du ciel limitée au seul domaine visible, ce petit domaine du spectre qui rassemble les rayonnements propres à impressionner la rétine de l'œil. Les astronomes étaient de ce fait enclins à ne s'intéresser qu'aux astres actifs dans cette unique bande spectrale, ce qui excluait de leur champ d'investigation tous les types d'objets célestes qui rayonnent très peu dans le visible, mais qui brillent d'un vif éclat dans d'autres domaines de longueurs d'onde. C'est par exemple le cas de tous les milieux portés à des températures très différentes de celle du Soleil, l'astre à la lumière duquel notre œil s'est adapté, qu'ils soient beaucoup plus froids, comme les nuages interstellaires, ou beaucoup plus chauds, comme les disques de plasma ceinturant les trous noirs.

Ce dernier cercle de l'anthropocentrisme n'a été brisé qu'à la fin des années 1940, quand les astronomes ont effectué des observations dans le domaine des ondes radioélectriques au moyen d'appareils utilisant les techniques radars développées durant le dernier conflit mondial. Mais l'atmosphère constitue un écran opaque dans de nombreuses bandes spectrales : les ondes radio de grande longueur d'onde, une grande partie de l'infrarouge, la quasi-totalité de l'ultraviolet et la totalité du domaine des rayons X et gamma. L'exploration du ciel au moyen d'observatoires terrestres n'a pu alors s'étendre que sur un petit nombre de bandes spectrales, du côté des grandes longueurs d'onde.

Déclenchée par le lancement de Spoutnik 1 en octobre 1957, la course à l'espace à laquelle les États-Unis et l'Union Soviétique se sont livrés jusqu'à la fin des années 1980 a suscité un développement fulgurant des techniques spatiales. Les astronomes en ont profité pour placer au-delà de l'atmosphère toutes sortes d'équipements aptes à observer le ciel sur une très large gamme de rayonnements. Observatoires terrestres et spatiaux se complètent désormais pour scruter le cosmos, des ondes radio à courte longueur d'onde jusqu'aux rayons gamma de très hautes énergies. L'astronomie vit ainsi une révolution majeure, la plus considérable depuis que Galilée braqua une longue-vue vers le ciel.

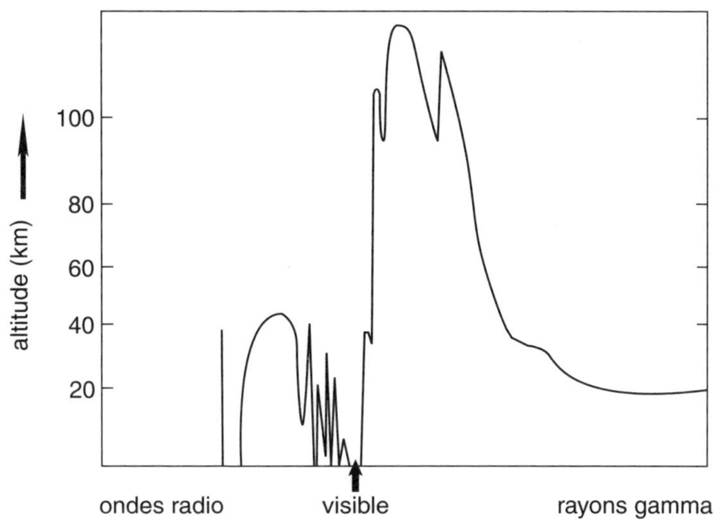

Altitude à laquelle il faut monter pour capter au moins la moitié du rayonnement émis par un corps céleste en fonction du domaine de rayonnement, de celui des ondes radio à celui des rayons gamma.

Lunettes et télescopes

Pour observer le ciel dans le visible, les astronomes de profession comme les amateurs utilisent tous des appareils basés sur le même principe : un dispositif optique d'entrée, le plus grand possible, collecte et focalise les rayonnements que les astres produisent pour former une image qu'un deuxième dispositif optique permet alors d'examiner en détail. Un amateur, s'il se contente de son œil, examinera l'image avec un ensemble de lentilles, l'oculaire, qui joue le rôle d'une loupe. Un professionnel, avant tout soucieux d'enregistrer l'image, mettra en œuvre toutes sortes de surfaces sensibles à la lumière. Dans le passé, c'étaient des plaques photos. Aujourd'hui, il s'agit bien sûr de dispositifs électroniques, le plus souvent à base de CCD (*Charge Coupled Device*, dispositif à transfert de charge), petits capteurs, très sensibles, du type de ceux qui équipent les appareils photo numériques.

Les anglo-saxons n'emploient qu'un seul et même mot, *telescope*, pour désigner tous ces instruments d'astronomie. Les francophones, toujours à la recherche du mot juste, distinguent les lunettes des télescopes, et ils ont raison, car il s'agit bel et bien d'instruments différents, tant par leur mode de fonctionnement que par l'usage qu'en font les astronomes. Dans une lunette (ou réfracteur), le dispositif optique d'entrée est un ensemble de lentilles, l'objectif, assimilable à une unique lentille convexe ; dans un télescope (ou réflecteur), c'est un miroir concave primaire, secondé par un secondaire plus petit pour renvoyer l'image en dehors du champ du primaire.

Pour en finir avec les considérations linguistiques, l'habitude est désormais prise d'utiliser le terme de télescope pour désigner tout appareil destiné à l'observation astronomique, que son optique d'entrée soit constituée ou non d'un réflecteur concave. Nous n'hésiterons pas à prendre ce parti dans les pages qui suivent, même quand il s'agira de décrire des appareillages qui n'ont que très peu de points communs avec ceux qui se trouvent sous les grandes coupoles de nos observatoires, hormis le fait qu'ils sont, comme eux, destinés à la collecte des messagers cosmiques.

Et maintenant, un peu d'histoire… La lunette nous serait venue d'Italie ou des Pays-Bas, à la fin du XVIe siècle, mais nous ne connaissons pas le nom de son inventeur. Le physicien et alchimiste italien Giambattista della Porta, dans l'édition de 1589 de son grand œuvre, *La Magie naturelle*, décrivait déjà un appareil utilisant des lentilles convexes. En 1608, le lunetier allemand Hans Lippershey, installé aux Pays-Bas en 1594, a été le premier à déposer une demande de brevet pour les plans d'une lunette d'approche (de grossissement trois), devançant de quelques semaines le lunetier hollandais Jacob Metius. C'est d'ailleurs à ce dernier que le philosophe et scientifique français René Descartes devait attribuer la paternité de la longue-vue au début de sa *Dioptrique*, parue en 1637. En voici la fidèle transcription :

> « Il y a environ trente ans, qu'un nommé Jacques (sic) Metius, de la ville d'Alcmar en Hollande, […] qui prenait particulièrement plaisir à faire des miroirs et verres brûlants, […] ayant à cette occasion plusieurs verres de diverses formes, s'avisa par bonheur de regarder au travers de deux, dont l'un était un peu plus épais au milieu qu'aux extrémités, et l'autre au con-

traire beaucoup plus épais aux extrémités qu'au milieu, et il les appliqua si heureusement aux deux bouts d'un tuyau, que la première des lunettes [...] en fut composée. »

Il ne s'agissait que d'une lunette d'approche à l'usage des marins et c'est Galilée qui, dès 1609, sera le premier à en faire un véritable instrument d'observation astronomique. Il construisit ses propres lunettes, parvenant d'abord à un grossissement de six, pour atteindre ensuite vingt puis trente. Peu après, le Père Marin Mersenne, théologien et homme de sciences français, suggérait de construire un instrument du même type mais en utilisant un miroir concave parabolique plutôt qu'une lentille convexe. Au milieu du XVIIe siècle, le mathématicien et astronome écossais James Gregory décrivait le principe d'un télescope qui porte toujours son nom. Quelques années plus tard, le prêtre et physicien français Laurent Cassegrain, proposait à son tour un autre modèle de télescope, qui lui aussi porte son nom. Mais c'est à Isaac Newton que nous devons le premier télescope utilisable, qu'il construisit de ses propres mains en 1671.

Sir Isaac Newton

On dit souvent que la chute d'une pomme fut à l'origine de sa théorie de la gravitation. Fiction ou réalité ? Quoi qu'il en soit, Isaac Newton est connu d'abord pour cette théorie : « tous les corps s'attirent avec une force proportionnelle à leur masse respective et inversement proportionnelle au carré de la distance qui les sépare ». Mais il s'est aussi illustré en optique avec sa théorie de la lumière et en astronomie, réalisant le premier télescope à partir des travaux du Père Mersenne et de James Gregory. Son œuvre maîtresse, *Principes mathématiques de la philosophie naturelle* a été publiée en 1687. Newton fut aussi très contesté : par l'allemand Gottfried von Leibniz sur la question du calcul infinitésimal, par le hollandais Christiaan Huygens sur la nature de la lumière, ou encore par son compatriote Robert Hooke sur la gravitation. On sait moins que ses recherches en matière d'alchimie ou de théologie l'ont occupé tout autant que la physique... On attribue aussi à Newton et à Leibniz la découverte de ce qui est probablement l'un des plus puissants outils mathématiques à la disposition de l'esprit humain : le calcul différentiel et intégral. D'après le spécialiste d'origine indienne George Gheverghese Joseph, certains résultats obtenus à l'aide de l'analyse infinitésimale à partir de la fin du XVIIe siècle en Europe, étaient déjà connus des mathématiciens de l'école du Kerala, au sud-ouest de l'Inde, vers l'an 1 400 de notre ère. Selon lui, on ne peut d'ailleurs pas écarter la possibilité qu'une partie de l'inspiration de Leibniz et Newton ne provienne de la transmission de ces travaux par les jésuites. Pour l'anecdote, en 2005, Sir Isaac Newton fut élu en sixième position dans le classement des personnalités préférées des Britanniques !

Revenons à nos lunettes et télescopes. Avec eux, nous percevons le grossissement apparent d'astres ayant une certaine étendue angulaire (comme les planètes ou les galaxies), tandis que les étoiles conservent un aspect ponctuel. Mais plus grande est leur ouverture – la taille de leur optique d'entrée –, plus perceptibles deviennent des étoiles autrement invisibles. Autre caractéristique d'importance : le pouvoir de résolution, à savoir l'aptitude de l'appareil à distinguer des détails fins. C'est par exemple sa capacité à discerner deux étoiles angulairement très proches l'une de l'autre, autrement dit, son pouvoir séparateur, qui se mesure en secondes d'arc.

Pour accroître le pouvoir de résolution d'une lunette ou d'un télescope, il suffit en théorie d'augmenter son ouverture, mais en pratique, ce gain reste limité par la turbulence de l'atmosphère. Deux possibilités pour s'en affranchir : l'optique adaptative qui compense les turbulences, le télescope spatial qui permet d'observer au-delà de l'atmosphère terrestre. Par contre, toute augmentation de la taille de l'optique d'entrée se traduit aussitôt par un gain en sensibilité. Et c'est l'une des raisons pour lesquelles les télescopes ont fini par supplanter les lunettes, tant mettre en œuvre des lentilles de grande taille posait des problèmes techniques insurmontables. C'est ainsi qu'avec son objectif de quarante pouces (102 cm) de diamètre, la grande lunette de l'observatoire Yerkes, construite en 1897, la plus grande jamais mis en service à des fins scientifiques, est déjà longue d'une vingtaine de mètres !

Une lunette astronomique démesurée !

Le besoin toujours croissant de mener des observations de plus en plus profondes a donc conduit les astronomes à se tourner vers les télescopes. Le passage de témoin devait se concrétiser dès 1918 avec la mise en service du grand télescope Hooker à l'observatoire du mont Wilson. Avec son miroir de cent pouces anglais (254 cm), cet appareil donna ses lettres de noblesse aux grands télescopes en permettant à Hubble de découvrir l'expansion de l'Univers.

Lunettes ou télescopes ?

Les astronomes privilégient les instruments à grand champ de vue. Comme les photographes, ils désirent souvent embrasser d'un seul coup la plus grande portion du ciel possible. Il leur faut donc des optiques d'entrée qui forment une image à une distance qui soit du même ordre de grandeur que leur diamètre, une propriété que les spécialistes évaluent au moyen du fameux rapport f/D, où f est la distance focale et D le diamètre. Pour que l'objectif d'une lunette ait un rapport *f/D* proche de l'unité, il doit incorporer un grand nombre de lentilles de façon à ce que l'image ne présente pas de défauts rédhibitoires. Un objectif doit au minimum inclure deux lentilles accolées, pour corriger les aberrations. Mais pour que l'image ne soit pas affectée de trop d'aberrations géométriques et autres distorsions, il faut s'en tenir à des grandes distances focales, comme c'est le cas des lunettes d'astronomes amateurs débutants. Mettre en œuvre des objectifs de très grande taille conduit donc à des instruments d'une longueur démesurée, sans compter que le verre d'une lentille doit être très homogène, ce qui est très difficile à obtenir pour des objectifs de plus d'un mètre de diamètre. Avec un miroir comme optique d'entrée, un télescope, beaucoup plus compact à ouverture égale, présente du coup bien moins de contraintes mécaniques. Il offre en plus l'avantage de pouvoir opérer pratiquement dans tous les domaines spectraux, des ondes radio jusqu'aux rayons X pas trop mordants.

Les grands télescopes règnent aujourd'hui en maître dans tous les observatoires de la planète. Il y en a même un dans l'espace, c'est le célèbre télescope spatial Hubble. Mis en orbite en avril 1990 par la navette spatiale Discovery, ce télescope évolue à près de six cents kilomètres d'altitude. Il peut ainsi s'affranchir de la turbulence atmosphérique, ce qui lui permet de tirer le meilleur profit de son miroir de 2,4 m de diamètre et d'afficher un pouvoir de résolution de 0,05 seconde d'arc. Opérer en orbite lui permet aussi de se diriger vers n'importe quel point de la voûte céleste et d'observer dans le proche ultraviolet, bande spectrale où les rayonnements sont bloqués par l'atmosphère, et dans le proche infrarouge, domaine où les observations sont handicapées par un fort rayonnement parasite.

Le problème majeur d'une telle mission spatiale est avant tout son coût pharaonique. C'est bien pourquoi celle du télescope spatial Hubble, financée conjointement par la Nasa (beaucoup) et par l'Esa (un peu), sera sans doute l'unique de ce type. Le successeur désigné de Hubble, le JWST (*James Webb Space Telescope*, télescope spatial James Webb), sera en effet un appareil presque uniquement dévolu aux observations dans l'infrarouge, un type de télescope auquel nous nous intéresserons plus loin.

Le télescope spatial Hubble en orbite à une altitude de plus de 500 kilomètres. © NASA.

Le VLT, champion de l'optique adaptative

Nous avons déjà mentionné l'Eso, l'observatoire européen austral, l'un de ces grands organismes (comme le Cern) dont bénéficient les scientifiques européens. Établi dès 1962, l'Eso offre aux astronomes européens les meilleures conditions pour observer le ciel austral, sans aucun doute plus riche que le nôtre, avec la remarquable série de ces régions renommées de la voûte céleste, toutes enchâssées dans cette partie de la Voie lactée qui court du Grand Chien au Verseau. C'est depuis l'hémisphère sud que les astronomes peuvent scruter au mieux les régions centrales de la Galaxie, et contempler les nuages de Magellan.

Le vaisseau amiral de l'Eso est le VLT (*Very Large Telescope*, très grand télescope), installé à 2 635 m d'altitude au sommet du Cerro

Paranal, au nord du Chili, dans le désert de l'Atacama, à 12 km de la mer. Le site a été choisi en raison d'une couverture nuageuse quasi inexistante (350 nuits d'observation par an), de l'altitude, qui minimise les turbulences atmosphériques et améliore les observations dans le proche ultraviolet et le proche infrarouge, de la proximité de la mer, qui permet un écart thermique minimal entre le sol et l'atmosphère et enfin de l'isolation géographique, qui réduit au minimum les pollutions lumineuse et industrielle.

Le VLT est en fait un réseau de quatre très grands télescopes (diamètre du miroir : 8,20 m) et de trois petits télescopes auxiliaires (diamètre du miroir : 1,80 m). Le premier des quatre grands appareils a enregistré sa première lumière en 1998 et en 2001, tous les télescopes principaux étaient en activité.

Le sommet du Cerro Paranal avec les quatre très grands télescopes du VLT et ses petits télescopes auxiliaires. (Voir cahier couleur.) © ESO/H.H.Meyer.

Outre leur très grand diamètre, la particularité des miroirs qui équipent les quatre grands télescopes du VLT est d'être très fins (épaisseur : 17,6 cm). Le principal problème de ces miroirs est malgré tout le poids de chacun d'eux (23 tonnes). En effet, comme ils ne sont pas parfaitement rigides, ils se déforment en fonction de la position occupée par le télescope. L'Eso a donc mis au point un système révolutionnaire qui permet de corriger en permanence les déformations du miroir. Ce dispositif d'optique active est constitué de plus de cent vérins agissant sur la face arrière du miroir. Il est ainsi possible de corriger des erreurs résiduelles de polissage.

Pour contrer les effets perturbateurs de la turbulence atmosphérique, le VLT tire aussi profit de l'instrument Naos (*Nasmyth Adaptive Optics System*, système d'optique adaptative du foyer Nasmyth), qui équipe désormais l'un des foyers de Yepun, le dernier des quatre très grands télescopes, nommé du nom de la planète Vénus dans la langue des Indiens Mapuche du Chili. Naos n'est pas un instrument indépendant, mais un « adaptateur » installé sur le chemin optique d'un instrument pour permettre à ce dernier d'acquérir des images avec un très grand pouvoir de résolution (de l'ordre de 0,01 seconde d'arc), proche de la résolution théorique du télescope. Pour atteindre cet objectif, Naos mesure en permanence les déformations que l'atmosphère produit sur le plan d'onde attaché à la lumière qu'une étoile nous envoie. Pour en corriger les effets en temps réel, Naos pilote un grand nombre d'actuateurs – micro-vérins – agissant plusieurs centaines de fois par seconde sur un miroir déformable et ainsi redresser le plan d'onde.

Le VLT a été conçu pour pouvoir faire fonctionner les quatre grands télescopes ensemble, par paires ou en triplets, afin de constituer un réseau d'interférométrie optique. Pour accroître la taille de ce dispositif, on peut adjoindre les télescopes auxiliaires. Par interférométrie, on peut ainsi mener des observations avec un pouvoir de résolution qui serait celui d'un unique télescope d'une taille comparable à celle de tout le réseau ! Encore faut-il compenser avec une précision meilleure qu'une fraction de longueur d'onde le trajet relatif des faisceaux de lumière que fournissent les différents télescopes du réseau. C'est plus facile à dire qu'à faire dans un domaine spectral où les longueurs d'onde sont inférieures à un millième de millimètre… avec des dimensions dépassant la centaine de mètres, le réseau interférométrique du VLT sera en mesure d'offrir dans le très proche infrarouge un pouvoir de résolution d'un millième de seconde d'arc, suffisant pour discerner un homme sur la Lune…

Les radiotélescopes

Même si les premières observations astronomiques menées dans la bande des ondes radio remontent à la fin des années 1930, il faudra attendre la fin de la seconde guerre mondiale et l'accès aux surplus militaires d'équipements radar pour assister aux vrais débuts de la radioastronomie. Les décennies suivantes ont vu alors fleurir des appareils de plus en plus gigantesques, comme le grand télescope que les Américains ont construit à Arecibo, à Porto Rico. Avec son miroir concave de plus de trois cents mètres de diamètre, monté en tapissant une dépression naturelle du sol avec des dizaines de milliers de plaques d'aluminium, cet appareil gigantesque n'en mérite pas moins l'appellation contrôlée de télescope.

Mais en raison de la grande longueur d'onde des rayonnements ainsi collectés, même des instruments aussi vastes présentent une résolution angulaire médiocre. Faute de pouvoir bâtir des collecteurs encore plus démesurés, les radioastronomes ont préféré construire des réseaux de plusieurs radiotélescopes séparés les uns des autres dont ils peuvent combiner les signaux. Dans le domaine des ondes radio, la technique de l'interférométrie, bien plus simple à mettre en œuvre que dans le visible en raison de la grande longueur d'onde des rayonnements collectés, est d'un usage courant depuis des lustres pour bâtir des images dont la résolution angulaire est celle qui serait produite par un appareil dont la taille serait celle du réseau.

Dans le domaine des ondes centimétriques, le VLA (*Very Large Array*, très grand réseau) est le plus grand interféromètre radio actuellement en service. Fort de vingt-sept radiotélescopes de vingt-cinq mètres de diamètre chacun, le VLA s'étend sur des dizaines de kilomètres dans les plaines de San Augustin, non loin de Socorro, au Nouveau Mexique. Il permet de mener dans le domaine radio des observations avec un pouvoir séparateur d'une fraction de seconde d'angle. Les radioastronomes poussent aujourd'hui l'interférométrie jusqu'à ses ultimes limites terrestres. C'est la technique VLBI (*Very Long Baseline Interferometry*, interférométrie à très grande base) qui, en combinant les informations de radiotélescopes disséminés à la surface du globe, permet de bâtir une image dans la bande des ondes radio avec des résolutions angulaires record de l'ordre de la milliseconde d'angle.

Depuis des décennies, les radioastronomes se sont ingéniés à pousser leurs observations vers les longueurs d'onde de plus en plus courtes. À cela, toutes sortes de bonnes raisons. D'abord, le fait qu'aux courtes longueurs d'onde, les télescopes offrent, à taille égale, une résolution angulaire bien meilleure. Mais c'est surtout dans la bande des longueurs d'onde millimétriques que les molécules du milieu interstellaire impriment leurs traces sous forme de raies spectrales.

Une des branches du VLA dans les plaines de San Augustin au Nouveau Mexique. (Voir cahier couleur.) © Jacques Paul.

Mais toute médaille a son revers. La vapeur d'eau présente dans les basses couches de l'atmosphère absorbe les ondes radio millimétriques. Les radioastronomes se voient donc obligés d'installer leurs équipements millimétriques au sommet des montagnes. C'est ainsi que l'Iram (institut de radioastronomie millimétrique), une collaboration entre la France, l'Allemagne et l'Espagne, met en œuvre une grande parabole de trente mètres de diamètre au Pico Veleta, dans la Sierra Nevada, en Espagne, et un interféromètre à six télescopes sur le Plateau de Bure, dans les Alpes françaises.

Dans un avenir proche, les radioastronomes du monde entier utiliseront Alma (*Atacama Large Millimeter Array*, grand réseau millimétrique de l'Atacama), un gigantesque interféromètre millimétrique installé sur le *Llano de Chajnantor*, grand plateau désertique situé à cinq mille mètres d'altitude dans le district de San Pedro de Atacama, au Chili. Le projet Alma est le fruit d'une collaboration internationale entre l'Europe, sous l'égide de l'Eso, des États-Unis et du Japon. L'interféromètre opérera dans le millimétrique et le submillimétrique (0,3 à 9,6 mm) au moyen de quatre-vingts paraboles de douze mètres de diamètre dispersées sur plus de dix kilomètres, ce qui lui conférera aux plus courtes longueurs d'onde une résolution angulaire de cinq millièmes de seconde d'angle, dix fois meilleure que celle du télescope spatial Hubble.

Une vue en image de synthèse du futur interféromètre Alma. © ALMA.

Les télescopes de l'infrarouge

Les observations dans l'infrarouge depuis notre planète sont fortement handicapées par deux processus qui se conjuguent pour inciter les astronomes à placer leurs télescopes opérant dans l'infrarouge loin au-delà de l'atmosphère. Comme nous l'avons illustré au début de ce chapitre, c'est d'une part l'absorption que notre atmosphère produit dans la plus grande partie du domaine infrarouge. Mais un problème bien plus insidieux vient contrarier les astronomes qui tentent d'observer le ciel dans les quelques fenêtres atmosphériques laissant filtrer la lumière infrarouge : il s'agit du bruit thermique que produisent l'appareil et tout son environnement.

Comme tout corps porté à une température dans la gamme de celles que l'on rencontre sur notre planète, tous les éléments du télescope produisent des flots de rayonnement infrarouge, un bruit thermique qui nuit gravement à l'observation. Seule solution : refroidir l'appareillage à des très basses températures. Mais alors, pour éviter le givre, il faut impérativement placer sous vide les équipements que l'on veut ainsi refroidir. C'est possible pour les capteurs, mais impensable pour tout le télescope ! Sans oublier que pour les mêmes raisons de rayonnement thermique, l'air ambiant sera lui aussi source de bruit…

Attention au givre !

Il faut donc s'en remettre aux observations spatiales, que les astronomes de l'infrarouge pratiquent depuis les années 1980. Depuis son lancement le 25 août 2003 par une fusée Delta 2 tirée de Cap Kennedy, en Floride, c'est le télescope spatial Spitzer qui occupe le devant de la scène. Cet instrument, nommé ainsi en l'honneur de l'astrophysicien américain Lyman Spitzer, qui avait proposé en 1946 de placer un télescope dans l'espace, a été injecté sur une orbite héliocentrique où il s'éloigne de la Terre à raison de 0,1 UA par an. Ainsi à l'abri du bruit thermique de la Terre, Spitzer a pris la relève du télescope Iso (*Infrared Space Observatory*, observatoire infrarouge spatial), une mission de l'Esa qui s'est achevée en mai 1998.

Le télescope Spitzer, avec son miroir en béryllium refroidit à cinq kelvins, opère de la bande de l'infrarouge proche, encore accessible à l'observation terrestre, jusqu'à l'infrarouge lointain, l'apanage des instruments spatiaux. La quantité de fluide cryogénique qu'embarque la plateforme spatiale ne permettra pas au télescope de fonctionner encore très longtemps. À la fin de sa mission, il aura mené une centaine de milliers d'observations.

Dans les années à venir, pas moins de trois télescopes opérant dans l'infrarouge devraient rejoindre l'espace. Les Européens attendent ainsi avec impatience le lancement de deux plateformes spatiales de l'Esa, Planck et Herschel, qui seront lancées conjointement par une fusée Ariane 5 tirée du Centre Spatial Guyanais, à Kourou. Elles se dirigeront alors vers le point de Lagrange L2, l'un des cinq points d'équilibre du couple Soleil Terre à un million de kilomètres de la Terre. Ce poste de travail a été choisi pour opérer le plus loin possible du bruit thermique de notre planète.

La mission Planck est destinée à produire des cartes d'une précision inégalée du rayonnement cosmologique dans lequel baigne notre univers. Afin de cartographier l'ensemble du ciel dans l'infrarouge lointain et les micro-ondes à haute fréquence, la plateforme spatiale embarquera un télescope à grand champ doté d'un miroir (diamètre : 1,5 m) qui focalisera le rayonnement sur deux détecteurs refroidis à très basse température. Quant à Herschel, c'est l'une des missions les plus ambitieuses de l'Esa, puisqu'à bord du véhicule spatial sera monté un instrument qui sera alors le plus gros télescope jamais lancé. Avec son grand miroir (diamètre : 3,5 m), il collectera des rayonnements dans les bandes de l'infrarouge lointain.

Le point de Lagrange L2 sera alors très encombré par des télescopes de l'infrarouge. Après avoir accueilli en 2001 la sonde WMAP, cette mission de la Nasa qui a produit à ce jour les meilleures cartes du rayonnement cosmologique, L2 verra arriver le véhicule spatial JWST de la Nasa à laquelle l'Esa et l'agence spatiale canadienne apportent une contribution significative. Curieusement affublée du nom d'un ancien administrateur de la Nasa (les savants céderaient-ils la place aux apparatchiks ?), cette plate-forme portera un télescope qui, avec son très grand miroir (diamètre : 6,5 m), se consacrera à l'observation de l'Univers profond dans les bandes des rayonnements infrarouge de courtes longueurs d'onde. Bel exemple de coopération transatlantique : le JWST devrait lui aussi être lancée par une Ariane 5 tirée de Kourou…

Les télescopes à rayons X

À l'instar d'un engin de type Cassegrain, un télescope à rayons X combine miroirs paraboliques et hyperboliques. Seule spécificité du domaine des rayons X, les miroirs sont attaqués sous incidence rasante. Sous incidence normale en effet, un rayon X pénètre dans un miroir à la manière d'une balle de revolver s'enfonçant dans un mur. Mais de même que la balle en question peut très bien ricocher si elle est tirée le long du mur, un rayon X qui se présente sous incidence rasante ricoche littéralement à la surface du miroir. Seule condition, le miroir doit être si parfaitement lisse que si la surface de la Terre était aplanie avec un même degré de poli, l'altitude de la plus haute montagne ne dépasserait pas deux mètres !

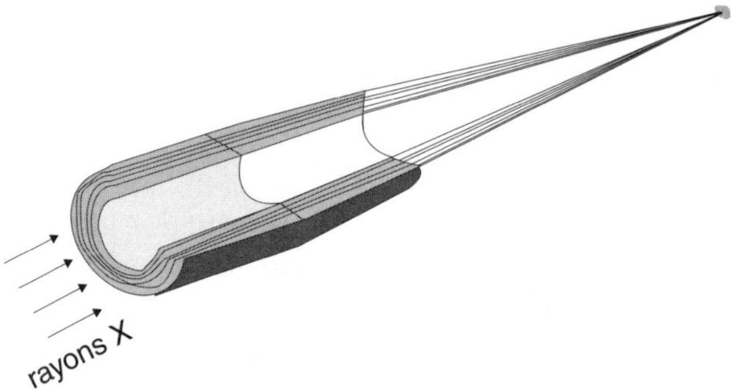

Principe d'un télescope à rayons X à incidence rasante : un faisceau de rayons X produit par un objet céleste pénètre d'abord dans un premier emboîtement de paraboloïdes avant de se refléter sur un deuxième emboîtement d'hyperboloïdes pour se focaliser plusieurs mètres plus loin.

Pour accroître la collection de lumière, il suffit alors d'emboîter les uns dans les autres des dizaines de miroirs, un peu à la manière de ces poupées gigognes que les touristes rapportent de Russie. Sachez enfin que pour former les images les plus fines possible, les ingénieurs sont tenus d'aligner les jeux de miroirs avec une précision d'un micromètre, soit en gros le cinquantième de l'épaisseur d'un cheveu humain.

C'est sans conteste la mission XMM-Newton de l'Esa qui met en œuvre le plus grand télescope à rayons X jamais mis en service. Son nom combine le sigle XMM, pour *X-ray Multi-Mirror* (multi-miroirs à rayons X) et Newton, en hommage au géant de la physique. Ses concepteurs l'ont doté d'une surface de collection inégalée tout en élargissant son domaine spectral vers les rayons X plus durs (à plus courtes longueurs d'onde), par accroissement de la distance focale. En effet, à diamètre égal, un télescope à incidence rasante focalise des rayons X d'autant plus durs que sa distance focale est plus grande.

Une vue en image de synthèse du satellite XMM-Newton en orbite, avec ses trois ensembles multi-miroirs à incidence rasante. (Voir cahier couleur.) © European Space Agency.

Dans le cas d'un télescope spatial, sa plus grande dimension, et partant, sa distance focale, doit tenir compte de la capacité d'emport du lanceur. Pour faire tenir XMM-Newton dans la coiffe pourtant généreuse d'une fusée Ariane 5, les ingénieurs européens ont été ainsi tenus de limiter la focale du télescope à sept mètres et demi. Les dimensions du satellite n'en sont pas moins considérables, avec une masse de plus de quatre tonnes pour plus de neuf mètres de longueur.

XMM-Newton a été lancé le 10 décembre 1999 par une fusée Ariane 5 tirée du Centre Spatial Guyanais, à Kourou, et qui l'a propulsé sur une orbite très elliptique pour échapper le plus possible à l'environnement pernicieux des ceintures de radiations.

Les ceintures de radiations

Les ceintures de radiations sont des zones de l'espace proche de la Terre où des particules chargées électriquement sont confinées par l'effet du champ magnétique terrestre. Connues également sous le nom de « ceintures de Van Allen », du nom du physicien américain qui les a découvertes en 1958 grâce aux données collectées par Explorer 1, le premier satellite artificiel américain, elles sont constituées de deux zones distinctes : les ceintures internes, qui commencent à une altitude de sept cents kilomètres et s'étendent jusqu'à quelques milliers de kilomètres de la Terre ; les ceintures externes, qui se développent à plus haute altitude, jusqu'à plusieurs dizaines de milliers de kilomètres du globe. Les protons et électrons des ceintures internes proviennent pour l'essentiel de la désintégration de neutrons. Ces derniers ont pour origine des interactions nucléaires dans les hautes couches de l'atmosphère mettant surtout en jeu les protons du rayonnement cosmique ainsi que des protons accélérés lors des éruptions solaires. Quant aux ceintures externes, elles sont peuplées en majorité par des particules du vent solaire (essentiellement des protons et des électrons) qui pénètrent dans la magnétosphère où elles se font piéger par le champ magnétique terrestre.

Les téléscopes à rayons gamma

Avec une longueur d'onde bien inférieure aux distances entre les atomes, le rayonnement gamma ne peut pas être aisément réfléchi ou réfracté. Il ne se prête donc pas aux combinaisons de miroirs et de lentilles en usage dans les autres domaines spectraux. Produire des images sans miroir ni lentille reste toutefois possible grâce aux ouvertures codées, des dispositifs s'inspirant des chambres noires (ou caméras à trou d'épingle) qu'utilisèrent les premiers photographes.

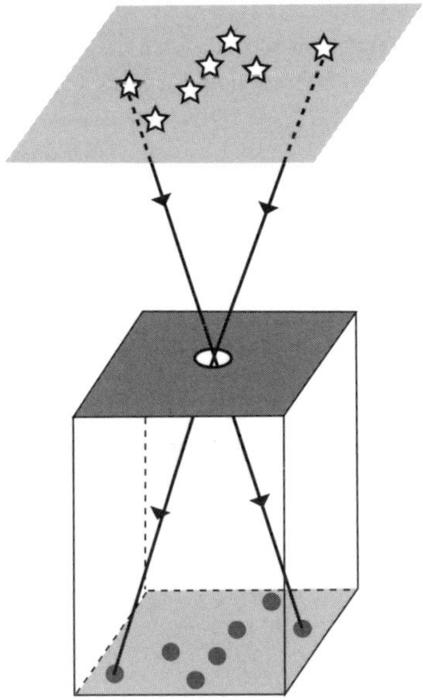

En perçant un trou dans la face avant d'une boîte constituée d'un matériau opaque et en disposant une plaque sensible sur la face opposée, on réalise une chambre photographique très primitive mais qui permet de former des images d'autant plus nettes que le trou est petit.

Rien n'empêche de transposer ce dispositif dans le domaine des rayons gamma. Il suffit pour cela d'utiliser un matériau apte à bloquer le rayonnement gamma (comme le plomb ou le tungstène), et de remplacer l'émulsion photographique par une caméra gamma, un détecteur permettant de mesurer la position du point d'impact de chaque photon gamma. On accroît la luminosité des images sans perdre en finesse en perçant la face avant d'un grand nombre de trous, disposés suivant un code précis. Ce dernier est choisi afin de décoder l'image complexe ainsi formée par cette multitude de trous à l'aide de l'algorithme mathématique le plus simple possible.

La pratique de cette technique dite des ouvertures codées, s'est avérée bien adaptée aux observations dans la bande des rayons gamma de basse énergie. Elle est à la base des deux grands télescopes gamma qu'emporte le satellite Integral (*International Gamma-Ray Astrophysics Laboratory*, laboratoire international d'astrophysique des rayons gamma) de l'Esa. Lancé le 17 octobre 2002 par une fusée Proton tiré du Cosmodrome de Baïkonour, Kazakhstan, Integral a ensuite rejoint une orbite très elliptique pour évoluer au-delà des ceintures de radiations.

Une vue en image de synthèse du satellite Integral en orbite. La plateforme spatiale embarque deux dispositifs à ouverture codée avec, au premier plan, le spectromètre SPI chargé de la spectroscopie gamma à très haute résolution et, à l'arrière, le télescope IBIS apte à fournir des images à haute résolution angulaire. (Voir cahier couleur.) © European Space Agency.

Pour attaquer la bande des rayons gamma de plus haute énergie, les astronomes préfèrent s'en remettre à l'effet de paire. Il s'agit d'un processus physique affectant les rayons gamma énergétiques se propageant dans un milieu matériel et dont l'étude permet de reconstituer la direction d'origine du rayon gamma en question. Le satellite américain Fermi, lancé le 11 juin 2008 par une fusée Delta 2 tirée de Cap Kennedy, en Floride, sur une orbite circulaire basse, emporte un grand télescope à effet de paire d'une sensibilité inégalée au moyen duquel les astronomes exploreront la voûte céleste des années durant.

Si l'atmosphère terrestre constitue un écran infranchissable pour les rayons gamma, c'est que ces derniers interagissent avec les hautes couches de l'atmosphère où ils produisent, par effet de paire, une cascade de particules relativistes dont la propagation dans l'air produit par effet Tcherenkov un pinceau de lumière visible. En atteignant le sol, ce pinceau de lumière y imprime un cercle d'éclairement d'une centaine de mètres de rayon dont la détection est à la portée de grands miroirs conventionnels.

Le dispositif d'observation gamma à très haute énergie le plus abouti est aujourd'hui le réseau Hess, acronyme pour *High Energy Stereoscopic System* (système stéréoscopique pour les hautes énergies), choisi aussi pour honorer le découvreur des rayons cosmiques. Ce réseau de quatre miroirs paraboliques, montés à cent vingt mètres l'un de l'autre, s'étend à l'ouest de la ferme Göllschau, en Namibie, un site adopté en raison de la bonne qualité de l'atmosphère dans cette région de hauts plateaux semi désertiques. Fin 2003, quatre ans à peine après le début des premières fondations, Hess fonctionnait déjà à pleine sensibilité, bien avant son inauguration officielle, le 28 septembre 2004.

Un des quatre télescopes du réseau Hess, avec son miroir parabolique d'une surface collectrice de cent mètres carrés et au foyer, une caméra groupant neuf cent soixante petits photomultiplicateurs.

Effet de paire et effet Tcherenkov

➤ Pour peu que l'énergie qu'il emporte soit supérieure à deux fois l'énergie de masse de l'électron, un photon gamma est en mesure de créer une paire de particules (un électron et un positon) dans le champ électrique intense qui règne au voisinage d'un noyau atomique. La somme des énergies totales des deux particules ainsi matérialisées par effet de paire est pratiquement égale à l'énergie du photon gamma incident. Dans un système de référence lié au photon, électron et positon se propagent dans deux directions opposées. Par contre, pour un observateur extérieur, les règles de la relativité font que l'électron et le positon suivent deux trajectoires formant un V inversé.

Il est ainsi possible de reconstituer la direction d'arrivée du photon gamma incident.

➤ Lorsqu'une particule chargée se propage dans un milieu diélectrique (qui ne peut pas conduire le courant électrique), elle attire ou repousse selon son signe les électrons des noyaux qui se trouvent sur son passage. Pendant un court moment, le milieu traversé est alors polarisé, jusqu'à ce que les noyaux retrouvent leur configuration initiale. Pour peu que la vitesse de la particule soit proche de la célérité de la lumière, le champ de polarisation prend une forme allongée le long de sa trajectoire et produit alors une bouffée de rayonnement électromagnétique dont la longueur d'onde tombe dans l'ultraviolet et la partie bleue du domaine visible. Dans le cas d'un milieu transparent, il existe un angle d'observation, proche de la trajectoire de la particule, pour lequel les ondes provenant des différents points de la trajectoire forment un front cohérent. Un tel effet de sillage s'apparente au « bang » que produit un avion qui se déplace plus vite que la vitesse du son dans l'air. Il a été désigné d'après le physicien russe Pavel Tcherenkov, le premier à avoir fourni de cet effet une description rigoureuse, conjointement avec ses compatriotes Ilia Frank et Igor Tamm, ce qui leur valut le prix Nobel de physique 1958.

Les télescopes à ondes gravitationnelles

Les ondes gravitationnelles sont des déformations périodiques de ce qui constitue le tissu même de l'espace-temps. Un objet rigide exposé à un puissant train d'ondes gravitationnelles (une barre de métal par exemple), deviendrait alternativement plus long et plus mince, plus court et plus épais. Mais il s'agit d'un effet si infime qu'il est très difficile à mettre en évidence. Pour y parvenir, les spécialistes s'attachent désormais à étudier les éventuelles variations périodiques des distances séparant des repères fixes installés à des kilomètres les uns des autres en utilisant la technique de l'interférométrie laser.

Détecter les ondes gravitationnelles

Un puissant laser illumine une lame semi-réfléchissante qui forme ainsi deux faisceaux laser dirigés vers les deux bras de l'interféromètre où ils subissent chacun une série de réflexions multiples entre deux miroirs M1 et M2. Le passage d'un train d'ondes gravitationnelles provoque une infime variation de la taille des deux bras, suffisante toutefois pour entraîner une infime fluctuation entre les longueurs des chemins que parcourent les deux faisceaux, amplifiée du fait des réflexions multiples dans les bras. Les interférences entre les deux faisceaux qui se propagent vers la lame séparatrice produisent alors un très faible flux lumineux. Ce dernier, une fois collecté par le détecteur, produit un signal dont l'évolution en fonction du temps atteste l'éventuelle variation périodique de la taille des bras et donc le passage d'un train d'ondes gravitationnelles.

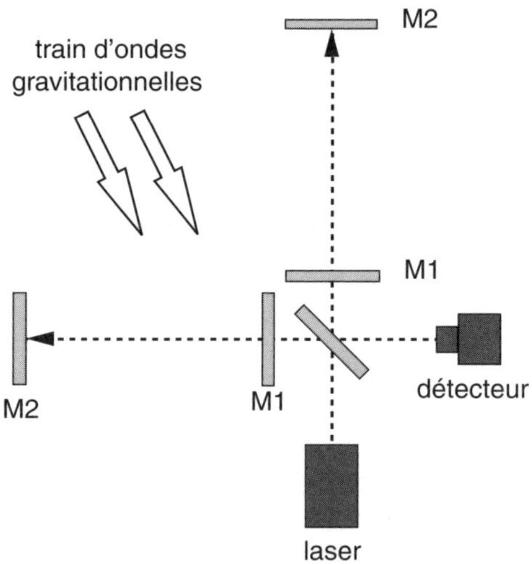

Schéma de principe d'un détecteur d'ondes gravitationnelles.

Deux grands observatoires de par le monde mettant en œuvre l'interférométrie laser sont actuellement en concurrence pour détecter les premières sources d'ondes gravitationnelles. L'un,

Virgo, fruit d'une collaboration entre la France et l'Italie, est installé près de Pise, en Italie. Il tire son nom du superamas local, dit de Virgo, le site cosmique susceptible d'abriter les sources d'ondes gravitationnelles les plus aisément détectables. L'autre, Ligo (*Laser Interferometer Gravitational-Wave Observatory*, observatoire d'ondes gravitationnelles par interférométrie laser) opère aux États-Unis sur deux sites, d'une part à Hanford, dans l'État de Washington, d'autre part à Livingston, en Louisiane.

Vue aérienne de Virgo avec son interféromètre à deux bras orthogonaux, longs chacun de trois kilomètres, qui s'étendent dans la plaine de l'Arno, à Cascina, près de Pise.

L'observatoire Pierre Auger : les débuts d'une nouvelle astronomie

Le gros des rayons cosmiques qui bombardent notre planète provient de sources qui se trouvent dans le disque de notre galaxie. En déterminant la direction d'origine de chacun d'eux, pourrions-nous en déduire la direction d'origine de ces sources ? De la même manière que le télescope Hess, en mesurant la direction d'origine des rayons gamma, permet de cartographier les régions du ciel aptes à produire ce type de rayonnement, pourrions-nous faire de l'astronomie avec les rayons cosmiques ? Jusqu'à très récemment, la réponse était un « non » ferme et définitif.

Les spécialistes estiment en effet qu'avant d'arriver sur Terre, les rayons cosmiques suivent, dans la plupart des cas, des parcours sinueux. Une bonne raison : ce sont des particules porteuses d'une charge électrique. Elles s'incurvent au gré des champs magnétiques qui règnent partout dans l'Univers. Pas question donc de découvrir leurs sources en remontant leur trajectoire, d'autant plus que le champ magnétique terrestre les courbe une dernière fois avant qu'elles abordent notre planète.

Font toutefois exception les rayons cosmiques les plus énergétiques. Ces corpuscules emportent en effet tellement d'énergie – ils sont tellement « rigides » – que les champs magnétiques n'ont pratiquement pas de prise sur eux. Du coup, puisqu'ils se propagent grosso modo en ligne droite, il suffit de reconstruire leurs trajectoires pour déterminer où se situent leurs sources sur la voûte céleste, ce qui implique la mesure de leurs directions d'arrivée sur Terre.

Au chapitre précédent, nous avons noté que la collision des rayons cosmiques avec la haute atmosphère produit une gerbe de particules qui peut se développer jusqu'au sol. Dans le cas des spécimens les plus énergétiques, l'empreinte de la gerbe au sol, où se mêlent par milliards des particules relativistes (électrons, positons et muons) et des photons gamma, s'étend sur plus d'une centaine de kilomètres carrés. Un réseau d'appareils, même s'il ne détecte qu'une infime partie de ces secondaires, permet, en principe, de remonter aux propriétés du rayon cosmique primaire.

Un seul problème, mais de taille, au sens propre comme au sens figuré : le flux des rayons cosmiques d'ultra-haute énergie est extrêmement faible, moins d'une particule par kilomètre carré et par siècle ! Or, pour les étudier avec profit, il faut les détecter en grand nombre et donc déployer des moyens de détection sur de très grandes surfaces. C'est justement le défi qu'a relevé l'observatoire Pierre Auger, ainsi nommé en l'honneur du physicien français découvreur des grandes gerbes cosmiques.

Fruit d'une collaboration d'une vingtaine de pays initiée par le physicien américain James Cronin, prix Nobel de physique 1980, sa réalisation a mobilisé des centaines d'ingénieurs et de physiciens. L'observatoire s'étend sur trois mille kilomètres carrés de pampas argentines, près Malargüe, dans la province de Mendoza. Inauguré le 14 novembre 2008, il est conçu pour fonctionner de nombreuses années au cours desquelles il devrait détecter assez de rayons cosmiques d'ultra-haute énergie pour en localiser les sources.

Un des 1 600 détecteurs de surface de l'observatoire Pierre Auger déployé au pied des Andes sur un territoire un peu plus grand que le Luxembourg.

La trentaine déjà collectée atteste que les rayons cosmiques les plus énergétiques proviendraient des zones de l'Univers local les plus denses en galaxies. En s'ouvrant ainsi sur l'Univers proche, l'observatoire Pierre Auger inaugure une nouvelle astronomie, alternative à celle qui utilise la lumière, et bien adaptée à la recherche des sites les plus extrêmes de l'Univers, là où des mécanismes sont à l'œuvre pour accélérer des particules jusqu'aux plus hautes énergies. Ce site dans le sud étant désormais en opération, les promoteurs du projet envisagent de mettre en chantier un site similaire dans l'hémisphère nord.

Faire de l'astronomie au fond de la mer ?

Les flux des rayons cosmiques d'ultra-haute énergie sont extrêmement peu abondants, mais comme il s'agit probablement de particules soumises à l'interaction forte, elles ne posent pas de problème de détection. Bien des astrophysiciens postulent que les sources extrêmes de l'Univers pourraient nous envoyer d'autres messagers, les neutrinos, certes bien plus abondants que les rayons cosmiques d'ultra-haute énergie, mais bien plus impalpables, car soumis à la seule interaction faible. C'est d'ailleurs ce qui suscite l'intérêt des astrophysiciens.

Ne connaissant que l'interaction faible, les neutrinos traversent sans coup férir les milieux matériels. Ils s'échappent ainsi sans entrave des sites, même les plus denses, où ils ont été produits. Particules stables, les neutrinos peuvent parcourir les distances les plus considérables. Dépourvues de charge électrique, ces particules insensibles aux champs magnétiques ne dévient pas de leurs directions d'origine. Tout concourt donc à faire des neutrinos des messagers de choix pour les astrophysiciens.

Mais leur propriété la plus attrayante, leur faible interactivité avec la matière, qui les rend apte à sonder les sites cosmiques les plus denses, rend les neutrinos très difficiles à détecter. Il existe toutefois une toute petite probabilité qu'un neutrino de haute énergie ayant traversé toute la Terre interagisse juste avant de ressortir de l'autre côté en produisant un muon. Si l'interaction se déroule tout au fond de la mer, le muon se propage dans l'eau où il génère un cône de lumière Tcherenkov.

En immergeant un ensemble de photodétecteurs, il est possible de détecter le cône de lumière, d'estimer l'énergie et la direction d'origine du muon, et partant, celles du neutrino qui l'a produit. C'est sur ce principe que fonctionne Antares (*Astronomy with a Neutrino Telescope and Abyss RESearch*, astronomie avec un télescope à neutrinos et recherches abyssales), un télescope à neutrinos de très grande surface (0,1 km^2) déployé par grand fond (2 500 m) au large de Toulon.

Une vue en image de synthèse du télescope à neutrinos Antares avec son réseau de photodétection immergé par 2 500 m de profondeur pour identifier les cônes de lumière Tcherenkhov produits dans l'eau par des particules relativistes qui se propagent depuis le fond de la mer. (Voir cahier couleur.) Adapté de françois Montanet.

Achevé en 2008, le déploiement du réseau de photodétection ouvre à Antares la possibilité d'observer le ciel austral en signalant les neutrinos qui ont traversé toute la Terre et qui ont produit un muon venant d'en bas. Notre planète joue ainsi le rôle d'écran total en bloquant toutes les autres particules cosmiques ultra pénétrantes qui, venant aussi de l'autre côté de la Terre, pourraient déclencher intempestivement le détecteur. Bien curieuse astronomie tout de même, celle qui pousse à scruter l'Univers au fond de la mer tout en visant le ciel à travers la Terre…

Index

52066- (II) - (0,8) - OSB 90° - STY - JME
Achevé d'imprimer sur les presses de SNEL sa – décembre 2009 - 49551
Dépôt légal : juin 2009, suite du tirage : décembre 2009, *Imprimé en Belgique*